韓國 故事成語

한국고전신서편찬회 編

弘 新 文 化 社

머리말

　기원전 2세기 경쯤으로 추정되는 한자(漢字)의 유입(流入)과 더불어, 우리 선인들의 의식 구조를 지배해 온 것은 중국 일색(一色)이라는 선입관 때문에 우리의 순수한 한국적인 것을 탐구하는 것에는 소홀해 왔음은 부인할 수 없는 사실이다.

　곧 우리의 전통, 사상, 문화 등에서 독자성을 찾으려 하는 노력 이전에 우리의 것이 중국의 아류(亞流)인 것처럼 여겨져 왔고, 그러다 보니 선인들의 예지와 해학, 그리고 풍류가 넘치는 고사성어(故事成語)도 중국에서 유래된 것만을 접해 온 것 또한 그간의 실정이었다.

　그렇다고 해서 언제까지나 우리의 것을 찾기 위한 시도를 더 이상 지체할 수는 없지 않은가? 물론 가치 인식(價値認識)이란 것은 다분히 생성(生成) 발전하고 변화하는 유동적인 사고 작용임에는 틀림없으나 한편으로는 그 가치 자체에 대한 탐구도 게을리할 수 없다는 뜻이다. 또한 쇼비니즘이라는 함정을 의식하면서 이에 관한 고찰이 이루어져야 함도 물론이다.

　《동양 고사성어》에 이어 《한국 고사성어》를 출간함에 있어서 여러 가지 장벽에 부딪혀서 많은 어려움이 있었다. 무엇보다 먼저 중국 고사의 혼용(混用)으로 인하여 과연 이것이 순수한 우리 고유의 자생적(自生的)인 성어(成語)인지 아닌지도 분간하기가 어려웠고, 그 다음으로는 이 성어를 추출해 낼 만한 문헌과 자료가 절대적으로 부족한 것이었다.

　그러다 보니 다분히 견강부회(牽强附會)적인 느낌을 지울 수 없었으나 이 방면에서의 최초의 시험적인 저술이라는 점에서 그

4

의의(意義)를 찾고자 한다.

'한 술 밥에 배 부르랴'라는 속담과도 같이 여러 가지의 어려운 상황 속에서 출간을 단행한 본 저술은 편찬자의 의도나 의욕과는 달리 많은 아쉬움을 남기고는 있으나 땅에 뿌려진 썩은 한 알의 밀알과도 같은 입장에서, 이 저술을 계기 삼아 이 방면에서의 활발한 조사 연구가 이루어지길 바라는 마음 간절하다.

한편, 《한국 고사성어》의 성어편(成語篇)의 부록으로 흔히 우리들이 일상 생활 속에서 사용하고 있거나 들을 수 있는, 빈도 높은 속담들을 선별하여 묶어 보았다.

끝으로, 독자 여러분들의 아낌없는 질타와 충고를 기대하며 앞으로도 틈틈이 자료를 엄밀히 조사, 분석하여 부족한 부분은 언제든지 가필해 나갈 것을 약속드린다.

1984년 봄
편자(編者) 識

성어편(成語篇) 11

ㄱ

ㄴ

성어편(成語篇)

ㄱ

街衢經行 / 가구경행

意義 고려 때 승려들이 개성(開城) 거리를 경문을 외우고 다니며 민간의 질병과 재액을 물리치고 복을 빌던 일을 말한다.

出典 고려사절요 예종문효대왕(睿宗文孝大王)

解義 왕께서는 건덕전(乾德殿)에서 보살계(菩薩戒)를 받았으며 금광명경도량(金光明經道場)을 건덕전에다 친히 설치하였다.

또 조서(詔書)를 내려,

"이달부터 큰 가뭄이 더욱 심한 것은 모두가 나의 덕이 없음의 소치이므로, 밤낮을 가리지 않고 애태우고 조심하며 스스로 반성하고 사과하여 부처와 신령에게 빌고 또 빌어서 마음을 다 기울였으나 보응(報應)을 입지 못하였다. 짐이 왕위를 이은 후로 정교(政敎)가 많이 어그러짐은 하늘이 짐을 꾸짖고 훈계함인즉 마땅히 양부 근신(近臣) 및 대성(臺省) · 간관(諫官) · 제사(諸司) · 지제고(知制誥)로 하여금 각각 상소를 올려 지금의 폐단을 올바로 고하게 하라."

하였다. 그리고 유형(流刑 ; 섬이나 변경지방으로의 귀양) 이하의 죄를 사면하였으며, 또 장령전(長齡殿)에 거동하여, 승려 담진(曇眞)에게 명하여 비를 빌게 하였다.

그 당시 나라 안에는 가구경행(街衢經行)이 성행하여 5부(五部 ; 개경을 동 · 서 · 남 · 북 · 중부로 나눈 다섯 구역)의 백성들이 이를 본받아 각자의 마을에서 행독(行讀 ; 거리를 다니며 경문을 읽음)하였다. 대궐의 서쪽 마을에서 행독하는 날 마침내 비가 내렸다. 왕은 쌀과 비단을 하사하고 다시 행독하게 하였으나 비는 오지 않았다(御長齡殿 命僧曇眞 祈雨 時 國家 盛行街衢經行 五部人民 効此 各於所在里 行讀 關西里行日 適有雨 王賜米帛 更分行讀 不雨).

가시 버시

意義 남편과 아내 곧 부부(夫婦)의 낮춤말이다.

出典 장끼전

解義 (전략)……앞 연못의 물오리란 놈이 일곱 번 상처하고 남녀 간의 혈육 없이 후처(後妻)를 구하더니 까투리가 상부(喪夫)하였다는 소식을 듣고 통혼도 아니하고 혼인길을 차릴 적에 옹옹명안(嗚雁) 기러기로 안부(雁夫)장을 삼아 두고 관관전구(關關雎鳩) 진경이로 함(函)진아비 삼아 두고 활기 좋은 황새로 후행(後行)을 삼아 두고 맵시 있는 호반새로 전갈하는 하인을 삼았구나.

이날 호반새가 들어와서 하는 말이,

"까투리 신부 세신사? 오리 신랑 들어가네."

까투리 울다 하는 말이,

"아무리 과부가 만만한들 궁합(宮合)도 아니 보고 함부로 억혼(抑婚)을 하려 하오?"

오리 하는 말이,

"과부가 홀아비 만나는 데 예절 찾고 사주(四柱) 볼까? 신랑 신부 함께 자면 자연히 궁합이 이루어지느니. 택일이나 하여 보세. 일상생기(一上生氣) 이중천의(二中天宜) 삼하절체(三下絶體) 사중유혼(四中遊魂) 오상화해(五上禍害) 육중복덕일(六中

福德日)이요, 천덕일덕(天德日德)이 합하였으니 오늘밤이 으뜸
이라. 이성지합(二姓之合)은 만복의 근원이니 잔말 말고 조금
자세."

까투리 웃으며 대답하되,

"자네는 남자라고 음흉한 말 제법 하네."

오리란 놈 하는 말이……(중략)

그 곁에 조상(弔喪) 왔던 장끼란 놈 썩 나서며 하는 말이,

"이 내 몸 한거(閑居)한 지 삼 년이 되었으되 마땅한 혼처가
없더니 오늘 그대 과부 되자 내 조상 와서 하늘이 정해 준 배필
을 만났음은 하늘과 신령이 도와주심이니 우리 둘이 짝을 지어
아들 딸 낳고 이들을 시집 장가 보내어 백년해로(百年偕老)하리
이다."

까투리 하는 말이,

"죽은 낭군 생각하면 개가하기 박절하나 내 나이 꼽아 보면
늙지도 젊지도 않은 중늙은이라. 숫맛 알고 살림할 나이오이다.
오늘 그대의 풍신을 보자하니 수절할 마음 전혀 없고 음란지심
(淫亂之心)이 발동하네. 허다한 홀아비가 예서 제서 통혼하나
모두 뿌리쳤더니 옛말에 유유상종(類類相從)이라 하더니 까투
리가 장끼 신랑 따라감이 의당 마땅한 일이로다. 아뭏거나 살아
보세."

장끼란 놈 껙껙 푸드덕하더니 벌써 이성지합(二姓之合) 되었
은즉 통혼하던 까마귀, 부엉이, 오리 무안하여 훨훨 날아갈 제
각각의 소임들이 다 날아간다. 감정새 호로록, 호반새 주루룩,
방울새 딸랑, 앵무, 공작, 기러기, 왜가리, 황새, 뱁새 다 돌아가
더라.

이때 까투리는 새 낭군을 앞세우고 아홉 아들과 열두 딸년들
을 뒤세우고 눈보라를 무릅쓰며 운림벽계(雲林碧溪)로 돌아가
서 명년 삼월 봄이 되매 아들 딸을 시집 장가 보내고 자웅(雌雄)
이 짝을 지어 명산대천 노닐다가 시월이라 십오일에 남편과 아

내, 내외자웅(內外雌雄) 가시버시 큰 물에 들어가 조개가 되었다고 세상 사람들이 이르더라.

講肆 / 강사

[意義] 강석(講席)과 같은 뜻으로 강의(講議)나 강연(講演)을 하는 좌석을 말한다.

[出典] 삼국유사(三國遺事) 권사(券四) 원광서학(圓光西學)

[解義] 신라 황룡사(皇隆寺)의 승려 원광(圓光)의 속세에서의 성(姓)은 박씨였다. 본적은 삼한(三韓;마한·진한·변한)의 진한 사람이다. 대대로 해동(海東)에 살았으며 조상의 전통이 오래 계승되었다.

도량(度量)이 넓고 크며 글을 즐겨 읽어서 도학(道學)과 유학(儒學)을 두루 섭렵하고 제자백가의 서(書)와 사기(史記)를 연구하여 글을 잘한다는 명성을 삼한에 널리 떨쳤다.

그러나 원광의 그러한 넓고 풍부한 지식도 중국 사람에게는 오히려 부끄러운 정도밖에 되지 않아 마침내 친척과 벗들을 작별하고 분발하여 해외로 건너가기로 작정하고 25세에 배를 타고 금릉(金陵)으로 가니 당시 중국은 진(陳)나라 때로서 문명의 나라라고 불리고 있었다. 때문에 이전에 의심이 나던 것들을 물어서 해답을 찾고 불도(佛道)를 물어서 뜻을 알게 되었다.

처음에 그는 장엄사(莊嚴寺) 민공(旻公) 제자의 강의를 들었다. 그는 본래 세상의 경전과 서적들을 두루 읽었기 때문에 이치를 궁리하는 데에는 신의 경지에까지 이르렀다고 했는데 불교의 뜻을 듣고는 도리어 세간의 전적들이 썩은 지푸라기와도 같음을 느끼게 되었다.

　명분(名分)과 교화(敎化)를 헛되이 찾는 것이 생애에 있어서 실로 두려운 일이었다. 이에 진나라 임금에게 글을 올려 불법(佛法)으로 돌아갈 것을 청하니 임금이 칙명(勅命)을 내려 이를 허락하였다.

　이리하여 처음으로 승려가 되어 이내 계(戒)를 받고 두루 강의나 강연을 할 만한 곳을 찾아다니며 좋은 도리를 모두 배우는 데에 힘쓰며 미묘한 뜻을 터득하매 세월을 헛되이 보내지 않았다. 그런 때문에 성실(成實)과 열반(涅槃)을 얻어 마음 속에 쌓아 간직해 두고 삼장(三藏 ; 경장·율장·논장의 세 불교 서적)과 석론(釋論)을 두루 연구해서 찾았다(既爰初落采 卽稟具戒 遊歷講肆 具盡嘉謀 領牒微言 不謝光景 故得成實涅槃 蘊括心府 三藏釋論 徧所披尋).

　끝으로 오(吳)나라 호구산(虎丘山)에 들어가 정념(正念)과 정정(正定)을 계속하고, 서로 따르고 각관(覺觀)을 잊지 않았으니 승려의 무리가 구름처럼 임천(林泉)으로 모여들었다.

開國褒賞 / 개국포상

意義 새로 나라를 세울 때에 공훈(功勳)이 많은 신하, 즉 개국공신(開國功臣)들에게 상(賞)을 내리는 것을 말한다.

出典 고려사절요 태조신성대왕편(太祖神聖大王篇)

解義 태조 신성대왕께서 조서를 내리기를,
　"주(周)나라 무왕(武王)은 은(殷)나라 주(紂)를 내쫓고 곡식과 재물을 풀어서 백성을 구제했으며 한(漢)나라 고조(高祖)는 항우(項羽)를 멸망시키고 산택(山澤)에 은신한 백성들을 각기 그들의 터전으로 돌아가게 하였었다. 짐(朕)은 덕이 부족한 사람으로서 왕업(王業)을 창건한 것을 심히 부끄럽게 여긴다. 비록 하늘이 주는 위엄에 힘 입었으나 역시 백성들이 추대(推戴)하는 힘을 입은 바 크므로 백성들로 하여금 모두 편안히 살게 하여 집집마다 착한 사람이 되게 하려 한다.

그러나 그 동안 너무나 쇠락하여 조세(租稅)를 면제해 주고 농업을 권장하지 않으면 어찌 집집마다 넉넉하고 사람마다 풍족하게 살 수 있겠는가? 백성들에게 3년 동안의 조세와 부역을 면제하고 사방으로 떠돌아다니는 자는 고향으로 돌아가게 하고, 곧 그 죄를 사면하여 함께 편안히 쉬게 하라.

신하로서 개국(開國)을 도와 기이한 계략을 쓰고 세상을 뒤덮는 높은 공을 세운 사람에게는 집과 땅을 나누어 주고 높은 관작으로써 포상(褒賞)하는 것은 누대를 걸쳐 있어왔던 법이요, 예로부터의 규칙인 것이다(人臣 運佐時之奇略 樹盖世之高勳者 錫之以分茅昨土 褒之以峻秩崇班 是百代之常典 千古之宏規也).

짐(朕)은 미천한 출신으로 재주와 식견이 용렬하였으나 진실로 뭇사람의 신망(信望)에 힘입어 왕위에 올랐으니 그 포악한 임금[궁예]을 폐하던 때에, 나에게 충신의 절개를 다한 사람에게는 마땅히 포상(褒賞)을 하여 훈공을 권장해야 할 것이다.

홍유(洪儒)·배현경(裵玄慶)·신숭겸(申崇謙)·복지겸(卜智謙)을 제일등 공신으로 삼고 견권(堅權)·능식(能寔)·권신(權愼)·염상(廉湘)·김락(金樂)·연주(連珠)·마한(麻煖)을 제이등 공신으로 삼아 각기 금은(金銀)그릇과 비단 금침과 능라(綾羅) 포백(布帛)을 차등 있게 주고 삼등 공신인 2000여 명에게도 또한 능라 포백과 곡식을 차등 있게 주라.

짐이 공(公)들과 함께 백성들을 구제하고자 하였으나 마침내 신하의 절의를 지키지 못하고 이것으로써 공을 삼게 되니 어찌 부끄러운 덕이 아니겠는가?

그러나 공(功)이 있는데 포상하지 않으면 장차 공을 권장할 수 없는 까닭으로 오늘의 포상이 있게 된 것이니 공(公)들은 짐의 뜻을 밝게 알지어다."
하였다.

擧子賓貢 / 거자빈공

意義 거자(擧子)란 관리를 등용하는 것, 빈공(賓貢)이란 외국인
이 나라에 들어와서 공물을 바치는 것을 뜻하는 말로 이는 외국
에 사신을 파견하는 것을 의미한다.

出典 고려사절요 숙종명효대왕편(肅宗明孝大王篇)

解義 고려 숙종명효대왕 4년 봄 2월에 김상기(金上琦)를 수태부
(守太傅)로, 황형(黃瑩)을 중서시랑 동중서 문하평장사로, 조인
충(趙藺忠)을 수사공상서좌복사(守司空尙書左僕射)로 삼았는데
송(宋)나라에서는 조서(詔書)를 통하여 거자(擧子)의 빈공(賓
貢)을 허가(許可)하였다.

또한 3월에는 연덕궁주(延德宮主) 유씨(柳氏)를 책봉하여 비
(妃)로 삼았으며 여름 4월에는 사루(紗樓)에 나와서 문신(文臣)
들을 불러 시를 짓게 하고 비단을 차등 있게 하사하였다.

그리고 요동에서 횡선사(橫宣使)로 영주(寧州) 관내 관찰사
소랑(蕭朗)을 파견하여 보내오니 겸해서 '장경(藏經)'을 하사하
였으며 연영전(延英殿)에 몸소 나와서 궐내에 소장된 문서를 열
람하였다(四年 春二月 以金上琦 守太傅 黃瑩 爲中書侍郎 同中書
門下平章事 趙藺忠 守司空 尙書左僕射 宋 詔許擧子 賓貢 三月 冊延
德宮主柳氏 爲妃 夏四月 御紗樓 召詞臣 賦詩 賜絹有差 遼遣橫宣使
寧州管內觀察使蕭朗 來 兼賜藏經 御延英殿 檢閱御藏文書).

鯨戰鰕死 / 경전하사

意義 고래 싸움에 새우 등 터진다는 말로 강자(強者)끼리 다투는 와중에서 아무 관계도 없는 약자(弱者)가 피해를 입는다는 뜻이다.

出典 순오지(旬五志), 동언고략(東言考略)

解義 순오지에 다음과 같은 말이 있다.

'鯨戰鰕死 言小者介於兩大而受禍' 즉, '고래 싸움에 새우 죽는다는 것은 큰놈들 싸움통에 작은놈이 화를 입는다는 말이다.' 그래서 곧 경전하사(鯨戰鰕死)란 말은 뜻밖의 재난, 즉 아무 죄도 없고 상관도 없는 사람에게까지 화가 미치는 것을 말하는 것이라고 할 수 있겠다.

우리 속담에 '독 틈에 탕관(湯罐)', '남 눈 똥에 주저앉고 애매한 두꺼비 떡돌에 치인다'는 말이 있다.

작은 약탕관이 큰 독들 틈에 끼여 어쩔 줄 모른다는 말이니 약자(弱者)가 강자(強者)들 사이에서 고초를 겪고, 자기 잘못은 전혀 없이 남의 잘못으로 인해 화(禍)를 당한다는 뜻이다.

중국 고사로 시어지앙(池魚之殃)에 얽힌 얘기가 있다.《어씨춘추》효행람(孝行覽)에,

"송나라의 환사마(桓司馬)가 귀한 구슬을 가지고 있었다. 그가 죄를 짓고 도망을 가자 왕이 사람을 시켜 그가 가지고 있는 구슬을 어디에 두었는가를 물어보게 했다. 그는 못에 던져 버렸다고 대답했다. 왕은 구슬을 찾기 위해 바닥이 드러나도록 물을 다 퍼냈다. 그러나 찾으려던 구슬은 찾지 못하고 엉뚱한 고기만 다 죽이고 말았다는 것이다. 이것은 화와 복이 서로 미치는 것을 일컫는 것이다(此言禍福之相及也)."

라고 적혀 있다.

이 말은 큰 화나 복이라는 것이 뜻하지 않는 곳에까지 미치게 된다는 뜻이다. 또 《회남자》설산훈편(說山訓篇)에,

"초나라 왕이 원숭이를 잃어버리자 숲의 나무가 그로 인해 절단나고 송나라 임금이 그 구슬을 잃어버리자 못 속의 고기가 그로 인해 다 죽었다."

고 기록되어 있다.

결국 구슬을 찾기 위해 못의 물을 다 퍼낸 것이나 원숭이를 잡기 위해 숲의 나무를 다 베어 버린 것은 물에 사는 고기나 숲에 있는 나무들의 처지에서는 엉뚱하게도 전혀 뜻하지 않은 재해를 당한 셈이 된 것이다.

擎天捧日 / 경천봉일

[意義] 하늘을 괴고 해를 받든다는 말인데, 흔히 하늘과 해는 어버이나 군주(君主)에 비유되어 씌었으니 이 말은 곧 어버이에게 지극한 효도를 다하고 군주에게 충성을 다하는 것을 뜻한다. 결국 누군가를 성심성의껏 떠받드는 것을 의미하는 말이라고 할 수 있겠다.

[出典] 원생몽유록(元生夢游錄)

[解義] 원호(元昊)가 지은 한문 단편소설 〈원생몽유록(元生夢游錄)〉에 다음과 같은 부분이 있다.

8월 어느 날 저녁이었다. 자허는 달빛을 따라 책을 뒤적거리다가 밤이 이슥해지자 심신이 피로해서 책상에 의지하여 스르르 잠이 들고 말았다. 별안간 몸이 가벼이 떠오르며 아득한 것 위로 너울너울 날았다. 그는 온몸이 서늘한 바람을 타고 치솟은 듯도 하고 날개가 돋아서 신선이 된 것도 같았다.

그가 가다가 한 곳에 머무르니 강 언덕 위였다. 사방을 두른 듯한 긴 강은 굽이굽이 흐르고 모든 산은 어지러울 정도로 높이 솟아 있었다. 때는 이미 밤이 깊었는데 모든 소리는 숨을 죽이고 고요했다. 달빛은 낮처럼 밝았으며 물빛은 입을 편 듯하고 바람은 갈잎을 울리고 이슬은 단풍 숲에 뚜욱뚜욱 떨어지곤 했다.

그가 수심 어린 눈을 들어 보았으나 마치 천번의 불평(不平)한 기개를 품은 듯 싶었다. 그는 그제야 휘 하고 휘파람 소리를 내며 시 한 구절을 낭랑한 목소리로 읊었다.

　　원한은 사무쳐서 강물마저 예지 않고
　　갈꽃도 단풍잎도 우수수 우는구나
　　이곳은 분명히 장사(長沙)의 언덕이라
　　달빛은 희밝은데 임은 어디 거니나뇨
　　　恨入江波咽不流　　荻花楓葉冷颼風
　　　分明認是長沙岸　　月白英靈何處遊

좌우를 돌아보며 바장이고 있을 즈음에 별안간 발자국 소리가 먼 곳으로부터 가까이 들려왔다. 얼마 아니 되어 갈꽃 깊은 곳에서 아름다운 사내 하나가 나타났다.

그는 야복(野服)에 복건(幅巾)을 썼으며 심신이 맑고 눈썹이 빼어나 옛날 수양산의 유풍(遺風)을 지녔다. 그는 자허의 앞으로 나와 읍하며 말했다.

"자허는 어찌 이렇게 늦게 오시는가? 전하께옵서 당신을 맞이하시려 하오."

자허는 그가 산귀신이나 물귀신이 아닌가 의아해서 한참을 멍하여 답하지 못했다. 그러나 자허는 그의 얼굴이 호매하고 거동이 한아(閑雅)함을 보고는 자기도 모르는 사이에 마음속으로 그가 기특한 사내임을 칭송해 마지 않았다.

자허는 그제서야 그의 뒤를 따라 백여보를 걸어갔다. 정자 한

채가 우뚝 솟아 강을 굽어 보고 있었다. 그 위에 어떤 분이 난간에 의지하여 앉아 있는데 그 의관의 차림이 한눈에 벌써 임금이 틀림없었고 그 주위에는 다섯 사람이 모시고 있는데 모두 대부(大夫)의 옷을 입었으되 각기 계급 차이가 나타나 보였다.

그들은 대체로 이 세상의 호걸답게 용모가 당당하고 풍채가 늠름하여 그들의 가슴에는 바다에 몸을 던져 절개를 지키겠다는 뜻이 담겨 있고, 뱃속에는 경천봉일(擎天捧日)의 충성을 간직했으니 그들은 참으로 이른바 14·5세의 고아를 맡길 수도 있으려니와 한 나라의 정치를 맡겨도 될 만한 사람들이었다(蓋是世間之豪俊 容貌堂堂 神彩揚揚胷 藏叩馬踏海之志 腹蘊擎天捧日忠 眞所謂 託六尺之孤 而寄百里之命者也).

이 원생몽유록은 원호(元昊)가 일찍이 꿈속에서 단종(端宗) 때의 사육신(死六臣)인 성상문·박팽년·이개·하위지·유성원·유응부, 그리고 그의 절친한 벗인 최덕지(崔德志)와 함께 단종을 모시고 영월(寧越)의 금강(錦江) 위에서 제시를 읊으며 글을 주고 받았으며, 꿈이 깨자 곧 이 글을 써서 몽유록(夢游錄)이라 이름했으니 대체로 우언(寓言 ; 뜻이나 교훈을 사물에 비겨서 나타내는 것, 우화)이었다. 한때는 작자가 임제(林悌)로 알려졌었으나 이는 잘못된 듯하다.

笄年 / 계년

意義 비녀를 꽂을 만한 나이라는 말인데 비녀란 시집간 여자만이 꽂을 수 있는 것인즉, 곧 시집갈 나이를 의미한다. 보통 15세를 말한다.

出典 명엽지해(蓂葉志諧)

解義 양주(楊州)에 살고 있는 최씨 집에 세 딸이 있었다. 어렸을 때 부모를 여의고 오빠 최생(崔生)에게 의지하여 살게 되었다.

　최생이란 위인은 몹시 재물을 아껴서 그 누이들을 출가시키지 않았으니 그 맏이의 나이가 스물다섯이요, 다음은 스물둘, 막내는 열아홉 살이나 되었다. 그들은 헛되이도 꽃다운 이팔청춘을 저버리게 됨을 못내 슬퍼하였다.

　때마침 봄철이 돌아왔다. 세 노처녀가 뒷동산에서 꽃놀이를 시작하였다. 큰언니가 두 동생에게,

　"후원(後園)에 사람이 없어 고요하니 너희들과 사또놀이를 하는 것이 어떨까?"

하고는 스스로 사또가 되어, 가로 서 있는 사닥다리 위에 걸터앉고, 둘째는 형리(刑吏)가 되고, 막내는 최생의 역을 맡게 하였다. 그러고는 최생의 머리채를 이끌어 쥐어 원의 앞에 엎어 놓고 죄를 문책하는 것이었다.

　"너의 세 누이가 이미 부모를 여의고 너를 믿기가 아버지와 다름이 없거늘 나이가 모두 비녀 꽂을 나이가 되었음에도 불구하고 네가 오히려 출가시키지 않음은 무슨 까닭이냐(汝三妹 旣失父母 持汝如父 年俱蹕笄 汝尙不嫁何也)? 너는 조상으로부터 물려받은 재산이 많아 밭이나 집안이 모두 넉넉하지 않더냐? 하물며 너의 누이들의 재주나 얼굴 모두 아름답기로 이웃에 칭송을 받는 터수일까 보냐. 너의 막내누이 나이가 장차 스물이 되었으니 그 위의 둘이야 더욱더 이를 것이 있겠느냐? 네 어찌 차마 세 누이로 하여금 텅 빈 규중(閨中)에서 속절없이 늙게 하겠는가! 너의 죄는 의당 매를 쳐야 하겠으니 빨리 공사(供辭)를 바치렷다."

　그 막내가 두세 번 머리를 조아리면서,

　"난리를 겪은 뒤에 가세(家勢)가 탕진되어 혼구(婚具)를 갖추기 어렵기도 하려니와 양반집 자제를 고르려 하여도 한 곳도

가하지 않은 형편이요, 제가 혼인을 꺼리는 것은 천만 아니옵니다."

큰언니는 또다시 호통을 치는 것이었다.

"너의 말은 모두 거짓이로다. 난리 뒤에 가세가 탕진했다 하지마는 그런 난리를 겪은 자는 모두 시집가고 장가드는 일을 폐지해야 한단 말인가? 한 곳도 마땅한 데가 없다고 하지만, 그렇다고 딸 둔 이는 모두 그들을 늙혀 죽인단 말인가? 만일에 가산이 탕진되었다면 혼수(婚需)는 가세의 유무(有無)를 보아 알맞게 하면 될 것이요, 또 신랑감이 없다면 저 건너마을에 살고 있는 김생(金生)의 아들이라도 좋지 않겠느냐?"

때마침 관가의 포수(砲手)가 새와 매를 쫓아서 그 집 울타리 밑까지 왔다가 그 말을 듣고 폭소를 터뜨리고 말았다. 세 처녀는 깜짝 놀라서 뿔뿔이 흩어지다가 큰딸이 사닥다리에서 떨어져 발을 다치게 되었다.

포수가 관가로 돌아오는 길이었다. 길 가는 사람을 만났더니 그가 묻기를,

"너는 관가에 있는 사람이냐?"

"그렇소이다."

하고 포수가 대답했다. 또 묻기를,

"사또께서 계시냐?"

포수는 엉겁결에,

"계시기야 합니다마는 다만 오늘은 발이 미끄러져 낙상(落傷)을 하시어 동헌(東軒)에서 치료중이십니다."

하는 것이었다. 그 사람이 동헌에 들어간즉 사또가 앉아 있었으므로 그가 묻기를,

"공(公)께서 낙상을 하셨다더니 이제 나으셨습니까?"

하였다. 그러자 사또는,

"난 애당초 낙상을 한 일이 없는데 그대는 어디서 그런 말을 들으셨소?"

하고 반문을 하였다. 그가,

"길에서 관(官) 포수를 만나 들었습니다."

하자 사또가 괴상히 여겨서 포수를 대령하도록 하고 그 이유를 물었다. 포수는 그 세 처녀들의 이야기를 죽 하고 나서,

"큰언니가 스스로 사또라 일컫다가 사닥다리에서 떨어져 낙상을 하였기에 마침 저분을 만나서 농조(弄調)로 답한 것이옵니다."

하고 말하는 것이었다. 사또와 길가던 그 사람은 박장대소하며 곧 최생을 잡아 놓고 묻되,

"네가 세 누이를 거느려 시집보낼 나이가 지나도록 출가시키지 않는다 하니 이에 반드시 벌을 내려야 하겠다."

하고서 매를 때렸더니 최생의 공사(供辭)가 그 막내누이의 말과 조금도 다름이 없으므로 사또 역시 큰언니의 말처럼 조리 있게 응대하고는 책망하기를,

"건너마을 김생의 아들이라도 맞이하는 것이 옳지 않겠느냐?"

하고는 그날로 곧 일관(日官)을 불러 좋은 날을 받고 혼수를 장만하여서 예(禮)를 행하였으니, 지금까지 우스운 이야기로 전하고 있다.

鷄卵有骨 / 계란유골

意義 달걀에도 뼈가 있다는 말이니 재수 없는 포수는 곰을 잡아도 웅담(熊膽)이 없다는 속담과 같이 노상 운수가 나쁜 사람은 모처럼 좋은 기회를 얻었건만 그 일마저 잘 안되는 것을 이르는 말이다.

出典 대동운부군옥(大東韻府群玉)

26

解義 옛날에 정승 한 사람[세종(世宗) 때의 황희(黃喜) 정승이라고도 함]이 매우 가난하게 살았다.

이를 긍휼히 여긴 임금께서,

'그 정승을 어떻게 도울 길이 없을까?'

하고 곰곰이 생각하시던 끝에 묘안(妙案) 하나를 내게 되었다.

그리하여 임금께서는,

"새벽에 남대문을 열면서부터 저녁에 닫을 때까지 그날 하루 이 문(門)을 드나드는 물건은 모두 그 정승에게 주도록 하라."

는 명(命)을 내리셨다.

그런데 공교롭게도 그날은 온종일 비바람이 불어 사람들의 왕래가 없었는데 날이 어두울 무렵에야 한 시골 노인이 달걀 한 꾸러미를 가지고 들어왔다.

그리하여 달걀을 받은 그 정승이 그것을 가지고 집으로 돌아가서 어떻게 요기나 할까 해서 삶았더니 그 노인의 품에 온종일 안겨 있던 달걀이라 뼈가 있어서 결국 한 개도 먹을 수가 없었다고 한다.

참고 : 우리 속담에 '뒤로 오는 호랑이는 속여도 앞으로 오는 팔자는 못 속인다'는 말이 있다. 그만큼 사람은 운명에서 벗어나기 어렵다는 뜻이다. 팔자 도망은 독안에 들어가도 못하는 법이니 말이다.

우리 속담에는 운수가 나빠서 일이 잘 안 풀린다는 뜻을 지닌 말들이 많다.

'뒤로 자빠져도 코가 깨진다', '마방(馬房) 집이 망하려면 당나귀만 들어온다', '집안이 망하려면 며느리가 수염이 난다', '절이 망하려니까 새우젓 장수가 들어온다', '마디에 옹이', '가루 팔러 가니 바람이 불고 소금 팔러 가니 이슬비 온다', '밀가루 장사하면 바람이 불고 소금 장사하면 비가 온다', '도둑을 맞으려면 개도 안 짖는다', '용수에 담은 찰밥도 엎지르겠네', '계집 때린 날 장모 온다', '이 아픈 날 콩밥 한다' 등이 바로 일이 어그러져서 낭패를 본다는 뜻을 지닌 속담들이다.

高麗公事三日 / 고려공사삼일

意義 우리나라 사람들이 어떤 일을 할 때 계획성이 없고 인내하는 힘이 부족하여 긴 안목으로 기다리지 못하고 본래의 계획을 자주 변경한다는 뜻이다.

出典 세종실록(世宗實錄), 순오지(旬五志)

解義 세종실록(世宗實錄)에 다음과 같은 말이 있다.
"무릇 시작할 때에는 부지런하고 끝마칠 때에는 게을러지는 것이 인지상정(人之常情)이기는 하나 유독 우리나라 사람들은 이것이 깊은 병(病)이 되어 있는 까닭에 속담에 이르기를, 고려(高麗)의 공사(公事)는 고작해야 사흘밖에 가지 못한다고 하였는데 이 말은 진실로 틀린 말이 아니다(大抵始勤終怠 人之常情 尤是東人之深病故 諺曰高麗公事三日 此詔誠不虛實)."
순오지(旬五志)에서는,
"고려 때 공사(公事)는 사흘마다 바뀐다. 우리나라 사람들은 인내성(忍耐性)이 부족해서 한 가지 정치나 한 가지 법령이라도 바꾸고 고치기를 보통으로 알기 때문에 사흘밖에 가지 않는다는 말이다. 일이 오래 가지 못하는 것을 놀리려고 한 말이라고 할 수 있겠다(高麗公事三日 東方之人 不能耐久 一政一令 易革無常 謂之三日者 談其不能耐久)."
라고 하였다.
그만큼 우리나라 사람들은 참을성이 부족하고 계획성이 결여되어 있다는 것을 단적으로 지적한 말이라고 하겠다.
우리 속담에 '참을 인(忍)자 셋이면 살인(殺人)도 피한다'는 말이 있고 '한때를 참으면 백날이 편하다'는 말도 있다.

세상을 살아가는 데에는 참기 어려운 일이 많으나 한번 참으면 뒷일이 좋고, 그렇지 않으면 후회할 일이 생긴다는 뜻이다.

'굿 구경을 하려면 계면떡이 나오도록'이라는 속담도 있는데 이는 무슨 일든 시작하면 끝까지 참을성 있게 해야 이득을 얻는 다는 뜻이다.

그러나 그게 그렇게 쉬운 일은 아닌 듯싶다.

'먹은 마음이 사흘을 못간다(作心三日)', '난봉 자식 마음 잡아야 사흘이라'는 속담과도 같이 한때의 충격으로 느닷없이 결심한 것은 오래 가기 어려운 법이다.

고려공사삼일(高麗公事三日)이라는 성어와 마찬가지로 어떤 일을 함에 있어 오래 견디 내지 못할 때 이르는 말로 청연접낭(蜻蜓接囊)이라는 성어가 순오지(旬五志)에 있는데 이는 '잠자리 불알대기'라는 속담으로 민간에 전해 오고 있다.

"한결같이 부지런하면 천하에 어려운 일이 없고, 백 번을 참으면 집안에 큰 평화가 있다(一勤天下無難事 百忍堂中有泰和)." 란 말을 우리 조상들은 즐겨 써 왔다.

그만큼 우리 선인들이 근(勤)과 인(忍)을 인생의 지팡이로 삼고 살았음을 알 수 있다.

우리는 인내의 지팡이를 짚고 살아가야 한다. 인내없이 인생의 대업은 성취되지 않으며 사회의 큰일은 이루어지지 않기 때문이다. 인내의 나무에 평화의 꽃이 피고 성공의 열매가 열리게 마련이라는 것은 삼척동자도 다 알고, 인내의 뿌리는 쓰나 열매는 달다는 것을 누구나 다 잘 알고 있지만, 우선 그 뿌리보다 열매가 먼저 인식됨은 안타까운 일이 아닐 수 없다.

참고 : 계획성이 없고 참고 견디는 힘이 부족해서 한번 세웠던 계획을 자주 변경한다는 의미로 우리가 잘 쓰는 조령모개(朝令暮改)란 말이 있다.

조령모개(朝令暮改)란 아침에 내린 명령이나 법령이 저녁에

는 바뀐다는 뜻이니 현실을 무시하거나 원칙이 서 있지 않은 처
사를 일컫는 말이라고 할 수 있겠다.

《사기(史記)》의 평준서(平準書)에 보면 다음과 같은 이야기
가 기록되어 있다.

"한나라 문제(文帝) 때 흉노(凶奴)가 자주 북방을 침범해 들
어와 약탈을 자행하기 때문에 수비하는 군대들이 직접 농사를
짓는 둔병제(屯兵制)를 실시했다. 그러나 그것만으로는 부족했
기 때문에 그 부족량을 충당하기 위한 방법으로 곡식을 나라에
바칠 사람과 그것을 현지까지 수송할 사람을 공모(公募)하여 그
수량과 성적에 따라 벼슬을 주기로 했다."는 기록이 있다.

이러한 조치를 취하게 된 것은 문제(文帝)와 경제(景帝)의 2
대에 걸쳐 어사대부(御史大夫)라는 벼슬에까지 올랐던 조착(鼂
錯)이 건의한 방책에 의해서였다.

그는 이와 같은 정책을 실시해야 한다는 상소문 가운데서 조
령모개란 말을 쓰고 있다.

이 말이 나오는 대목을 소개하면 다음과 같다.

"지금 다섯 명 가족의 농가에서는 부역이 너무 무겁기 때문에
여기에 매어 사는 사람이 둘 이상이 되고 밭갈이할 경우에도 겨
우 백 묘(畝)를 넘지 못하며 백묘의 수확은 백석을 넘지 못한다
…… 관청을 수리하고 부역에 불려 나가는 등 사시사철 쉴날이
없다…… 이렇게 실기 힘든 형편에 다시 홍수와 가뭄의 재난이
밀어닥치고 조세와 부역에 응하지 않으면 안된다. 조세와 부역
은 일정한 시기도 없이 아침에 명령이 내려오면 저녁에 또다시
다른 명령으로 고쳐져서 내려온다(朝令而暮改). 전답 잡힐 것이
있는 사람은 반 값에 팔아 없애고, 그것도 없는 사람은 돈을 빌
려 원금과 같은 이자를 물게 된다. 이리하여 논밭과 집을 팔고
자식과 손자를 팔아 빚을 갚는 사람이 생겨나게 된다."

조착은 부국강병책으로 중앙집권을 꾀한 나머지 제후들 중 조
금만 잘못이 있으면 트집을 잡아 땅을 깎고 직속 군(郡)으로 만

들었기 때문에 그것이 화근이 되어 오초칠국(吳楚七國)의 반란을 불러일으키고 그 자신 또한 그로 인해 죽게 되었다.

供億三寶之費 / 공억삼보지비

意義 불교(佛敎)에서 불(佛)·법(法)·승(僧)을 삼보(三寶)라고 하는데, 이 삼보를 공양(供養)하는 데에 쓰이는 비용을 만한다.

出典 삼국유사(三國遺事) 권이(券二) 가락국기(駕洛國紀)

解義 순화(淳化) 1년(991년)에 김해부(金海府)의 양전사(量田使) 중대부(中大夫)인 조문선(趙文善)은 조사하여 다음과 같이 보고하였다.

"수로왕(首露王)의 능묘(陵廟)에 소속된 밭의 면적이 많으니, 마땅히 열다섯 결(結)을 가지고 전(前)대로 제사를 지내게 하고 그 나머지는 부(府)의 역정(役丁))들에게 나누어 주는 것이 좋겠습니다."

이 일을 맡은 관청에서 그 상계(狀啓)를 전해서 보고하자, 그때 조정에서 명령을 내리기를,

"하늘에서 내려온 알이 변화하여 성군(聖君)이 되었고 이내 왕위에 올라 춘추가 일백오십팔 세에까지 이르셨으니 저 삼황(三皇) 이후로 이에 견줄 만한 분이 드물다. 수로왕께서 돌아가신 뒤 선대(先代)부터 능묘에 소속된 전답(田畓)을 지금에 와서 줄인다는 것은 참으로 두려운 일이다."

하고는 허락하지 않았다.

양전사가 또 그와 같이 거듭 아뢰니 조정에서도 옳게 여기어 그 반은 능묘에서 종전대로 두게 하고 반은 그곳의 역정들에게

나누어 주게 했다. 절사(節使 ; 量田使)는 조정의 명을 받아 이에 그 반은 능원(陵園)에 소속시키고 반은 부(府)에서 부역하는 호정(戶丁)들에게 나누어 주었다. 이 일이 거의 끝날 무렵에 양전사는 몹시 피곤하였다.

어느 날 밤에 갑자기 꿈을 꾸었는데 7, 8명의 귀신이 밧줄과 칼을 가지고 와서 말했다.

"네게 큰 죄가 있으니 목을 베어 죽여야겠다."

양전사는 그 형(刑)을 받고 몹시 아파하다가 놀라서 깨었다. 이 때문에 병(病)이 들었는데 남에게 알리지도 못하고 밤에 도망을 갔는데, 그 병이 낫지 않아서 관문을 지나다가 죽었다. 이 때문에 양전도장(量田都帳)에는 그의 도장이 찍히지 않았다.

그 뒤에 사신이 와서 그 밭을 검사해 보니, 겨우 1결 12부(負) 9속(束) 뿐이며 3결 87부 1속이 모자랐다. 이에 모자라는 밭을 어떻게 했는가를 조사해서 내외관(內外官)들에게 보고하여 임금의 명령으로 그 부족한 것을 지급하게 했으니, 또한 고금(古今)을 탄식하는 사람이 있었다.

수로왕의 8대손 김질왕(金銍王)은 정사에 부지런하고 또 참된 일을 매우 숭상하여 시조(始祖) 무허황후(母許皇后)를 위해서 그의 명복을 빌고자 했다.

이에 원가(元嘉) 29년 임진(壬辰)에 수로왕과 히황후가 혼인하던 곳에 절을 세워 절 이름을 왕후사(王后寺)라 하고 사자를 보내어 절 근처에 있는 평전(平田) 10결을 측량해서 삼보(三寶)를 공양하는 비용으로 쓰게 했다(元嘉二十九年壬辰 於元君興皇后合婚之地 創寺額曰王后寺 遣使審重近側 平田十結 以爲供億三寶之費).

이 절이 생긴 지 오백년 후에 장유사(長遊寺)를 세웠는데 이 절에 바친 전시(田柴)가 도합 300결이나 되었다. 이에 장유사의 삼강(三綱)은 왕후사가 장유사의 시전(柴田) 동남쪽 지역 안에 있다고 해서 왕후사를 폐하고 전장(田莊)을 만들어 가을에 곡식

을 거두고 겨울에 저장하는 장소와 말을 기르고 소를 치는 마구
간으로 만들었으니 이는 무척 슬픈 일이다.

九流涉獵 / 구류섭렵

意義 구류(九流)란 유가(儒家)·도가(道家)·음양가(陰陽家)·
법가(法家)·명가(名家)·묵가(墨家)·종횡가(縱橫家)·농가
(農家)·잡가(雜家)를 일컫는 말이다. 즉, 구류섭렵이란 이러한
제자백가(諸子百家)들의 사상이 어느 한 곳에 편중됨이 없이 두
루 통달해 있다는 뜻이 된다.

出典 삼국사기(三國史記) 권칠(券七) 신라본기(新羅本紀) 제칠
(第七)

解義 당(唐)의 설인귀(薛仁貴)가 신라의 승려 임윤법사(琳潤法
師)를 통해 장서(長書)를 보내왔는데, 이에 대한 신라왕(王)의
답 가운데 마지막 부분만을 소개하면 다음과 같다.
　"법사 임윤이 돌아와서 장군께서 주신 서한을 전달하여 비로
소 총관(摠管)이 풍파를 무릅쓰고 멀리 해외에 오신 것을 알게
되었으니 도리상 사신을 교외에 보내어 맞아들이고 술과 고기를
대접하는 것이 당연하나 멀리 이역(異域)에 있는 탓으로 아직
예(禮)를 갖추지 못하고 때로는 영접조차 하지 못함을 괴이하게
여기지 말아 주시기 바랍니다.
　총관의 서한을 읽어본즉, 신라가 반역을 꾀한 것처럼 생각하
시는 모양인데 이는 곧 본뜻이 아니므로 그저 척연히 놀랄 따름
이외다.
　자기의 공로를 헤아리다가 사욕(斯辱)의 조롱을 당할까 두려
우며 입을 봉한 채 꾸지람만 받자니 불행한 운명의 나락에 떨어

질까 싶어 이제 원통하고도 억울한 사연을 대략 아뢰고 배반한 적이 없었다는 것을 갖추어 기록하는 바입니다.

국가가 한 사람의 사신을 보내어 사유를 물어 보지도 아니하고 곧 수만의 군사로 하여금 소혈(巢穴)을 경복(傾覆)하고자 하여 큰 배, 작은 배가 바다와 강을 연결하며 웅진(熊津)에 이르러 죄를 묻고 이 신라를 치려하니 슬프도다. 백제와 고구려가 평정되지 아니하였을 땐 손발과 같은 사명을 다하였는데 들짐승이 다 없어지니 도리어 사냥개가 고기 파는 사람에게 핍박을 당하는 격이며, 잔적(殘賊)인 백제는 도리어 옹치(雍齒)의 상을 받고 한(漢)에게 희생된 신라는 이미 정공(丁公)처럼 죽음을 당한 것이외다.

그러나 태양이 비록 빛을 돌려주진 않을망정 규곽(葵藿)의 본심은 오히려 향일(向日)의 정성을 품고 있사오이다.

총관께서는 영웅의 빼어난 기질을 타고났고 장상(將相)의 포부를 지니고 칠덕(七德)을 겸비하고 구류(九流)에 다 통달한 분으로서 하늘에서 내리는 벌을 대행함에 있어 어찌 함부로 죄 아님을 죄로써 다스리이까(摠管稟英雄之秀氣 抱將相之高才 七德兼備 九流涉獵 恭行天罰 濫加非罪)?

당나라 군대가 출동하기 이전에 먼저 이유를 물어야 할 것 같습니다. 보내온 글월에 인연하여 감히 배반하지 아니하였다는 것을 진술하는 바인즉, 청컨대 총관께선 곰곰히 생각해 보시길 바라면서 글월을 갖추어 이와 같이 아뢰는 것이외다. 신라왕 김법민(金法敏) 사룀"

國仙 / 국선

意義 화랑(花郞)을 일컫는 말로 신라시대의 귀족 청소년들의 종교적·사교적·교양적인 단체나 또는 그 단체의 우두머리를 가

34

리킨다.

出典 삼국유사(三國遺事) 권이(卷二) 사십팔(四十八) 경문대왕
(景文大王)

解義 왕의 이름은 응렴(應廉)인데 18세 때 국선이 되었다(王諱
膺廉 年十八爲國仙). 약관에 이르자 헌강대왕(憲康大王)이 응렴
을 궁중으로 불러 잔치를 베풀면서 이렇게 물었다.

"낭은 국선이 되어 이곳저곳을 다니면서 무슨 이상한 일이라
도 보았는가?"

"신은 선행(善行)이 있는 사람 셋을 보았습니다."

"그럼, 그 이야기를 들어 보자."

낭이 말하되,

"어떤 사람은 남의 윗사람이 되었지만 겸손하여 남의 밑에 앉
은 이가 있으니 그것이 하나요, 또 어떤 사람은 부자로되 의복을
검소하게 하는 이가 있으니 그것이 둘째요, 어떤 사람은 고귀한
세력을 가졌지만 그 위엄을 쓰지 않는 이가 있으니 그것이 셋째
입니다."

하자, 왕이 그 말을 듣고 어린 나이에도 불구하고 사람됨이 기특
하여 자신도 모르게 눈물을 흘리며,

"짐에게 두 딸이 있으니 그대의 아내로 삼으라."

하였다. 낭이 자리에서 절하며 머리를 조아리고 돌아와 부모께
사뢰니 부모가 놀랍고 기뻐하며 그 자제들을 모아 놓고 의논하
기를,

"큰공주는 용모가 별로 화려하지 못하고, 둘째 공주는 대단히
아름다우니 둘째 공주에게 장가가는 것이 좋겠다."

하였다. 그러나 낭도(郎徒)의 우두머리인 범교사(範敎師)가 이
말을 듣고 집으로 찾아와 낭에게 물었다.

"대왕께서 공주를 그대의 아내로 삼으라 한다 하니 참말인

가?"

"그렇습니다."

"누구를 취하려는가?"

"양친의 말씀에 아우가 좋다 하십니다."

그러자 그 말을 들은 범교사는 이렇게 경계의 말을 하였다.

"낭이 만일 아우를 취하면 나는 반드시 낭의 면전에서 죽을 것이고 형을 취하면 반드시 세 가지 좋은 일이 있을 것이니 조심하라."

"명령대로 하겠습니다."

낭이 말하였다. 얼마 후 왕이 날을 받아 사신을 낭에게 보내어,

"두 딸을 그대의 마음대로 하라."

하였다. 사신이 돌아가,

"낭의 뜻이 큰공주를 맞이하겠다 합니다."

하였다. 그 뒤 석 달이 지나 왕의 병이 위독하였다. 군신을 불러 놓고,

"짐이 아들도 손자도 없으니 장사를 치른 뒤에는 마땅히 큰딸의 남편 응렴으로 왕위를 계승케 하라."

하고 다음 날 죽었다. 곧 유조(遺詔)를 받들어 응렴이 왕으로 즉위하였다. 이에 범교사가 와서,

"제가 말하던 세 가지 좋은 일이란 것은 이제 다 실현되었습니다. 큰공주를 얻었기 때문에 왕위에 오른 것이 그 하나요, 아름다운 둘째 공주도 이제 쉽게 취할 수 있으니 그 둘이요, 큰공주와 결혼함으로써 전왕(前王)과 왕후께서 매우 기뻐하셨으니 그것이 셋이었습니다."

하였다.

龜兎之說 / 귀토지설

意義 거북과 토끼 이야기라는 뜻으로 제 분수를 모르고 날뛰는
놈은 큰 화(禍)를 당한다는 교훈적인 의미와 또 어떤 위기에 처
했을 때에는 당황하지 말고 기지(機智)를 발휘하여 그 순간을
모면하라는 설교적인 의미를 지닌 말이다.

出典 삼국사기(三國史記) 열전(列傳) 김유신조(金庾信條)

解義 신라 선덕왕 11년(643년)에 백제가 신라의 대량주(大梁
州)를 함락시킬 적에 춘추공(春秋公)의 딸이 남편이 전사하자
따라 죽었다. 이에 격분한 김춘추는 고구려와 동맹관계를 맺어
서 이를 설욕하기 위해 왕의 허락을 얻어 고구려를 방문하게 되
었다. 이미 그는 김유신과 60일의 기한을 두고서 금석지약(金
石之約)을 맺은 것이 있었다.

　그러나 막상 그가 고구려를 방문하자 그를 모함하는 자 때문
에 옥에 갇히는 신세가 되고 말았다. 그러자 춘추는 자신이 가지
고 간 청포 3백절을 왕의 총신인 선도해(先道解)에게 몰래 선사
하여 그의 도움을 받고자 하였다.

　그 선물을 받은 도해는 술상을 차려 왔고 서로 마시다가 술이
좀 얼큰해지자 춘추에게 농담조로 이렇게 말했다.

　"그대도 일찍이 거북과 토끼의 이야기를 들었겠지요(子亦嘗
聞龜兎之說乎)? 옛날, 동해 용왕의 딸이 심장병을 앓고 있었는데
의사가 말하기를,

　"토끼의 간을 구해서 약에 넣어 먹으면 나을 수 있다."
고 하였소. 그러나 바닷속에는 토끼가 없으니 일은 난관에 부딪
혔지요. 이때 한 거북이 용왕에게 아뢰기를,

　"제가 토끼의 간을 구해 오겠습니다."
하고는 드디어 육지로 올라가서 토끼를 보고 말하기를,

"바닷속에 섬 하나가 있는데 샘물이 맑고 돌도 하얗고 숲도 무성하고 좋은 과일도 많으며 덥지도 춥지도 않고 매나 독수리 같은 것도 없소이다. 당신이 만약 거기만 간다면 아무 걱정없이 편히 살 수 있을 것이오."

라고 살살 꾀어 드디어 토끼를 등에 업고 헤엄쳐 이삼 리쯤 가다가 거북이 토끼에게 말하기를,

"지금 용왕의 딸이 병이 들어 꼭 토끼의 간으로 약을 해야 하기 때문에 수고를 꺼리지 않고 너를 업고 가는 것이다."

하였소. 토끼는 이 말에 한편으론 내심 놀랐지만 지혜로 가득 찬 토끼는 태연스럽게 대답하기를,

"나는 신명(神明)의 후손이라 능히 오장을 꺼내어 물에 깨끗이 씻은 다음 다시 넣을 수 있습니다. 그런데 요새 조금 마음이 답답하기로 간을 꺼내어 씻어서 잠깐 바위 틈에 두었는데 당신의 달콤한 말을 듣고 오는 바람에 깜빡 잊고 그대로 왔지 뭡니까? 내 간이 지금 거기 있으니 돌아가서 간을 가져와야 하지 않겠소? 그렇다면 당신은 구하는 것을 얻게 되고 나는 비록 간이 없어도 살 수 있으니 양쪽이 다 좋지 않겠소이까?"

라고 말하였소. 순진한 거북은 그 말을 그대로 믿고 다시 돌아갔는데 겨우 언덕에 오르자마자 토끼는 풀 속으로 뛰어 들어가면서 하는 말이,

"어리석은 놈은 바로 니다. 긴 없이 사는 게 어디 있겠느냐?"

고 거북을 놀려댔지요. 거북은 기가 막혀 그저 묵묵히 물러갈 뿐이었습니다."

라고 하였다.

결국 이 말을 들은 춘추도 그 비유가 뜻하는 것을 깨닫고 지혜를 짜내어 우선 위험한 순간을 모면하기 위해 고구려 왕의 조건을 승낙하는 체 말을 하여 고구려를 탈출하는 데 성공하였으며 이것이 또한 후일에 신라가 삼국을 통일하는 데 디딤돌이 되었던 것이다.

또한 거북과 토끼 사이에 벌어진 이야기가 우리의 고대소설로 정착되었는데 그 소설이 바로 〈토끼전〉이며 일명 〈별주부전(鼈主簿傳)〉〈토생원전(兎生員傳)〉〈토별산수록(兎鼈山水錄)〉〈토처사전(兎處士傳)〉〈토별가(兎鼈歌)〉〈토끼타령 · 수궁가(水宮歌)〉 등이다. 토별가나 토끼타령 · 수궁가 등의 명칭에서 알 수 있듯이 이것은 또한 타령조 곧 판소리로 불려지게 되었다.

그만큼 우리 조상들 사이에서 널리 보편화되었던 이야기라고 할 수 있을 것이다.

根深之木 / 근심지목

[意義] 뿌리가 깊은 나무란 뜻으로 무엇의 기반이 전혀 흔들리지 않을 정도로 튼튼한 것을 일컫는다.

[出典] 용비어천가(龍飛御天歌)

[解義] 훈민정음(訓民正音)으로 기록된 최초의 문헌이며 악장(樂章) 문학의 대표작이라는 용비어천가(龍飛御天歌)의 125수 가운데 제2장은 순수한 우리말로 아주 쉽게 표현되어 있으면서도 조선왕조를 송축(頌祝)하는 뜻이 간절할 뿐만 아니라 철학적 깊이까지 있어서, 가장 문학성이 높으며 일명 근심장(根深章)이라고도 한다.

근심지목(根深之木)이란 말은 바로 이 근심장에서 나온 말이다. 이 장(章)을 인용 및 풀이하여 보면 다음과 같다.

불휘 기픈 남ᄀᆞᆫ ᄇᆞᄅᆞ매 아니 뮐씨, 곶 됴코 여름 하나니
시미 기픈 므른 ᄀᆞᄆᆞ래 아니 그츨씨, 내히 이러 바ᄅᆞ래 가ᄂᆞ니
　　根深之木 風亦不扤有灼其華 有蕡其實

源遠之水 旱亦不竭 流斯爲川 于海必達

이를 현대어로 옮겨 보면 다음과 같다.

"뿌리가 깊은 나무는 바람에 흔들리지 아니하므로 꽃이 많이 피고 열매가 많이 열리느니라. 근원이 깊은 물은 가뭄에도 마르지 아니하니 샘물이 되어 마침내 바다로 흘러가느니라."

이는 곧 나무와 물에 뜻을 붙여서 나라를 세우는 막중한 일이 하루 아침에 이루어지는 것이 아니라, 여러 대(代)를 두고 쌓아 내려오는 동안에 뿌리가 깊히 박히고, 어떤 시련이라도 극복할 수 있는 막강한 힘이 길러진 뒤에라야 비로소 이루어지는 것임을 묘사하여 조선은 건국의 유래가 깊고 오래된 것이어서 어떠한 내우외환에도 국권이 흔들리거나 쇠퇴함이 없이 문화가 발달하고 영원히 번영할 것이라는 뜻을 읊은 것이다.

전절(前節)과 후절(後節)은 대구(對句)를 이루는 은유법을 써서 상징적인 표현을 하였다.

金閨 / 금규

[意義] 금규란 원래 침실(寢室)을 미화(美化)하여 일컫는 말로 규각(閨閣)과 같은 뜻으로 사용되어 왔는데 이것이 전이되어 귀족의 집안을 일컫게 되었다.

[出典] 삼국유사(三國遺事) 권사(卷四) 심지계조(心地繼祖)

[解義] 문인 김관의(金寬毅)가 지은 왕대종록(王代宗錄) 2권을 살펴보면 신라 말년에 대덕(大德) 석충(釋冲)이 진표율사의 가사 한 벌과 계간자(戒簡子) 189매를 고려 태조에게 바쳤다 했는데 지금 동화사(桐華寺)에 전하는 간자(簡子)와 같은 것인지는 알

수 없다.

> 귀족의 집안에서 자라나 우리를 벗어나
> 근검과 총혜 하늘이 준 덕이로다
> 뜰에 쌓인 눈에서 간자를 얻어
> 돌아와 동화사 상봉에 와서 놓았도다.
> 生長金閨早脫籠 儉懃聰惠〔慧〕自天鍾
> 萬庭積雪偸神簡 來放桐華最上峰

金樽美酒千人血 / 금준미주천인혈

意義 금으로 만든 항아리에 담긴 맛좋은 술은 천 사람의 피란 뜻으로 백성들을 가혹하게 착취하고 조세를 심하게 거둬들이는 관리들의 부정부패, 곧 탐관오리들의 가렴주구(苛斂誅求)하는 행위를 비꼬는 말이다.

出典 춘향전(春香傳)

解義 과거에 장원급제하여 전라도 어사를 제수받고 몰락한 양반의 모습으로 변장하여 남원으로 향하던 이몽룡은 도중에 농부들의 말을 통하여 춘향(春香)의 지고한 정절에 대한 소식을 듣고, 또 방자(房子)를 만나 춘향의 편지를 읽고서 눈물을 흘린다.

　드디어 남원에 당도하여 춘향모와 향단을 만났으나 춘향이 없는 집이라 웬지 쓸쓸하여 향단의 안내를 받고 꿈에도 그리던 춘향을 옥중에서 만난 뒤에 씁쓸한 기분으로 다시 춘향의 집으로 돌아왔다. 다음날 날이 밝자 온 고을의 수령들이 변학도의 생일 잔치에 하나하나 모여들었는데 어사또 역시 걸인(乞人)의 모습으로 변학도의 생일 잔치에 찾아가게 된다는 것이 다음에 이어질 이야기 전반부의 즐거리이다.

좌편의 행수군관 우편의 청령사령(廳令使令) 한가운데의 본관(本官) 사또는 주인이 되어 하인을 불러 분부하되,

"기생을 불러 다과상을 올려라. 육고자(肉庫子)를 불러 큰소를 잡고 예방을 불러 고인(鼓人)을 대령하고 승발(承發)을 불러 차일을 치게 하라. 사령을 불러 잡인(雜人)을 금하라."

이렇듯 요란할 때 푸르고 붉은 비단 옷을 입은 기생들은 비단 소매에 싸인 흰 손을 높이 들어 춤을 추고,

"지화자, 두둥실."

하는 소리에 어사또 마음이 심란하구나.

"여봐라, 여봐라, 사령들아! 너의 사또께 여쭈어라. 먼데 있는 걸인이 좋은 잔치에 왔으니 술과 안주나 좀 얻어 먹자고 여쭈어라."

저 사령 거동 보소.

"어느 양반이길래 그토록 소란하오? 우리 안전(案前 ; 하급관리가 상급 관리를 부르는 말)께서 걸인을 못 들어오게 하시니 그런 말은 내지도 마시오."

등을 밀쳐내니 어찌 아니 가관인가. 운봉(雲峰)이 그 거동을 보고 본관에게 청하는 말이,

"저 걸인의 의관은 남루하나 양반의 후예인 듯하니 말석에 앉히고 술잔이나 먹여 보냄이 어떠하오?"

"운봉의 소견대로 하오마는……."

하는데 "마는" 소리가 뒷입맛이 사납다. 어사또는 속으로,

'오냐, 도적질은 내가 하마. 오랏줄은 네가 져라.'

운봉이 분부하여,

"그 양반 듭시래라."

어사또 들어가 단정히 앉아 좌우를 살펴보니 당상의 모든 수령들이 다과상을 앞에 놓고 진양조(盡陽調)가 높아갈 때 어사또 상을 보니 어찌 아니 통분하랴. 모 떨어진 개다리 소반에 닥나무

젓가락·콩나물·깍뚜기·막걸리 한 사발이 놓였구나. 상을 발
길로 탁 차 던지고 운봉에게 조르길,

"갈비 한 대 먹고 싶소이다."

"다리도 잡수시오."

하고 운봉이 하는 말이,

"이러한 잔치에 풍류로만 놀아서는 맛이 적사오니 차운(次
韻)이나 한 수씩 해 보면 어떠하오?"

하고 운봉이 운(韻)을 내는데 높을 고(高)·기름 고(膏) 두 자
를 내어 놓고 차례로 운을 달 때에 어사또가 하는 말이,

"걸인도 어려서 축구권(抽句卷)이나 읽었는데 좋은 잔치를
당하여서 술과 안주를 배불리 먹고 거저 가기가 염치없으니 차
운(次韻) 한 수 하겠소이다."

운봉이 반겨 듣고 붓과 벼루를 내어 주니, 좌중이 다 못하여
글 두 구를 지었으되 민정(民情)을 생각하고 본관 정체(政體)를
생각하여 지었겄다.

　　　금동이의 아름다운 술은 만백성의 피요
　　　옥소반의 맛 좋은 안주는 만백성의 기름이라
　　　촛불의 눈물 떨어질 때 백성의 눈물이 떨어지고
　　　노랫소리 높은 곳에 원망소리 높았더라
　　　　金樽美酒天人血　玉盤佳肴萬姓膏
　　　　燭淚落時民淚落　歌聲高處怨聲高

이렇듯 지었으되 본관은 몰라보고 운봉은 글을 보며 속으로
생각하니,

'아뿔싸! 일이 났구나.'

뒤이어 수령들은 놀라 혼비백산하여 달아나고, 어사는 어사
출두를 한 후에 변학도를 봉고파직(封庫罷職)시키고 춘향을 살
려내어 오래도록 춘향과 함께 부귀공명(富貴功名)을 누린다는

것이 춘향전의 대단원 부분이다.

이도령이 변학도를 무릎꿇게 하는 것은 마패의 위력만이 아니다. 변학도의 생일 잔치 자리에서 그가 지은 그 유명한 시구(詩句)로 변학도의 가슴을 찌른 것이다.

이 유명한 시구는 춘향전에는 없어서는 안될 핵이다. 변학도의 악을 칼로 무찌르지 않고 붓으로 친 것이다. 선(善)이란 칼로 이기는 것이 아니라 마음을 움직이는 언어와 노래로써 감화(感化)하는 힘을 말한다.

己事之忙 大家之舂促 / 기사지망 대가지용촉

意義 내 일 바빠 한데 방아라는 속담으로 자기 일이 바쁘므로 그 일을 하기 위하여 부득이 남의 일부터 먼저 해치운다는 뜻이다. 여기서 '한데'는 '한댁(大家)'의 와전(訛傳)인 듯하다.

出典 삼국유사(三國遺事) 권오(卷五) 욱면비념불서승(郁面婢念佛西昇)

解義 경덕왕 때 강주(康州 ; 지금의 진주. 剛州라고도 했으니 지금의 순안이다)의 선사(善士) 수십 명이 서방(서방극락)에 뜻을 두어 그 고을 경내에 미타사(彌陀寺)를 세워 극락세계에 나기를 기약하여 계를 모았다.

그때 아간(阿干) 귀진(貴珍)의 집에 한 여자 종이 있었는데, 이름을 욱면(郁面)이라 하였다. 주인을 따라 절에 가서 뜰에서 스님을 따라 염불하니 주인이 직분이 아닌 짓을 한다고 미워하여 매일 곡식 두 섬씩 내어 주며 하루에 다 찧으라 하였다.

욱면이 초경까지 다 찧어 놓고 절에 가서 염불하되(속담에 내일이 바빠서 큰집 방아 서두른다고 하는 것이 여기서 나온 말이다)

(俚言 己事之忙 大家春促 盖出乎比) 밤낮으로 게을리하지 않았다.

그녀는 뜰의 좌우에 기다란 말뚝을 세우고 노끈으로 두 손바닥을 뚫어 꿰어 말뚝에 매고는 합장하면서 좌우로 흔들면서 자신을 격려했다.

그때 하늘에서 부르는데,

"욱면랑(郁面郎)은 당에 들어가서 염불하라."

하였다. 절의 승려들이 그 소리를 듣고 계집종을 권하여 법당에 들어와서 법례에 따라 함께 정진(精進)하게 했다.

얼마 후 하늘의 음악소리가 서쪽에서 들려오더니 욱면은 몸을 솟구쳐 집 대들보를 뚫고 올라가 서쪽으로 가다가 교외에 이르러 육신을 버리고 부처의 몸으로 변하여 연화대에 앉아 큰빛을 발하면서 천천히 가 버리니 풍악소리가 공중에서 그치지 않았다.

그 당(堂)에는 지금도 뚫고 나간 구멍이 있다고 한다.(이상은 시골에서 전하는 말이다.)

ㄴ

卵上加卵 / 난상가란

意義 우리 속담에 정성이 있으면 한식(寒食)에도 세배간다는 말이 있는데 이는 마음에만 있으면 언제라도 제 성의는 표시할 수 있다는 뜻이다. 정성이 지극하면 하늘도 감동한다고 한다.

달걀 위에 달걀을 포개어 놓는다는 것은 사실 불가능한 일임에는 틀림없으나 또한 지극한 정성을 표현한 말이기도 하다. 그리하여 난상가란(卵上加卵)이란 말은 불가능한 일이지만 지극한 정성을 뜻한다.

出典 성수패설(醒睡稗說)

解義 어떤 이름이 높던 벼슬아치가 임금에게 죄를 지어 먼 곳으로 귀양살이를 떠나는 길이었다. 그의 아내가 물었다.

"이제 떠나시면 언제나 돌아오시겠습니까?"

그는 침통한 표정을 지으며, 대답했다.

"알 위에다 알을 포갤 수 있다면 모르겠거니와 그렇지 못하면 죽어 돌아올 것이오."

그가 떠난 뒤에 그의 아내는 달걀 둘을 소반 위에 놓고서 밤낮을 쉬지 않고 빌었다.

"달걀아, 포개져라."

아내는 축수(祝手)를 하며 달걀 두 개를 쌓아올리기 위해 애를 썼다. 그러나 그것이 가능하지 못할 일임은 너무나 분명하였고 그의 아내는 애통한 소리를 낼 뿐이었다.

어느 날 임금이 미복 차림으로 미행(微行)을 하다가 그 집 창

밖에 이르러 축원(祝願)하는 소리를 듣고 대궐로 돌아왔다. 임금은 사람을 시켜 그 곡절을 알아오게 하여 벼슬아치의 아내의 지성을 측은히 여기고 죄인을 석방하도록 일렀다.

임금이 석방된 죄인을 불러다 놓고 물었다.

"네가 석방된 이유를 아느냐?"

"성은이 망극할 뿐이옵니다."

그의 대답에 임금이 말했다.

"그렇지 않소. 알 위에다 알을 포개었기 때문이었소(不然卵上加卵故也)."

男女相悅之詞 / 남녀상열지사

意義 남녀간의 육체적인 쾌락을 기꺼워한 노래라는 뜻인데, 고려가요를 조선시대 초기의 한학자들이 그것을 천시해서 붙인 말이다. 대개 고려가요는 남녀간의 사랑을 읊은 것이 많고 또 그 표현이 노골적이어서 조선의 국교(國敎)와 국시(國是)에 맞지 않으므로 이렇게 비방한 것이다.

出典 악학궤범(樂學軌範), 악장가사(樂章歌詞)

解義 고려시대는 내우외환(內憂外患)으로 인하여 사회가 극도의 혼란 속에 빠지게 되니 인륜(人倫)과 도덕이 혼란스러워지고 예의나 체면을 돌보지 않게 된 나머지 관능적인 쾌락만을 추구하게 되고, 득세한 귀족과 토호(土豪)들은 가렴주구(苛斂誅求)를 일삼으며 약한 백성들을 괴롭혔다. 그러자 의지할 곳 없는 서민들은 자연히 고통스러운 현실을 잊고자 하여 순간적인 향락만을 추구하게 되었다.

이러한 사회적 상황들은 이들의 생활을 현실도피적이고 퇴폐

적인 분위기로 흐르게 하여, 노골적인 남녀의 애정에 몰두하게
하였으니, 그들의 입을 통해 나오는 노랫말 역시 그 상황을 그대
로 표현한 것이라 할 수 있다. 그래서 고려속요(俗謠)의 내용들
은 남녀상열(男女相悅)이 그 주류를 이루게 되었던 것이다.

  이 시대 사람들의 육감적인 생활을 표현한 대표적인 작품으로
는 〈쌍화점(雙花店)〉〈만전춘(滿殿春)〉〈이상곡(履霜曲)〉 등이
있다.

  〈쌍화점〉은 외국인·승려·임금·술집 주인 할것 없이 세상
의 이목을 두려워하지 않고 육체적 향락을 추구한 당시의 사회
상을 가장 적나라하게 반영한 작품으로, 각 연의 전반부 네 구절
은 유녀(遊女)의 행각을, 뒷부분 두 구절 곧 후렴구는 탕자의 독
백을 노래하고 있다. 〈만전춘〉도 남녀간의 정사를 대담하게 표
현했고 〈이상곡(履霜曲)〉은 가신 임을 그리면서 정욕과 환상에
번민하는 여인의 심정을 적나라하게 표현한 염정류(艶情類)이
다.

  구운 밤을 모래밭에 심어 그 싹이 돋아나면 임과 이별하리라
는 비유를 사용하여 영원한 사랑과 해로를 다짐하다가 만약에
이별의 경우가 올지라도 임에 대한 애정과 신의는 변함이 없으
리라는 신념과 맹세를 노래한 〈정석가(鄭石歌)〉와 1월부터 12
월까지 1년을 월령체(月令體)로 배열하여 월령(月令)에 따라 민
속과 계절감에서 오는 정감을 바탕으로 남녀 간의 사랑을 노래
한 〈동동(動動)〉 등은 대표적인 애정문학이다.

  그 외에도 〈서경별곡(西京別曲)〉과 〈가시리〉는 임과의 이별
에서 나타난 애절한 정한(情恨)을 노래하였으며 〈정읍사(井邑
詞)〉에서는 행상(行商) 나간 남편의 안전을 기원하는 아내의 지
극한 애정을 노래하고 있다.

  이 고려 속요는 한문을 자유롭게 사용하던 상류 계급이 아닌
서민과 부녀자들의 노래이기 때문에 정해진 형식이나 세련된 기
교는 찾아볼 수 없다.

그러나 진솔하고 소박한 생활의 표현이라는 점에서는 우리 국문학사상 가장 뛰어난 작품이라고도 할 수 있을 것이다. 과장이나 가식이 없는 솔직한 상사(相思)·연모(戀慕)·애욕(愛慾)의 표현은 우리의 문학사를 빛내는 값진 보배이기 때문이다.

그런데 유감스럽게도 이 노래들이 조선 초기에 악학궤범이나 악장가사, 시용향악보와 같은 문헌에 기록되는 과정에서 많이 삭제되고 말았다. 그것은 이 솔직하고 생생한 애정시(愛情詩)가 도학자(道學者)들인 양반 한학자들에게 좋은 평가를 받을 수가 없었기 때문이다.

그들은 이 노래를 자신들의 관점에서 남녀상열지사(男女相悅之詞)니 음사(淫詞)니 망탄(妄誕)이니 하여 함부로 배척하고 작두질하여 소위 사리부재(詞俚不載 ; 가사가 저속하여 싣지 않는다는 뜻)라 하였던 것이다.

그리하여 조선 초기까지만 하여도 상당히 많은 작품이 전하던 것이 겨우 20수 미만밖에 남겨지지 않은 것은 참으로 애석한 일이다. 위선적이며 독단적인 한학자들은 그들의 편협한 문학관 때문에 국문학사에 있어 돌이킬 수 없는 실수를 범했던 것이다.

南北風塵 / 남북풍진

意義 남쪽과 북쪽에서 일어나는 바람과 먼지, 곧 남쪽과 북쪽에 위치한 오랑캐들이 일으키는 병란(兵亂)이란 뜻으로 전쟁(戰爭)을 가리키는 말이다.

出典 남이(南怡)의 시조

解義 長劍을 싸혀들고 白頭山에 올아보니
      大明天地에 腥塵이 줌겨셰라

언제나 南北風塵을 헤쳐볼고 호노라

이를 현대어로 풀이하여 보면 다음과 같다.

긴 칼을 빼어들고 백두산에 올라보니,
밝고 맑은 천지에 전쟁 기운이 덮여 있구나.
언제나 오랑캐들과의 전쟁을 평정하여 세상일을 바로잡을까.

이 시조는 우리나라 주변에 위치해 있던 오랑캐들이 자주 국경을 어지럽히던 때에 나라의 안녕을 이루어 놓으리라는 결의를 보이는 젊은 장군으로서의 호기(豪氣)와 큰 포부가 잘 나타난 작품이다. 시조에 흐르는 이미지 역시 애국애족의 기개가 용솟음치는 일종의 낭만주의가 물결치고 있다. 그것은 오늘날 우리들 개인주의의 감정으로는 도저히 도달할 수 없는 감정의 고지(高地)를 이루고 있는 것이다. 나라에 대한 충성이 개인의 사사로움에 앞서는 것이 당연했던 그 마음은 사악(邪惡)에 가까운 이 시대의 풍토에서는 더욱더 그러하다.

기개가 세차고 패기가 넘쳐도 결코 넘쳐나지 않는 그 높은 절도의 경지는 인격의 완성이 뒤따랐음을 보여주는 증거이기도 하며 남이 장군의 이 작품이 지니는 광활한 애국지상(愛國至上)의 세계에서 이제 막 일어서는 조선 왕조의 진수(眞髓)를 다시 한번 느끼기에 충분한 듯하다.

鷺窺魚事 / 노규어사

意義 여기서 노(鷺)란 백로(白鷺), 곧 해오라기를 가리키는 말이다. 노규어사란 해오라기가 아무런 사심(邪心)도 없이 평화롭게 노니는 물고기를 엿본다는 말로 힘을 가진 자가 힘없고 약한

50

자를 일도양단(一刀兩斷)하기 위해 기회를 호시탐탐 엿보고 있음을 뜻한다.

出典 신흠(申欽)의 시조

解義 조선시대의 한학사대가(漢學四大家) 가운데 한 사람인 상촌(象村) 신흠(申欽)의 시조에 다음과 같은 것이 있다.

> 냇ᄀᆞ에 히오라비 므스일 셔잇ᄂᆞᆫ다
> 無心ᄒᆞᆫ 져고기를 여어 므슴 ᄒᆞ려ᄂᆞᆫ다
> 아마도 ᄒᆞᆫᄆᆞᆯ에 잇거니 니저신들 엇드리
> 　溪邊鷺立何事 魚自心底事窺
> 　旣是一樣水中物 相忘也宜

이를 현대어로 풀어보면 다음과 같다.

냇가에 서 있는 백로야! 무슨 일로 서 있느냐?
무심하게 노니는 저 고기를 엿보아서 무얼 하려느냐?
아무리 생각해 보아도 다 같이 한 물에 살고 있는 처지이니 아예 잊어버리고 내버려 두는 것이 어떻겠는가?

이 시조는 당시 고질적인 당쟁의 폐해로 어지러워진 사회상을 엿보게 한다. 작자가 몸소 치른 대북파(大北派)와 소북파(小北派) 간을 백로와 물고기의 관계에 비유하여 이미지의 대조를 보이면서 평화를 인간의 근원으로 보고, 이런 약육강식(弱肉強食)의 사회풍습을 불식하여 같은 겨레로서 화목하게 살기를 바라는 소망을 담고 있다.

이를테면 싸움을 걸어오는 악의 대표격인 해오라기와 싸울 생각조차 없는 물고기를 대조시켜, 약육강식만을 앞세우는 세도가와 이에 맞설 만한 아무런 힘도 갖추지 못한 자를 비유로써 그리고 있다. 그리고 이들이 모두 한 물·한 조정·한 나라에 산다는 비유를 통해 당시의 악폐(惡弊)인 당쟁을 꾸짖고 서로간의 반목질시(反目嫉視)의 옳지 못함을 경계하는 뜻이 작품 전체에 흐르고 있다.

櫨木櫃 指牛爲木 / 노목궤 지우위목

意義 지우위목(指牛爲木)이란 소를 가리켜 나무라고 한다는 말이고, 노목궤(櫨木櫃)란 버드나무 궤짝이란 뜻으로 옛날에 들은 것만 가지고서 상황이 변했을 때조차도 그것을 변통할 줄 모르는 것, 곧 지극히 융통성이 없는 사람이나 행위(行爲)를 가리키는 말이다.

出典 명엽지해(蓂葉志諧), 순오지(旬五志)

解義 어떤 한 시골 영감에게 딸이 하나 있었는데, 그 딸을 매우 애지중지하였기 때문에 사위를 고르려고 버드나무 궤를 짜서 쌀 쉰댓 말을 저장하여 놓고는 사람들을 모아 놓고 말했다(一村翁愛其女爲之擇配 造櫨木櫃 貯米五十五斗後).

"누구라도 이 궤의 나무 이름과 그 속에 쌀 몇 말이 들어 있는가를 명확하게 알아맞히면 내 사위로 삼겠소."

이렇게 여러 사람들에게 물었으나 그 나무 이름과 쌀의 양을 정확히 알아맞히는 자가 없었다. 그러자니 세월은 덧없이 흘러 그 딸은 꽃다운 나이를 넘게 되었다. 그 딸은 스스로 나이만 많아지고 그것을 알아맞히겠다고 나서는 사람이 없는 것을 고민하던 나머지 한 어리석은 장사꾼을 불러서 귀띔을 해주었다.

"ㅅ 궤는 버드나무요, 그 속에 간직된 쌀은 쉰댓 말이니 만일 당신이 그걸 말한다면 반드시 나의 남편이 될 것이오."

그러자 장사꾼은 딸이 가르쳐 준 대로 대답을 하였고, 그 시골 영감은 매우 기뻐하였다.

"슬기 있는 신랑을 만났다."

그러면서 영감은 날을 택하여 성례(成禮)를 시키고 모든 일에 의심쩍은 것이 있을 때는 반드시 그 사위에게 자문을 구하는 것이었다. 하루는 장인이 장에서 소 한 마리를 사 왔다. 바보 사위가 그 소를 보더니 말하는 것이었다.

"이건 버드나무 궤로고."

그러면서 계속 아는 척을 했다.

"아마 쉰댓 말은 들었겠군."

"김서방이 망발을 하는구료. 어찌 소를 가리켜 나무라 하는고."

그런 후로 장인은 사위의 자질에 대해 의심을 하게 되었다. 그러자 딸이 가만히 남편을 꾸짖는 것이었다.

"그 소의 입을 벌리면서 '이가 적구료'라고 말하고, 꼬리를 들고서 '새끼를 많이 낳겠구료'라고 해야지요."

그 이튿날이었다. 장모가 병이 들어 위독하자 사위를 청하여 그 증세를 보라 하였더니 사위가 침상 밑에 다가서서 장모의 입을 벌리면서 이렇게 말했다.

"이가 적구료."

그러고는 또 이불을 걷어 장모의 엉덩이를 보면서,

"새끼를 많이 낳겠구료."

하는 것이었다. 장인 장모가 화를 벌컥 내면서 한숨을 내쉬었다.

"소를 나무로 보고 사람을 소로 보는 그 참 미친 놈이로고!"

우리 속담에 '가르친 사위(所敎之壻)'란 말이 있다. 이 말은 '길러낸 사위'라는 속언과 같이 제 일을 혼자 처리할 줄도 모르고 어떤 상황의 변화에 유연성을 보일 줄 모르는 못난 사람을 조롱

할 때 흔히 쓰는 말이다.

綠葉成陰子滿枝 / 녹엽성음자만지

[意義] 초록빛 잎사귀가 그늘을 이루고 열매가 가지마다 가득 찼다는 말로 여자가 자라서 출가하여 자녀를 낳음을 꽃과 나무에 비유한 것이다.

[出典] 작자 미상의 시조

[解義] 화원악보(花源樂譜)에 다음과 같은 시조가 있다.

    곳아 色을 밋고 오는 나뷔 禁치 마라
    春光이 덧 업슨 줄 년들 아니 酩酊하랴
    綠葉이 成陰 子滿枝ᄒ면 어늬 나뷔 오리요

이를 현대어로 옮겨보면 아래와 같다.

    꽃아, 고운 빛을 믿고 오는 나비를 막지 말아라.
    봄빛이 잠깐 동안이라는 것을 너라고 짐작이 안 되겠느냐?
    초록빛 나뭇잎으로 그늘이 지고 열매가 가지마다 가득하면 어느 나비가 날아오겠느냐?

이 시조에서 꽃은 여자를, 색(色)은 여자의 아름다움을, 나비는 남자를, 춘광(春光)은 여자의 한창 시절을 비유한 말들이며, 이 시조 자체는 은유(隱喩)로써 이루어져 있다. 이 은유의 껍질을 벗기고 나면 다음과 같은 재미있는 풀이가 나온다.

"여자들이여! 자신의 아름다움만을 믿고 찾아오는 남자를 막

54

지 말아라. 한창 시절이란 잠깐 동안에 불과하다는 것을 너휘들
모르겠느냐. 여자가 출가하여 자녀를 많이 거느리게 되면 어느
남자가 찾아오겠는가."

　세월은 남성의 경우보다도 여성에게 있어서 더 잔인한 술잔일
까? 세월과 더불어 이미 생동감이 사라져서 메마르고 갈라진 여
성의 피부, 그것의 갈 바는 어디란 말인가? 결국 여자란 언제나
육체적으로 아름다워야 하며 항상 물기 머금은 장미여야만 하는
것일까?

綠草晴江上 / 녹초청강상

[意義] 푸른 풀이 우거진 맑게 갠 강가, 곧 강호(江湖)나 대자연
(大自然)을 나타내는 말이라 할 수 있다.

[出典] 서익(徐益)의 시조

[解義] 조선시대 선조(宣祖) 때의 사람인 만죽(萬竹) 서익의 시조
에 다음과 같은 것이 있다.

　　綠草晴江上에 구레 버슨 몰이 되야
　　쌔쌔로 머리 드러 北向ᄒ여 우는 뜻은
　　夕陽이 재너머 가매 님자 그려 우노라

이를 현대어로 옮겨보면 다음과 같다.

　푸른 풀이 우거진 비 갠 강가에서 벼슬을 그만두고 자유로이
지내지만,
　때때로 머리를 들어 임금님 계신 곳을 향하여 눈물 짓는 것은

이 몸이 점점 늙어 다시는 못 뵐까 하여 그러는 것이로다.

초장의 녹초청강상(綠草晴江上)은 풍성하고 태평스러운 그의 향리의 풍경이거나 그의 마음에서 우러나온 생활 환경을 지칭함이 분명하다. 또 굴레 벗은 말은 벼슬자리를 떠나 야인(野人)의 신분으로 돌아간 자신의 모습이라고 보아도 틀림없겠다.

초장에서는 벼슬을 떠나 자유롭게 지내고 있는 자신의 처지를 냇가에서 한가로이 풀을 뜯고 있는 말에 비유하였다. 북향(北向)이라는 말은 군신(君臣)의 대의를 자신의 세계안으로 삼는 이들에겐 반드시라고 해도 좋을 만큼 그것은 임금을 그리는 대명사가 되고 있다.

중장에서는 그 말이 임금이 있는 북쪽을 향하여 운다고 하여 비록 벼슬은 떠났지만 임금을 그리는 정이나 충성심에는 변함이 없음을 나타낸다.

종장이 이 시조 해석에서 가장 오류를 범하기 쉬운 부분이다. 이를 "자신의 인생이 저물어감으로 해서 임을 그려 운다"는 식으로 표현된 구절 그대로 해석하면, 의(義)를 위해 목숨까지 내걸고 애쓰던 그의 인생관에 합당한 풀이가 못된다. 임금의 눈과 귀를 멀게 하는 무리들이 발호하여 나라꼴을 망치는 거기에 군신의 대의에 사는 사람들의 나라와 백성을 걱정하는 마음이 있으니 말이다.

한편 해동소악부(海東小樂府)에는 이 시조가 다음과 같이 한역되어 있다.

茸茸綠草晴江上 老馬身閑轡銜
奮首一鳴時向北 夕陽無限戀君心

ㄷ

談虎虎至 / 담호호지

意義 호랑이도 제 말하면 온다는 말인데, 이는 마침 화제에 오르고 있는 당사자가 공교롭게도 그 자리에 나타났을 때 쓰는 표현이다. 그러므로 그 자리에 없다고 해서 남의 흉을 함부로 보지 말라는 뜻을 지니고 있다.

出典 이담속찬(耳談續纂)

解義 이담속찬에 이런 말이 있다.

'談虎虎至 談人人至 言不可其人之不在 而議其人' 호랑이도 제 말하면 오고 사람도 제 말하면 온다. 이것은 그 사람이 그 자리에 없다고 해서 그 사람에 대해 왈가왈부하는 것은 옳지 않음을 일컫는 것이다.

고기는 씹어야 맛이요, 말은 해야 맛이라는 말도 있고, 말만 잘하면 천냥 빚도 갚을 수 있다. 또 글 속에 글이 있듯이 말 속에 말이 있다고 한다. 그만큼 하고픈 말이 있으면 속 시원히 다 해야 하고 또 말을 잘했을 경우에는 처세에도 매우 유익하며, 말이 지니고 있는 뜻 또한 무궁무진한 것은 사실이다.

그러나 '에'해서 다르고 '애'해서 다른 것이 또한 말이다. 비록 사소한 차이라 할지라도 그 말씨에 따라 상대편에게 주는 느낌은 크게 다르게 마련이다. 그래서 '길은 갈 탓이요, 말은 할 탓이라'는 속담도 생겼을 것이다.

음식은 먹을수록 줄고 말은 할수록 느는 법이다. 또 말은 할수록 거칠어지고, 말이 많을수록 쓸 말은 적다고 한다. 그렇게 말을 많이 하다 보면 무심히 한 말 때문에 뜻하지 않은 큰 변을 당하는 경우도 적지 않다.

그래서 실없는 말이 송사 건다는 속담도 널리 퍼졌을 것이다. 《명심보감(明心寶鑑)》에 다음과 같은 말이 있다.

"입은 사람을 상하게 하는 도끼요, 말은 혀를 베는 칼이니 입을 막고 혀를 깊이 감추면 몸이 어느 곳에 있어도 편안할 것이다(口是傷人斧 言是割舌刀 閉口深藏舌 安身處處宇)."

"술은 나를 잘 아는 친구를 만나면 천 잔도 적고, 말은 그 뜻이 맞지 않으면 한 마디도 많으니라(酒逢知己千鍾少 話不投機一句多)."

이는 결국 말 한 마디 잘못한 것으로 인해 돌이킬 수 없는 근심을 부르게 되고 재앙이 몸에 미치며 심지어는 생명을 잃는 무서운 결과까지 가져오게 되니 말을 지극히 삼가야 한다는 뜻이라고 할 수 있겠다.

盜冤竟雪 淫誣難滅 / 도원경설 음무난멸

意義 도둑의 때는 벗어도 화냥의 때는 못 벗는다는 말로 화냥질은 한번 하면 증거를 댈 흔적이 없는 것이므로 도둑의 누명처럼 쉽게 벗을 수 있는 것이 아니라는 것이다. 그러므로 여자가 부정(不貞)하다는 누명은 밝힐 도리가 없으니 품행을 삼가 조심하라는 뜻이다.

出典 이담속찬(耳談續纂)

解義 이담속찬에 다음과 같은 구절이 있다.

'盜冤竟雪 淫誣難滅 言有臟故可證 無跡故難暴'

도적의 누명은 쉽게 벗을 수 있으나 화냥의 때는 벗기가 어렵다. 이것은 도적의 누명은 장물(臟物)이 있기 때문에 증명할 수가 있으나 화냥의 때는 자취가 없기 때문에 밝혀 내기가 어렵다는 말이다.

옛부터 동서고금(東西古今)을 막론하고 여자는 신비스러운 존재로 간주되어 왔다. 그러다 보니 여자에 관한 속언(俗言) 또한 범람하게 마련이었다.

'천길 물 속은 알아도 계집 마음속은 모른다'는 말은 여자의 마음은 감잡을 수가 없다는 뜻이다. '계집은 상을 들고 문지방을 넘으며 열두 가지 생각을 한다'는 말은 여자는 언제나 복잡한 딴 생각을 하고 있다는 의미이다.

이렇게 여자란 존재를 무정형·무고정의 상태로 파악하다 보니 여성에 대한 경계의 관념이 싹트게 된 것이었다.

'계집의 독한 마음 오뉴월에 서리 친다'는 속언은 여자가 한번 원한을 품고 저주를 하게 되면 매섭고 독하다는 뜻이다. '여자는 돌리면 버리고 접시는 빌리면 깨진다'는 말은 여자가 너무 밖으로 나다니다 보면 몸과 마음을 망치기 쉽다는 뜻이다. '여자는 사흘만 안 때리면 여우가 된다'는 말은 여자는 때때로 훈계를 하지 않으면 간사한 짓을 하기가 쉽다는 뜻이다. '여편네 활수하면 벌어 들여도 시루에 물붓기(妻迂財入 譬彼甁沼)'란 속담이 있는데 이는 손 큰 여편네의 낭비벽을 경계하여 일컫는 말이다.

또 여자들이 말 많은 것은 재앙만 불러오지 아무 짝에도 쓸모가 없다고 생각하여, '여자가 셋이면 나무 접시가 드논다', '계집 입 싼 것'이라는 속언이 생겼으며 여자란 존재는 아무리 똑똑해도 할 일 못 할 일이 따로 있다고 생각하여, '치맛자락이 똑똑하면 승전(承傳)막이 갈까'라는 말도 널리 오르내렸다.

또 남자들에게 주는 교훈의 의미로써, '여자의 말을 잘 들어도 패가하고 안 들어도 망신한다'는 속담이 널리 알려졌는데 이는 남자는 여자의 말이라도 올바른 말은 들어야 하고 간악한 말은 아무리 혹한 계집의 말이라도 필히 물리쳐야 한다는 뜻이다. '계집의 매도 너무 맞으면 아프다(妻毆雖弄 恒受則痛).'라는 속언은 아무리 좋은 사이라도 너무 함부로 하면 불쾌한 법인즉 가까운 사이에서도 지켜야 할 예절은 꼭 지켜야 한다는 의미이다.

아무튼 예나 지금이나 동서양을 막론하고 여자라는 존재는 남자들이 이해하기 어려운 복잡한 존재였던 것 같다.

同價紅裳 / 동가홍상

意義 같은 값이면 다홍치마라는 말로 이왕 같은 처지라면 품질이 더 좋은 것이나 자기에게 소득이 더 많은 것을 선택하겠다는 뜻이다.

出典 송남잡지(松南雜識), 동언고략(東言考略)

解義 '바다는 메워도 사람의 욕심은 못 메운다.'는 말이 있다. 그만큼 사람의 욕심은 끝이 없다는 것이다.

그러므로 사람들은 자신이 취할 수 있는 최대한의 이익을 다 차지하려고 하는 것은 당연한 것인지도 모른다.

'임도 보고 뽕도 딴다', '꿩 먹고 알 먹는다'는 속언들이 바로 이러한 사람들의 심리를 그대로 반영하는 말이라고 할 수 있겠다.

하물며 똑같은 입장, 대등한 상황에서 무언가를 취할 수 있는 기회가 주어진다면 어찌 자신에게 돌아오는 소득을 극대화(極大化)시키려는 마음이 생기지 않겠는가? '이왕이면 창덕궁', '같은 값이면 처녀', '같은 새경이면 과부집살이'란 속언들이 모두 그러한 맥락에서 나온 말들이다.

凍足放溺 / 동족방뇨

[意義] 언 발에 오줌 누기란 뜻으로, 상황이 급박해서 그 일을 모면하기 위해 임시변통으로 한 일이 결과적으로 더 나쁘게 되었을 때 쓰는 말이다.

[出典] 순오지(旬五志)

[解義] 순오지에 '凍足放溺 言人姑息之計'라는 말이 있다. '언 발에 오줌누기란 사람들이 고식지계(姑息之計)를 취함을 일컫는 말'이란 뜻이다. 고식(姑息)이란《예기(禮記)》에 나오는 말로서 당장에는 탈이 없는 편안한 상태를 가리키는, 곧 임시방편밖에 안되는 계책을 의미하는 말이다. 미봉책(彌縫策)이라는 말과 상통된다.

'고식지계'란 것이 물론 어떤 일에 대한 근본적인 해결책은 되지 못하나 경우에 따라서는 임기응변으로 소용되어지는 것은 틀림없다.

우리 속담에 '벼룩의 등에 육간대청(六間大廳)을 짓겠다', '우물 옆에서 말라 죽겠다'라는 말이 있는데 이는 도량이 좁고 상황 판단이 느려서 하는 짓이 답답하고 옹색한 사람을 풍자하여 쓰는 말이다. 그만큼 임기응변에 능하지 못하여 답답하다는 뜻이다.

그래서 고식지계란 것이 분명 지혜와 재치를 필요로 하지만 잘못된 고식지계는 또한 더욱더 어떤 상황을 악화시킬 수도 있다.

'호랑이 보고 창구멍 막기'란 말이 있다. 이는 위급한 때 매우 당황하여 미봉책으로 이를 피하려 한다는 뜻이다. 이는 낫으로 눈을 가리고 제 몸이 다 가려진 줄 아는 것과 같으며, 귀 막고 방울 도둑질하는 것과 조금도 다를 바가 없다. 그만큼 일만 더 크게 벌려 놓는 셈이 되기 때문이다.

미봉책이라는 것이 세상에서 때때로 통용될 때가 있기도 하다. 하지만 이건 어디까지나 일시적인 그야말로 임시방편에 불과하다는 사실을 잊어서는 안될 것이다.

‘노루 친 몽둥이 삼 년 우린다’는 속언이 있다. 어쩌다가 한번 노루를 때려잡은 막대를 가지고 이것만 가지면 언제나 노루를 잡으려니 하고 터무니없는 생각을 한다는 말인데 요행을 바라는 어리석음, 지난날의 구태의연한 방법들을 무조건 지금에도 적용하려는 어리석음을 비웃는 말이다.

그러므로 미봉책도 어떤 상황에서 한번이면 족하다. 어떤 미봉책을 써서 그 순간 일이 잘 되었다고 하여 그것을 훗날까지 두고두고 적용시키려 한다면 ‘노루 친 몽둥이 삼년 우리는 것’과 조금도 다를 바가 없기 때문이다.

참고 : 미봉책(彌縫策)──‘미봉’이란 타진 곳을 임시로 얽어 맨다는 뜻인데 이 말에서 임시로 꾸며대어 눈가림만 하는 계책을 미봉책이라 하게 되었다.

주(周)나라 환왕(桓王) 13년(기원전 707년)에 왕은 정나라를 치기로 결정하였다. 이보다 앞서 왕은 정나라 장공(莊公)에게 내렸던 경사(卿士)란 직책을 거둬들였고 이를 못마땅하게 생각한 정나라의 장공은 주나라 왕실에 대한 조공을 모두 중지해 버렸다. 환왕은 이 기회에 징나라를 쳐서 왕실의 위신을 회복할 생각이었다.

환왕은 괵(虢)·채(蔡)·진(晋)·위(衛) 등 네 나라 군대도 함께 거느리고 위세도 당당하게 정나라로 향했다. 그러자 정나라의 장공은 신하들에게 계책을 올리라 하여 작전을 짰다.

“내란이 생긴 진나라 군사는 싸울 경황이 없을 테니 먼저 이들을 치면 곧 달아나게 될 것입니다. 그렇게 되면 다른 나라들도 더 싸울 생각을 못하고 달아날 것인즉, 그런 다음 왕이 지휘하는 군사를 집중 공격하면 우리는 승리하게 될 것입니다.”

만백(曼伯)이 우익이 되고 채중족(蔡仲足)이 좌익이 되고 원
번(原繁)과 고거미(高渠彌)가 중군을 이끌고 장공을 호위하여
어려진(魚麗陣)을 쳤다. 즉 전차 부대를 앞세우고 보병을 그 뒤
에 세워 전차의 틈 사이를 보병으로 미봉(彌縫)하게 했다.

여기서 사람으로 전차 사이사이를 이어 그물처럼 진을 친 것
을 미봉이라 했다. 전차가 헝겊조각이라면 사람은 실이 된 셈이
다.

同穴之友 / 동혈지우

意義 동혈이란 본래 같은 무덤이나 같은 구덩이를 뜻하는 말인
데, 부부(夫婦)가 죽은 뒤에 같은 무덤에 묻힌다는 의미에서 내
외지간(內外之間), 즉 부부(夫婦)를 말한다.

出典 삼국유사(三國遺事) 권삼(卷三) 낙산이대성 관음, 정취,
조신

解義 (전략)……옛날 서라벌(徐羅伐)이 서울이었을 때 세규사
(世逵寺)의 장원(莊園)이 명주(溟州) 날이군(捺李郡)에 있었는
데 본사(本寺)에서 승려 조신(調信)을 보내어 장원을 맡아 관리
하게 했다.

조신이 장원에 왔는데 태수(太守) 김흔공(金昕公)의 딸에게
아주 반하여 그녀를 사모하게 되었다. 남몰래 여러 번 낙산사
(洛山寺) 관음보살 앞에 가서 그 여인과 살게 해 달라고 빌었다.
이로부터 몇 해 지나지 않아 그 여자는 출가하였다.

그는 불당(佛堂) 앞에 가서 관음보살이 자기의 소원을 들어주
지 않는다고 원망하며 날이 저물도록 슬피 울다가 사모의 정에
지쳐서 잠시 잠이 들었다. 꿈속에 갑자기 김씨 낭자가 기쁜 낮빛

을 하고 문 안으로 들어와 반가이 웃으면서 말했다.

"저는 일찍부터 스님을 잠깐 뵙고 마음속으로 사랑한 나머지 잠시도 잊지 못했으나 부모님의 명령을 거역할 수 없어 딴 사람에게 시집을 갔습니다. 지금 한 무덤에 같이 묻히게 될 내외가 되기를 원해서 온 것입니다(兒早識上人於半面 心乎愛矣 未嘗暫忘 迫於父母之命 強從人矣 今願爲同穴之友 故來爾)."

이에 조신은 매우 기뻐하며 그녀와 함께 고향으로 돌아갔다.

그녀와 사십여년간을 살면서 자녀 다섯을 두었다. 집이란 것이 다만 네 벽을 갖추었을 뿐이고 좋지 않은 음식마저도 계속 먹을 수가 없을 정도로 가난했다. 마침내는 식구들을 이끌고 사방으로 돌아다니면서 빌어 먹고 지내야 했다. 이렇게 십년 동안 이리저리 떠돌아다니다보니 옷은 조각조각 헤져서 몸도 가릴 수가 없었다.

그러다가 명주(溟州) 해현령(蟹縣嶺)을 지날 때 열다섯 살 난 큰 아이가 갑자기 굶어 죽으니 통곡하면서 길가에 묻었다. 남은 네 아이를 데리고 그들 내외는 우곡현(羽曲縣)에 이르러 길가에 모옥(茅屋)을 짓고 살았다.

이제 내외는 늙고 병들었다. 게다가 굶주려서 거동도 못하게 되자 열 살된 딸 아이가 밥을 구걸해 와서 겨우 목숨을 연명했는데 그 아이가 돌아다니다가 마을 개에게 물렸다. 그 아이가 아프다고 울부짖으면서 부모 앞에 와서 누우니 부모는 목이 메어 눈물만 흘렸다.

아내가 눈물을 닦으면서 말했다.

"제가 처음 당신을 만났을 때는 얼굴도 아름답고 나이도 젊었으며 입은 옷도 많고 화려했습니다. 한 가지 맛있는 음식도 당신과 나누어 먹었고 옷 한 가지도 당신과 나누어 입으며 집을 나온지 오십 년 동안에 정이 들어 친밀해졌고 사랑도 굳게 얽혔으니 가히 당신과 나 사이에는 두터운 인연이 있다고 하겠습니다.

그러나 요사이는 몸이 쇠약해져서 생긴 병이 날로 더해지고 굶주림과 추위도 더욱 심해지는데 남의 곁방살이나 하찮은 음식조차도 빌어먹기가 어렵게 되었으니 수많은 문전(門前)에서 걸식하는 부끄러움은 산더미보다도 더 무겁습니다. 아이들이 추위에 떨고 굶주림에 시달려도 미처 돌볼 겨를조차 없으니 어느 사이에 사랑이 있어 부부간의 애정을 즐길 수가 있겠습니까? 발그레한 얼굴과 예쁜 웃음도 풀 위의 이슬이요, 지초(芝草)와 난초 같은 약속도 바람에 나부끼는 버들가지와 같은 것입니다.

이제 당신은 제가 있어서 더 누(累)가 되고 저는 당신 때문에 더 근심이 됩니다. 가만히 옛날의 기뻤던 일을 생각해 보니 그것이 바로 근심의 시작이었습니다. 당신과 제가 어찌해서 이런 지경에까지 이르렀습니까? 뭇새와 같이 다 함께 굶어 죽는 것보다는 차라리 짝 잃은 난조(鸞鳥)가 거울을 향하여 짝을 부르는 것만 못할 것입니다. 역경을 당하면 버리고 순경을 당하면 친하는 것은 인정상 차마 할 수 없는 일입니다.

하지만 행하고 그치는 것은 인력(人力)으로 되는 것이 아니고 헤어지고 만나는 것도 운수에 매어 있는 법입니다. 원컨대 저의 말을 따라 헤어지기로 합시다."

조신이 이 말을 듣고 무척 기뻐하며 서로 아이 둘씩을 나누어 데리고 장차 떠나려 하니 여자가 또 이렇게 말했다.

"저는 고향으로 갈 것이니 당신은 남쪽으로 가십시오."

이리하여 서로 이별하고 길을 떠나려 하다가 조신은 문득 꿈에서 깨었다. 타다 남은 등잔불은 깜박거리고 있었고 날도 이제 막 밝으려 하고 있었다.

아침이 되었다. 수염과 머리칼은 모두 희어졌고 망연히 세상일엔 뜻이 없어졌다. 괴롭게 살아가는 것도 이미 싫어졌고 마치 한 평생의 고생(苦生)을 다 겪고 난 것과도 같아 재물을 탐하는 마음도 얼음 녹듯이 깨끗이 사라졌다.

이에 관음보살의 상(像)을 대하기가 부끄러워지고 잘못을 뉘우치는 마음이 참을 수 없이 복받쳐올랐다. 그가 돌아와 꿈속에

서 해현(蟹峴)에 묻은 아이를 파 보니 그것은 석미륵(石彌勒)이
었다.

그것을 물로 깨끗이 씻어 근처에 있는 절에 모시고 서울로 돌
아가 장원(莊園)을 맡은 책임을 내놓고 사재(私財)를 털어 정토
사(淨土寺)를 세우고 부지런히 착한 일에 힘썼다.

그후에 그가 어디서 세상을 마쳤는지는 알 수가 없다……(후
략)

이상이 바로 삼국유사에 나오는 유명한 조신(調信)의 꿈 이야
기다. 이 이야기의 구조를 살펴보면 서포(西浦) 김만중(金萬重)
이 쓴《구운몽(九雲夢)》과 거의 동일함을 알 수 있다.

곧 불교의 세계에 탐닉해 있다가 불도(佛道)에 어긋나는 온갖
잡념을 꿈의 힘을 빌려 반불교적(反佛敎的)인 세계를 만끽하게
하고 결국 그에서 자신이 탐하던 세속의 욕망이 이루어진다해도
그것은 진정한 행복이 아니라는 것을 깨닫게 하여 다시 불교의
세계로 돌아오는 구조를 취하고 있는 것이다.

《구운몽》에서의 주인공 성진(性眞)은 현세에서 인간으로서
누릴 수 있는 온갖 부귀(富貴)와 공명(功名)을 다 맛보게 되지
만, 조신의 꿈에서는 주인공 조신이 이와는 반대로 온갖 간난신
고(艱難辛苦)를 다 겪는다는 것이 둘의 차이점이기는 하나 전체
적인 작품 구조는 거의 흡사하다고 할 수 있다.

그래서 어떤 이들은 이〈조신의 꿈〉이야기가 곧《구운몽》의
모태(母胎)가 되는 것이라고 주장하기도 한다.

登樓去梯 / 등루거제

意義 다락에 오르라 하고 사다리를 치운다는 말로서, 사람을 꾀
어서 불행한 지경으로 떨어뜨린다는 뜻이다. 또한 다락을 흔히
나무로 바꾸어 쓰기도 한다.

出典 송남잡지(松南雜識), 이양원(李陽元)의 시조

解義 조선시대 선조 때의 재상이었던 이양원이 지은 시조에 다음과 같은 것이 있다.

> 노프나 노픈 남게 날 勸호여 오려두고
> 이보오 벗님너야 흔드지나 마르되야
> 느려져 죽기는 셟지아녀 님 못볼가 호노라

이를 현대어로 풀어보면 다음과 같다.
높으나 높은 나무 위에 나를 올라가라고 권해 올려놓고,
여보게! 친구들아, 흔들지나 말아 주소.
떨어져서 죽는 것은 슬프지 아니하나 님(임금)을 보지 못할까 두렵구나.

작자는 선조가 요동으로 건너가 내부(內附)하였다는 풍문을 듣고 통분강개(痛憤慷慨)하여 피를 토하고 세상을 하직할 만큼 강직하고, 우국연주(憂國戀主)의 정이 간곡하였던 청렴 결백한 선비였다. 모두가 조정의 신하로서 또는 한 나라의 백성으로서 국난에 처한 조국을 극복하고자 노심초사하는 데 반해 간신배들은 당쟁에 몰두하여 자신의 이익만을 챙기고 있었다.

이에 대한 작자의 분노와 원망이 시적 풍자와 상징으로 승화되어 있으며 조삼모사(朝三暮四)한 세상 인심을 개탄하고 있다.

또한 종장에서는 죽음은 두렵지 않으나 임금에 대한 불충(不忠)과 바람 앞의 촛불같은 나라의 앞날 때문에 눈을 감지 못하는 충신의 굳은 절직(節直)이 잘 묘사되어 있다.

선조 때 작자는 중신(重臣)들의 추천으로 영의정의 중책(重責)을 맡았으나, 간신배들은 이를 보좌하기는커녕 모함을 일삼아 자신들의 당쟁의 수단으로 사용함을 크게 개탄하여 지은 시조로서 그들에게 풍자를 통한 원망과 분노를 터뜨리고 있다.

□

萬頃琉璃 / 만경유리

意義 만경(萬頃)이란 넓다는 뜻이고 유리와 같이 아름답고도 넓은 바다를 일컫는다.

出典 윤선도(尹善道)의 어부사시사(漁父四時詞)

解義 어부사시사(漁父四時詞)는 효종 4년(1653년), 고산(孤山) 윤선도가 67세 이후부터 전남 보길도(甫吉島)의 부용동(芙蓉洞)에 은거하면서 지은 것으로, 춘(春)·하(夏)·추(秋)·동(冬) 사계절을 각각 10수씩으로 읊은 총 40수로 된 연시조이다.

고려 때부터 전해 오던 어부사(漁父詞)를 명종 때 이현보가 어부가 9장으로 개작(改作)하였고 이것을 다시 고산(孤山)이 후렴구만 그대로 넣어 40수로 고친 것이라 한다.

비록 이현보의 어부가에서 시상(詩想)을 빌려 왔다고는 하나 후렴만 떼고 나면 완전한 3장 6구의 시조 형식을 지니면서 전혀 새로운 자기 언어로 독창적인 아름다움을 나타내고 있어 고산(孤山)이 국문학사에서 지니는 위치를 가늠케 해준다.

만경유리란 성어는 어부사시사의 동사(冬詞) 중 네 번째의 글에 나오는 말로서, 이 동사(冬詞) 4를 인용해 보면 다음과 같다.

간밤의 눈 갠 後에 景物이 달랃고야
　　　이어라 이어라
압희는 萬頃琉璃 뒤희는 千疊玉山
　　至匊悤 至匊悤 於魚臥

仙界ㄴ가 佛界ㄴ가 人間이 아니로다

여기서 천첩옥산(千疊玉山)이란 수없이 접쳐진 눈 덮인 산을 의미한다. 윗글을 현대어로 옮겨보면 다음과 같다.

간밤에 눈 갠 뒤에 경치가 달라졌구나!
배 저어라, 배 저어라.
앞에는 유리처럼 잔잔한 넓은 바다, 뒤에는 겹겹이 둘러싸인 백옥같은 산이로다.
찌그덩, 찌그덩, 어여차
아, 여기는 신선이 사는 선경인가? 부처가 사는 정토인가? 인간 속세는 아니로다.

아무튼 이 어부사시사는 〈산중신곡(山中新曲)〉〈오우가(五友歌)〉와 더불어 고산 문학의 꽃이라 할 수 있을 것이다.

萬里心 / 만리심

意義 만리(萬里)를 달리는 마음이란 뜻이니 곧 향수(鄕愁)를 의미한다.

出典 최치원(崔致遠)의 추야우중(秋夜雨中)

解義 최치원은 신라 말기의 학자로, 자(字)는 고운(孤雲), 호(號)는 해운(海雲)이라고 하는데 우리 한문학(漢文學)의 비조(鼻祖)라 할 만한 인물이다.
그는 금체시(今體詩)와 칠언시(七言詩)를 확립한 공로자이며 한문학의 양식을 본격적으로 의식하여 안배하고 종합해서 하나의 문집(文集)으로 완성했으니 고운(孤雲)은 한문학의 양식적인 측면에서도 문학에 끼친 공이 지대하다.

금체시(今體詩)란 평측법(平仄法)이나 압운법(押韻法)을 살려 정제(整齊)된 형식미 속에서 이룩된 시작(詩作)을 말한다.

다음에 인용하는 추야우중(秋夜雨中)이란 시는 삼국시대의 대표적인 한시로 이수광(李睟光)과 허균(許均)은 이 작품을 당시(唐詩)에 견줄 만한 걸작이라고까지 극찬하였다.

> 가을 바람에 괴로이 읊나니
> 세상에 나를 알 이 적구나
> 창 밖엔 쓸쓸히 밤비 내리는데
> 등 앞의 외로운 마음 만리를 달리네
> 秋風唯苦吟 世路少知音
> 窓處三更雨 燈前萬里心

가을이란 본디 외로움을 더하는 계절이다. 더욱이 이역만리 타향에서 나그네는 강렬한 향수에 젖지 않을 수 없는 계절이다.

비가 내리는 고요한 한밤중에 홀로 등잔불 앞에 앉아 있다. 주위의 분위기가 고요하고 쓸쓸함이 더할수록 등잔불 환한 저 심지(불꽃)와 같은 한 조각 고향을 그리는 작자의 마음은 더욱 강렬해지기만 한다.

주위의 쓸쓸한 정경 묘사로부터 점차 구심적(求心的)으로 등불에 초점을 맞추어 강렬한 향수를 노래한 명시(名詩)라고 할 수 있겠다.

그러나 흔히 지적되는 바와 같이 고운(孤雲)의 시풍(詩風)은 당나라 말기의 시법(詩法)을 본받았다는 결점을 지니고 있다.

확실히 그때는 국위(國威)가 쇠퇴함에 따라 세인들도 활기를 잃게 되고, 시인들도 전성기 때처럼 풍골(風骨)이 넘치는 생명력과 미적(美的) 인격이 피어나지 못하여 시적 창조력이 침체되어 버린 채 시인은 다만 처해진 현실에서 명리(名利)를 구하기 위한 수단으로 시를 썼으며, 창작 과정에 있어서도 새로운 의미를 찾으려는 노력보다도 옛날 것을 모방하고 옛 시인들의 전고(典故)를 많이 인용해서 수사조탁(修辭彫琢)에만 급급했기 때문에 시에서는 회삽난해(晦澁難解)함이 엿보인다.

이런 점에서 볼 때 고운은 한시의 금자탑을 세운 것은 사실이지만 산문(散文)의 빛나는 공적에 비해서는 시의 수준이 떨어진다고 볼 수 있겠다.

참고 : 知音(지음) ─ 상대방이 타는 거문고 소리만 들어도 그 사람의 속마음까지 알 수 있을 정도로 서로 뜻이 통했다는 백아(伯牙)와 종자기(種子期)의 고사에서 생긴 말이다.

이 이야기는 《열자(列子)》 탕문편(湯問篇)에 나온다.

백아는 거문고를 잘 타고 종자기는 타는 소리의 뜻을 잘 알았다. 백아가 거문고를 들고 높은 산에 오르고 싶은 마음으로 타고 있으면 종자기는 옆에서 이렇게 말했다.

"기가 막히다. 하늘을 찌를 듯한 높은 산이 눈 앞에 나타나 있구나."

또 백아가 흐르는 강물을 생각하며 거문고를 타면 종자기는 말하는 것이었다.

"참으로 좋다. 도도히 흐르는 강물이 눈 앞을 지나고 있는 것 같다."

거문고 타는 소리를 듣고 백아의 속마음을 꼭꼭 알아주는 것이 항상 이 정도였다.

또 《여씨춘추》에도 같은 이야기가 실려 있는데 다음과 같은 이야기를 덧붙이고 있다.

"종자기가 죽자 백아는 거문고를 부수고 줄을 끊은 다음 평생 거문고를 타지 않았다. 이 세상에 자기 거문고 소리를 들어줄 만한 사람이 종자기 말고는 없었기 때문이다."

그래서 자기 속마음을 알아주는 지기지우(知己之友)를 지음

(知音)이라 부르게 되었다.

萬波息笛 / 만파식적

意義 온갖 파도를 잔잔해지게 하는 피리라는 뜻으로, 어떤 근심이나 고민을 근본적으로 해결해 주는 수단이나 방법을 일컫는 말이다.

出典 삼국유사(三國遺事) 권이(卷二) 만파식적

解義 신라 31대 신문왕(神文王)의 이름은 정명(政明)이요 성은 김씨이다. 개요(開耀) 원년 신사 7월 7일에 즉위하였는데 아버지 문무대왕을 위하여 동해변에 감은사(感恩寺)를 창건하였다. 절의 기록에는 문무왕이 왜병을 진압하기 위해서 이 절을 창건했으나 완성을 보지 못하고 세상을 떠나자 해룡(海龍)이 되었으므로 밑에 동쪽을 향한 구멍을 뚫어 놓았다는 것이다.

즉, 용이 이 절에 와서 돌아다니게 한 것이다. 유서에 따라 뼈를 간직한 곳이 대왕암(大王岩)이고 절의 이름은 감은이며 용이 나타난 곳을 본 곳이 이견대(利見臺)다.

다음해 임오 5월 초하룻날(어느 책에 천수 원년이라 함은 잘못이다)에 해관 파진찬(海官 波珍飡)과 박숙청(朴夙淸)이 아뢰기를 동해 중에 조그만 산이 있는데 물결을 따라 감은사로 향하여 왕래한다 하므로 왕이 이상히 여겨 점성관 김춘질(金春質 : 春日이라고도 한다)에게 명하였다.

"점을 쳐 보라."

"돌아가신 아버님께서 바다의 용이 되시어 삼한을 보호하며 또 김유신이 33천의 한 아들로서 우리나라에 내려와 대신이 되었으므로 두 성인의 덕을 합쳐 성을 지킬 보배를 내주려 하심이니 폐하께서 해변에 납시면 반드시 값을 칠 수 없는 큰 보배를 얻을 것입니다."

왕이 기뻐서 그 달 7일에 이견대(利見臺)로 납시어 그 산을 보고 사람을 시켜, 살펴보라고 일렀다.

"산세(山勢)는 거북의 머리 같은데 그 위에 대나무 하나가 있어 밤이면 둘이 되고 낮이면 하나로 합쳐지옵니다.(일설에는 산도 주야로 합치고 갈린다 한다)"

그 말을 듣고 왕은 감은사에서 그날 밤을 잤다.

다음날 정오에 대가 합쳐 하나가 되고 천지가 진동하며 비바람이 짙어 어두워지기 7일 만인 그 달 16일에야 날이 개고 물결이 가라앉았다. 왕이 배를 타고 그 산에 들어가니 용이 검은 옥대를 바치므로 왕은 그걸 받으며 물었다.

"이 산과 대나무가 갈렸다 합쳤다 하는 것이 무슨 까닭이오?"

용이 대답하였다.

"비유하건대 한 손뼉은 소리가 없고 두 손뼉이 마주쳐야 소리가 나듯이 이 대나무도 합쳐진 연후에야 소리가 나게 되었으니 성왕께서 소리로 천하를 다스리실 상서(祥瑞)입니다. 왕께서 이 대를 가져다가 저(笛)를 만들어 불면 천하가 화평할 것입니다. 지금 왕의 아버님께서 바다의 큰 용왕이 되시고 유신도 또 천신이 되어서 두 성인이 뜻을 같이 하시어 이 값을 칠 수 없는 보배를 주시어 나에게 바치게 한 것입니다."

왕은 기쁘고 놀라웁기도 하여 오색의 비단과 금옥으로 그 수고에 보답하고 신하를 시켜 대를 베어 가지고 바다에서 나오게 하니 산과 용이 모두 사라져 보이지 않았다.

왕이 감은사에서 그날을 자고 17일에 지림사(祗林寺) 서쪽 시냇가에 이르러 행차를 쉬며 오찬을 들고 있었다. 이때 태자 이공(理恭 ; 효소대왕)이 대궐을 지키고 있다가 이 소식을 듣고 말을 달려와 하례하고 나서 옥대를 자세히 살펴보고는 아뢰었다.

"이 옥대의 여러 쪽이 다 산 용입니다."

그러자 왕이 물었다.

"네가 어찌 아느냐?"

"쪽 하나를 떼어서 물에 넣어 보십시오."

태자의 말을 좇아 왼편 둘째 쪽 하나를 떼어서 시냇물에 담그니 곧 용이 되어 하늘로 올라가고, 그곳은 못이 되었으므로 그 못을 용연(龍淵)이라 했다.

왕은 환궁하여 그 대나무로 피리를 만들어 월성 천존고(天尊庫)에 두었는데 이 피리를 불면 병란(兵亂)도 물러가고 병이 나으며 가물 때에 비가 오고 장마가 개며 바람도 멎고 파도가 잔잔해졌다. 그래서 이 피리를 만파식적(萬波息笛)이라 하고 국보로 삼았다(以其竹作笛 藏於月城天尊庫 吹此笛 則兵退病愈 早雨雨晴 風定波平 號萬波息笛 稱爲國寶).

盲人直門 / 맹인직문

意義 장님이 문으로 바로 들어갔다는 말로 재간이 없는 자가 어쩌다가 무턱대고 한 일이 뜻밖에도 꼭 들어맞았을 때 흔히 쓰는 말이다.

出典 순오지(旬五志)

解義 순오지에 '盲人直門 以喩成事幸'이라고 씌어 있는데, 이는 바로 위에서 얘기한 뜻과 똑같다.

우리 속담에 생각지도 않았던 일이 잘 이루어졌을 때 쓰는 말들이 많이 있다.

'소경 문고리 잡기', '움 안에서 떡 받는다', '공중을 쏘아도 알관만 맞힌다(射空中鵠)', '여복(女卜)이 바늘귀를 꿴다'는 말들이 바로 그것이다.

아마 우리 속담에 특정인으로서 소경만큼 많이 등장하는 인물도 드물 것이다.

'소경 단청 구경(盲玩丹靑)'이라는 말은 속내용은 전혀 모르면서 외형상의 형식만을 갖출 때 쓰는 속언이요, '소경 보고 눈 멀었다 하면 노여워 한다'는 말은 누구든지 제 결점을 지적하면 싫어한다는 뜻이다.

'소경이 개천을 나무란다'는 것은 제 잘못은 탓하지도 않고 오히려 남을 원망한다는 말이요, '소경이 저 죽을 날을 모른다'는 말은 남을 점치는 소경이 자신의 점은 못 친다는 말이니 사람이 남의 일에는 잘 아는 체해도 정작 자신의 앞날은 알지 못한다는 뜻이다.

'소경 잠 자나 마나'란 속언은 일을 하나마나 마찬가지란 뜻이며 '소경 제 닭 잡아먹기'란 말은 자신이 얻은 이득이 알고 보니 결국 자신의 손해가 되었다는 의미이다.

또 '소경 죽이고 살인 빚 갚는다'란 속담도 있는데 이것은 소경을 온전한 사람으로 간주하지 않아서 대단찮은 일을 저지르고 큰 책임을 지게 되었다는 뜻을 지니고 있다.

아무튼 우리 속담에서 흔히 소경과 승려가 온전치 못한 사람으로 취급되어 자주 등장하는 것도 하나의 특색이라고 할 수 있겠다.

侮慢自若 / 모만자약

[意義] 모만(侮慢)이란 남을 얕보고 저만이 스스로 잘난 체한 것이요, 자약(自若)이란 태연한 태도를 일컫는다. 그리하여 모만자약이란 거만을 부리면서도 태연스런 자세를 취하는 것을 의미한다.

出典 삼국유사(三國遺事), 권오(卷五), 밀본최사(密本摧邪)

解義 선덕왕(善德王) 덕만(德曼)이 병을 얻어 오래도록 낫지 않았다. 흥륜사의 승려 법척(法惕)이 조서를 받고 병환을 보았으나 오래도록 효험이 없었다.

이때 밀본법사(密本法師)라는 사람이 덕행(德行)이 탁월하다고 국내에 소문이 나 있었다. 그 말을 들은 주변 사람들은 말했다.

"밀본으로 대체하자."

그러자 왕이 조칙을 내려 밀본을 궐내로 맞아들였다.

밀본이 왕의 침실 옆에서 약사경을 읽는데 겨우 마치자마자 가지고 있던 육환장(六環杖)이 저절로 날아 침실 안으로 들어가더니 늙은 여우 한 마리와 법척을 찔러 뜰 아래로 거꾸로 던지니 왕의 병이 나았다.

그때 밀본의 이마 위에 오색의 신령한 빛이 발하니 보는 사람이 모두 놀랐다. 또 승상 김양도(金良圖)가 어릴 때 홀연히 말을 못하고 전신이 마비되어 움직이지 못하였다. 그런데 늘 보니 큰 귀신 하나가 여러 작은 귀신을 데리고 와서 집 안에 있는 모든 음식의 맛을 보며 무당이 제를 지내면 뭇 귀신이 모여서 다투어 가며 무당을 모욕하니 양도가 그 무리들을 물러가라고 명하고 싶었으나 말을 할 수가 없었다.

양도의 아버지가 법류사(法流寺)의 중을 청하여 경을 읽게 하니 큰 귀신이 작은 귀신을 시켜 철퇴로 중의 머리를 때려 땅에 쓰러져 피를 토하고 죽게 했다. 그런 뒤 며칠을 지나 사람을 보내어 밀본을 청했더니 심부름하는 자가 아뢰었다.

"밀본법사가 우리의 청을 받고 오려고 했습니다."

그러자 여러 귀신들이 모두 실색하며 작은 귀신들이 말하기를 밀본법사가 오면 우리가 장차 불리할 것이니 피하는 것이 좋겠다 하였다.

그러나 큰 귀신은 태연자약하게 거만을 떨며,

"무슨 해(害)가 될 것이 있겠느냐?"

했다. 조금 있다가 사방에서 대도신(大刀神)들이 모두 쇠갑옷을 입고 장창을 들고 와서 여러 귀신들을 잡아 묶어 가고 그 다음에는 무수한 천신들이 와서 손을 모아 기다리더니 곧 밀본법사가 와서는 경을 읽기도 전에 병이 나아서 양도는 말을 하고 몸이 풀렸다.

양도는 병중에 보았던 일을 낱낱이 말하고 이로부터 양도는 불교를 독실히 믿어 일생토록 게을리하지 않았다. 흥륜사의 오당주불(吳堂主佛)인 미륵존상과 좌우에 보살을 조성(造成)하고 아울러 금색으로 그 당의 벽화를 그렸다.

牧丹奪財 / 목단탈재

意義 우리 속담에 첩(妾)살림은 밑 빠진 독에 물 붓기란 말이 있는데 이는 첩살림엔 돈이 한없이 든다는 뜻이다. 또 계집 둘 가진 놈의 창자는 호랑이도 안 먹는다는 속담이 있는데, 이는 처첩(妻妾)을 여럿 거느리고 살자면 속썩는 일이 많다는 뜻이다.

목단탈재(牧丹奪財)라는 성어도 목단이란 기생이 재물을 착취해 가 버렸다는 말로 첩살림 후에는 결국 아무것도 남는 것 없이 신세만 망친다는 의미를 담고 있는 성어이다.

出典 촌담해이(村談解頤)

解義 평양(平壤)에 목단(牧丹)이라는 기생이 있었다. 그녀는 재주와 얼굴이 뛰어나 서울 기생 명부로 옮기게 되었다.

때마침 시골에 살고 있는 이생(李生)은 지인(知印)이라는 벼슬은 받아 서울에 부임하게 되었다. 이생(李生)은 그 처가의 재산을 얻어 서울에서 호화스러운 여관(旅館)생활을 하게 되었는데 그 여관이 목단(牧丹)이 살고 있는 곳에서 가까운 거리에 있었다. 목단(牧丹)은 이생(李生)이 가진 재보(財寶)를 차지하기 위해 그를 찾았다. 목단은 짐짓 놀라는 표정을 지으면서,

"높은 어른께서 계시는 곳을 잘못 들렀는가 봅니다."

하고는 곧 발끝을 돌리는 것이었다. 이생은 그녀의 아리따운 모습에서 적잖이 매력을 느꼈다.

어느 날 저녁이었다. 목단은 이생이 무료히 홀로 앉아 있음을 엿보고는 술과 안주를 갖추고는 찾아가서 이생에게 위안의 말을 던지며 아양을 부렸다.

"이팔방년(二八芳年)에 혼자서 이 여관방에 붙어 계신데 혹시 쓸쓸하지나 않으십니까? 저의 사내는 먼 변방에서 군인 생활을 하여 여러 해를 돌아오지 않고 있답니다. 속담(俗談)에 이르기를 홀아비의 사정은 과부가 안다하지 않았습니까? 괴이하게 여기지 마시길 바랍니다."

드디어 이생(李生)과 목단(牧丹)의 사이에는 남 모르는 정교(情交)가 맺어졌다. 이생은 그의 행장을 모두 목단의 집으로 옮겼고 목단은 아침마다 어린 여종을 불러서 귓속말로 속삭였다.

"산해진미(山海珍味)를 최고로 화려하게 차리려무나."

이생은 아름다운 여인을 얻은 것에 기뻐 이것저것 생각할 겨를도 없이 자물쇠통과 열쇠 모두를 목단에게 맡겼디.

어느 날 저녁이었다. 목단은 별안간 초연히 슬퍼하는 표정을 짓는 것이었다.

"사랑이 점차 성기어지는 것인가? 아니면 옷과 밥이 마음에 흡족하지 않은 것인가?"

이생은 사랑의 노래처럼 위안을 하는 것이었다.

목단은 얇은 입술을 달싹이며 원망의 사연을 늘어놓는 것이었다.

"모처(某處)에 있는 그 사내를 잘 아시죠? 그는 월계(月桂)란

기생을 사랑하질 않습니까? 순금 비녀랑 오색 무늬가 놓인 옷이
랑 구김이 없이 해주곤 한다잖아요. 그이야말로 진짜 기생 모개
비의 구실을 다하는 것이지요."

이생은 서슴지 않고 대답하는 것이었다.

"그게 뭐가 어려우냐. 네 맘대로 하여 보려무나."

"그렇긴 하지마는 당신과 함께 살림살이를 벌여놓고 함부로
낭비를 할 수 있겠습니까?"

목단은 짐짓 어려워하는 빛을 짓는 것이었다.

"이 재보(財寶)는 내 것이 아니더냐? 낭비를 하든지 말든지
무슨 간섭이야."

이생은 벌컥 화를 내고는 그날 즉시 목단이 원하는 물건을 사
주고 말았다. 그 다음 날이었다. 비단 장수가 구름 무늬 놓인 비
단을 팔려고 왔다. 이생은 남은 재보(財寶)를 몽땅 털어서라도
그 비단을 사주려고 했다. 목단은 거짓으로 얼굴을 꾸미고는 이
생의 그런 행동을 저지하는 것이었다.

"이 비단이 아름답긴 하지마는 만일에 돈을 급히 쓸 일이 생
긴다면 어떻게 하려는 겁니까?"

이생은 커다란 목소리로 목단을 꾸짖는 것이었다.

"내가 살아 있는데 무엇이 걱정이야."

그러고 나서 목단은 보물과 비단을 챙겨서는 밤이 되기가 무
섭게 도망을 쳤다. 이생은 촛불을 환희 켜고 홀로 앉았다가 안절
부절못해서 침상에 올라 몸을 뒤척거리면서 잠을 이루지 못하였
다. 꼬박 새워버린 밤이 지나고 해가 높이 떠올랐으나 목단은 돌
아오지를 않는 것이었다.

이생은 할 수 없이 손수 아침밥을 지으려고 주머니를 털었으
나 돈은 한 푼도 남아 있지 않았다. 그는 너무나 분개한 나머지
스스로 목숨을 끊으려 하는 찰라였다. 이웃에 살고 있는 늙은 할
미가 와서 이렇게 깨우쳐 주는 것이었다.

"이런 기생 집에서는 보통 있는 일이랍니다. 댁이 속은 것입

니다. 그가 아침마다 여종에게 속삭인 것은 가만히 재보(財寶)를 다른 곳으로 옮기는 것이요, 다른 오입쟁이의 행위를 들먹인 것은 댁의 마음을 흥분시켜서 그를 본받아 행동을 하게 함이요, 그 종말에 나타난 비단 장수는 가만히 간부(姦夫)를 시켜서 남은 재산을 다 빼앗으려는 음모였습니다."

늙은 할미의 설명을 들은 이생은 몹시 격분하며 말했다.

"내 만일에 그 요귀를 만난다면 당장 죽여 버리련다."

이생은 옷과 버선을 벗어제치고는 교방(教坊 ; 일명 기생학교)의 주변에 잠복하였다. 마침 목단이 동무 몇십 명을 거느리고 지껄이면서 거리를 막 지나는 길이었다. 이생은 별안간 뛰어나와 막대를 들고 목단 앞에 다가서서, 호통을 쳤다.

"이 못된 요귀년! 네 비록 창녀의 노릇을 하기로서니 어찌 차마 이런 일을 할 수 있단 말이냐? 빨리 나의 금비녀랑 다른 재물을 다 내 놓아라."

그의 호통을 들은 목단은 그의 동무들을 돌아보면서, 이생을 비웃는 것이었다.

"애들아! 빨리 와서 이 어리석은 사내 좀 보아. 어떤 녀석이 기생에게 주었던 물건을 도로 찾는단 말야."

같이 있던 기생들이 다투어 몰려와서는 이생의 꼴을 보려는 잘나였다. 이생은 부끄러움을 이기지 못하여 얼굴을 돌리고 사람들 속으로 들어가 피하고 말았다.

이생은 할 수 없이 걸식(乞食)을 해가며 시골로 돌아와 처가를 찾았으나 장모가 노하여 문을 닫고는 물리쳐 버리는 것이었다.

결국 이생은 비렁뱅이 신세로 거리에서 걸식을 하게 되었다. 사람들은 조소(嘲笑)를 금치 못하였다고 한다.

猫項懸鈴 / 묘항현령

[意義] 고양이 목에 방울달기란 뜻으로 실행할 수 없는 헛공론만 쓸데없이 하는 것, 또는 실행이 불가능한 일은 처음부터 계획하지 말라는 뜻을 지닌 말이다.

[出典] 순오지(旬五志)

[解義] 어느 날 쥐떼들이 모여서 의논을 했다.

"우리가 고양이에게서 피해를 면하려면 무슨 신기한 방법이 없겠느냐?"

그때 쥐 한 마리가 의기양양하게 무슨 기발한 착상이라도 있는 듯이 나서더니,

"그건 간단한 일이지요. 고양이의 목에 방울을 하나 달아 놓으면 그 놈이 오는 것을 알 수 있을 게 아니오?"

하는 것이었다. 그러자 쥐들이 일제히,

"그거 참 좋은 의견이다."

하고 찬성하였다. 그러나 늙은 쥐 한 마리가 나서더니,

"그 의견이 무척 좋기는 하지만 그 방울을 누가 달아 놓을 수가 있겠는가?"

하고 물었다는 이야기다. 이것은 실행이 불가능한 일은 애당초 계획하지도 말라는 말이다(群鼠聚謀曰 猫之害 何以防之一鼠曰 懸鈴於猫項則 可知其來 群鼠曰 誠然矣 一鼠曰 善則善矣 但就懸鈴於猫項 以喩難事之 不可圖者).

舞文弄法 / 무문농법

[意義] 붓대를 함부로 놀려 문서를 고치거나 법규의 적용을 농락

하는 것을 의미한다.

[出典] 이곡(李穀)의 시사설(市肆說)

[解義] 장사꾼들이 모여서 물물교환을 하던 곳을 시사(市肆 ; 시장)라 한다. 내가 일찍이 서울에 와서 골목에 들어가 보니 얼굴을 단장하고 매음(賣淫)을 시키는 자가 그 고움의 정도에 따라 값을 올리기도 하고 내리기도 하는데 버젓이 그런 짓을 하면서 조금도 부끄러워하지 않는다. 그것을 계집시장이라 이르니 풍속이 아름답지 못한 것을 알겠다.

또 관청에 들어가 보니 붓대를 놀려 법을 희롱하는 자가 죄의 가볍고 무거움에 따라 값을 올리고 내려 버젓하게 돈을 받으면서도 조금도 의심하거나 두려워하지 않는다. 이것을 관리시장이라 이르니 형정(刑政)이 엉망진창인 줄을 알겠다(又入官府 見舞文弄法者 隨其重輕 高下其值 公然受之 不小疑懼 是曰吏肆 知刑政之不理也).

지금에는 또 사람시장이 생겼다. 작년부터 장마와 가뭄으로 인해 백성들이 먹을 것이 없어서 강한 자는 도둑이 되고 약한 자는 모두 거지가 되어서 입에 풀칠할 길이 없자 남편은 아내를, 주인은 종을 저자에 늘어놓고 싼 값에 매매하니 개돼지만도 못한데 백성을 다스리는 자들은 본체만체한다.

아! 앞의 두 시장은 그 정(情)이 밉살스러우니 엄히 다스려야 할 것이요, 뒤의 한 시장은 그 정이 불쌍하니 또한 빨리 없애버려야 할 것이다.

이 세 시장을 없애버리지 않는다면 내 생각에는 그 아름답지 못하고 이치에 어긋남이 장차 여기에서 그치지는 않을 것이다.

ㅂ

半在江中 / 반재강중

意義 몸의 반은 강에 있다는 뜻으로서 지독히도 재수 없는 상황을 말하거나, 또 어떤 위험스런 상황을 완전히 벗어나지 못한 상태를 뜻한다.

出典 노봉집(老峰集)

解義 박순은 이성계의 오랜 친구였다. 이성계가 위화도 회군을 단행할 무렵 박순은 바로 지인관(知印官 ; 중서문하성과 도평의사사에 딸린 상급관리)으로 안주에 있는 최영의 총본부에 있었다.

이때 박순은 어명(御命)을 가지고 이성계에게 가서 전하였다.

"어서 강을 건너가 요동을 치라."

위화도에 간 박순이 어명을 전하니 이성계는 벌컥 화를 내며 그런 명령은 들을 수가 없다는 서신을 써서 주고 박순에게 가져가라고 하였다.

박순은 죽을 각오를 하고 다시 이성계의 서신을 써서 최영에게 전하고 도망쳤다.

나라가 바뀐 후 박순은 나타나서 태종 때 승추부사(承樞府事)가 되었다. 여기서 태종은 전날 일을 생각하고 박순을 함흥차사(咸興差使)로 내려 보냈다.

박순은 망아지에 대한 비유, 쥐도 자기 자식을 위한다는 비유로써 태조를 달랬으나 태조 이성계는 태종에 대한 노여움을 풀지는 않았으나 전날의 정의(情誼)를 생각하여 이전의 다른 사신들과는 달리 무사히 돌려보냈다.

그러나 좌우에 있던 태조의 신하들은 그가 이곳의 실정을 낱낱이 본 이상 그를 죽여야만 한다고 하였다.

박순이 왕흥강을 건너갔을 즈음에야 태조는 순을 죽이러 사람을 보내며 만일 강을 건너갔으면 죽이지 말고 돌아오라 하였다. 태조가 생각하기로는 박순이 시간상으로 이미 강(江)을 건넜을 것이라고 믿었기 때문이었다.

그러나 박순은 응당 강을 건널 만한 시일이 있었으나 그간 병으로 도중에서 며칠을 지체했기 때문에 지금 막 강을 건너고 있는 참이었다. 태조의 사신은 박순이 반은 강에 있고 반은 배에 있었으므로(半在江中半在船) 그대로 죽여 버렸다.

百結先生 / 백결선생

意義 백 군데를 꿰맨 옷이 메추리를 달아놓은 것 같아서 붙여진 이름으로 가난하나 낙담하지 않고 그 속에서나마 행복과 여유를 찾으려는 자를 지칭하는 데에 흔히 쓰이고 있다.

出典 삼국사기(三國史記) 열전(列傳) 백결선생조(百結先生條)

解義 신라의 백결선생(百結先生)은 자비왕(慈悲王) 때의 사람이지만, 어떠한 인물인지는 알 수 없다. 낭산(狼山) 아래에서 사는 데 집이 몹시 가난하여 백 군데나 꿰매어서 옷이 메추리를 달아놓은 것 같은 것을 입었기로 그 당시 동리(東里) 사람들이 백결선생이라고 불렀다(新羅百結先生 不知何許人慈悲王時人 居狼山下 家極貧 衣百結若懸鶉 時人號爲東里百結先生).

일찍이 영계기(榮啓其)의 사람됨을 사모하여 거문고를 가지고 다니면서 무릇 희로비환(喜怒悲歡), 불평한 심사는 모두 거문고로 풀었다.

어느 해 세모(歲暮)가 되자 이웃집에서 떡방아를 찧으니 그 아내가 방아소리를 듣고 말했다.

"남은 모두 곡식이 있어서 방아를 찧는데, 우리는 없으니 어떻게 새해를 맞는단 말이오?"

그러자 선생은 하늘을 우러러 탄식하였다.

"무릇 죽고 사는 것은 명(命)이 있고 부귀(富貴)는 하늘에 매인 것이오. 오게 되면 막을 수도 없고 간다 해도 쫓아갈 수 없는데 그대는 왜 슬퍼하오? 내가 그대를 위하여 떡방아 찧는 소리를 내어 위안해 주겠소."

그래서 백결선생은 거문고를 타서 떡방아 소리를 내었는데, 세상 사람들이 그 곡조를 전하여 이름을 대악(碓樂)이라 하였다.

百年之客 / 백년지객

[意義] 우리 속담에 사위는 백년 손님이요, 며느리는 종신(終身) 식구라는 말이 있는데, 이는 사위나 며느리 모두 남의 자식이지만 며느리는 제집 사람이 되어 스스럼이 없고 사위는 정이 두터우면서도 언제나 손님처럼 대접해야 하는 어려운 존재라는 말이다.

[出典] 춘향전(春香傳)

[解義] 우리 고대소설 중 가장 유명한 춘향전을 보면 전개부분에 다음과 같은 곳이 있다.

그렁저렁 들어가니 내정은 적막한데 춘향모 거동 보소. 미음솥에 불 넣으며,

"애고, 애고, 내 일이야, 모지도다! 모지도다! 이서방이 모지도다. 위경(危境)의 내 딸을 아주 잊어 소식조차 끊어졌네. 애고, 애고, 서럽구나. 향단아, 이리 와 불 넣어라."
하고 나오더니 울안의 개울 물에 흰머리 감아 빗고 정화수 한 동이를 단 아래에 받쳐 놓고 땅에 엎디어 축원하기를,

"하늘과 땅의 신이여! 햇님 달님 별님은 변하여 한 가지 마음이 되옵소서. 다만 내 딸 춘향이를 금쪽같이 길러 내어 외손봉사(外孫奉祀)를 바랬더니, 무죄한 매를 맞고 옥중에 갇혔으니 살릴 길이 없사옵니다. 하늘과 땅의 신령님은 감동하사 한양성 이몽룡을 청운(靑雲)에 높이 올려 내 딸 춘향이를 살려 주사이다."

빌기를 다한 후에,

"향단아, 담배 한 대 붙여다오."

춘향모 받아 물고 후유 한숨 눈물지을 때, 이때 어사는 춘향모의 정성을 보고,

"나의 벼슬한 것이 선영의 음덕(陰德)인 줄 알았더니 우리 장모의 덕이로다."
하고는,

"그 안에 누구 있느냐?"

"뉘시오?"

"내로세"

"내라니 뉘신가?"

어사 들어가며,

"이서방일세."

"이서방이라니? 옳지, 이풍헌(李風憲)의 아들 이서방인가?"

"허허, 장모 망령이로세. 나를 몰라? 나를?"

"자네가 누구여?"

"사위는 백년지객(百年之客)이라 했으니 어찌 나를 모르는가?"

춘향모 반겨하며,

"애고, 애고, 이게 웬일인고. 어디 갔다 이제 오나. 바람이 크게 일더니 바람결에 풍겨 왔나? 구름 속에 싸여 왔나? 춘향의 소식을 듣고 살리려고 와 계신가? 어서어서 들어가세."

손을 잡고 들어가서 촛불 앞에 앉혀 놓고 자세히 살펴보니 걸인 중에 상걸인이 되었구나……

여기에도 바로 백년지객이란 말이 나오는데 이밖에도 다른 문헌에 수없이 보이고 있는 것을 보면 꽤 널리 쓰였던 말인 듯 싶다.

어쨌든 사위란 오래 전부터 귀중한 존재로 인식되어 온 것 같다. 그래서 '첫사위가 오면 장모가 신을 거꾸로 신고 나간다'는 속언도 있고 '씨아와 사위는 먹어도 안 먹는다'는 속언도 있다.

사실 사위도 분명 반자식임에는 틀림이 없다. '사위가 무던하면 개 구유를 씻는다'는 말도 있다시피 무던한 사위는 처가에 와서 궂은 일까지도 한다.

이와는 좀 상반되는 속언이 있는데 '사위 자식 개자식'이란 말이 바로 그것이다. 사위는 결국 장인 장모에게 지극한 효도는 하지 않는다는 뜻이다.

하지만 이런 것들이 결코 일반적인 것은 아닐 것이다. 개개인의 차이일 테니 말이다.

百年行樂 / 백년행락

[意義] 백년이란 한평생을 의미하는 말로서 백년 동안을 즐거이 지낸다는 것은 한평생을 아무런 근심 걱정 없이 행복하게 지내는 것을 뜻한다.

[出典] 상춘곡(賞春曲)

解義 정극인(丁克仁)이 쓴 상춘곡에 다음과 같은 부분이 있다.

"功名(공명)도 날 의우고 부귀도 날 의우니 淸風明月(청풍명월) 外(외)예 엇던 벗이 잇소올고 簞瓢陋巷(단표누항)에 흣튼 혜음 아니 ᄒᆞ니 아모타 百年行樂(백년행락)이 이만ᄒᆞᆫ 둘 엇지ᄒᆞ리"

이것을 현대어로 옮겨보면 다음과 같다.

공리(功利)와 명예도 나를 꺼리고 부귀도 나를 꺼리니 맑은 바람과 밝은 달, 이 같은 아름다운 자연 외에 어떤 친구가 있겠는가? 청빈한 시골 생활에 허튼 생각 아니하네. 아무튼 한평생 즐겁게 지내는 일이 이만하면 어떠하리!(흡족하지 아니한가?)

비록 가난하지만 강산풍월을 벗하여 사는 풍요로운 마음, 이것은 어떤 권세나 황금과도 바꿀 수 없는 것이다. 그렇기 때문에 강산풍월을 벗하여 그 속에서 지락(至樂)을 누리고 있는 작자의 눈에는 뜬 구름과 같은 부귀나 권세라는 것들이 모두 허무하게 보였음은 당연할 것이다.

참고 : 簞瓢陋巷(단표누항)─《논어(論語)》의 옹야편(雍也篇)에 나오는 말이다.

"공자께서 말씀하시되 어질도다, 회[안회(顏回) ; 공자의 제자]여! 한 개의 도시락 밥과 한 표주박의 물을 마시고 또 누추한 마을에 사는 것을 사람들은 꺼리거늘 회는 그 즐거움(안빈낙도)을 고치지 아니하니 어질도다, 회여(子曰 賢哉回也 一簞食一瓢飮 在陋巷人不堪憂 回也不改其樂 賢哉回也)."

겨우 목숨을 연명할 정도의 음식물로 너럽고 구석진 오두막집에 산다는 것은 누구나 그 고생을 견디기가 어려운 것이다.

그러나 안회는 그런 가난에도 마음이 흔들리는 일없이 그가 깨달은 진리 속에서 남이 알지 못하는 즐거움을 그대로 간직하고 있었기 때문에 공자는 이같은 칭찬을 아끼지 않았던 것이다.

白頭山石磨刀盡 / 백두산석마도진

意義 백두산에 있는 돌은 칼 가는 데에 다 써 버리겠다는 뜻으로서, 사내대장부다운 호기와 큰 포부, 그리고 패기가 잘 드러난 말이다.

出典 남이(南怡)의 북정시(北征詩)

解義 백두산의 돌은 칼 가는 데에 다 닳게 하고
두만강의 물은 말이 다 마셔서 말라 버렸구나
사나이 스물에 나라를 태평스럽게 하지 못하면
후세에 어느 누가 대장부라고 일컬으리
　白頭山石磨刀盡　豆滿江水飮馬無
　男兒二十未平國　後世誰稱大丈夫

이 시가 바로 그 유명한 남이 장군의 북정시(北征詩)이다.
남이 장군은 태종(太宗)의 외손자로서, 17세에 무과(武科)에 급제하여 세조 때에는 이시애(李施愛)의 난을 토벌한 공으로 일등공신이 되었으며 건주위(建州衛)를 토벌하기도 하였다.
예종이 즉위하던 해에 대궐 안에서 야간 근무를 서던 중 혜성이 떨어지자 "묵은 것이 가고 새 것이 온다"고 말한 것이 유자광(柳子光)에 의해 역모를 꾀한다는 모함을 받게 되고, 또 이 한시의 3, 4행으로 인해 역모로 몰려서 28살의 젊은 나이에 생을 마감하고 말았다.

碧溪水 / 벽계수

意義 그대로 해석하면 푸른 시냇물이란 뜻이 되나, 이 물은 정

처없이 흐르는 존재이기에 영원에 대한 순간자(瞬間者)로서 쉬지 않고 변해 가는 인생을 비유할 때 쓰는 말이다.

[出典] 황진이(黃眞伊)의 시조

[解義] 우리 한국의 여류 문학에 멋의 문학을 구축하고 또 언제나 변함없는 감정의 실을 뽑아 내는 사랑의 직녀(織女)였던 황진이. 서경덕·박연폭포와 더불어 자신을 자칭 송도삼절(松都三節)이라고까지 명명할 정도로 고고함을 잃지 않았던 그 유명한 황진이의 대표작인 다음 시조에 '벽계수'란 말이 등장한다.

靑山裡 碧溪水야 수이감을 자랑마라
一到滄海ᄒ면 도라오기 어려오니
明月이 滿空山ᄒ니 수여간들 엇더리

이를 현대어로 옮겨보면 다음과 같다.

푸른 산속을 흐르는 골짜기 물이여! 빨리 흘러간다고 자랑하지 마라.
한번 넓은 바다에 도달하게 되면 다시 돌아오기 어려우니,
밝은 날이 빈 산에 가득히 비치고 있는 이 밤에 잠시 쉬어 가면 어떻겠는가?

여기에서 푸른 물 벽계수(碧溪水)는 사람 벽계수(碧溪守)를 비유하고 밝은 달 명월(明月)은 자기의 기명(妓名)인 명월(明月)을 빗대어 중의법(重義法)을 썼다. 또한 청산(靑山)은 영원한 존재로서 변함이 없는 자연을 나타내고 벽계(碧溪)는 순간자(瞬間者)로서 쉼없이 변하는 인생을 비유한 것이다.
곧 여기서의 청산과 벽계(碧溪)는 아름다운 자연의 대조를 그

려 놓는 데서 그치는 것이 아니라 시간의 유한성에 생과 사의 철학성까지를 내포하고 있어 인생무상을 자연의 이치에 맞추어 교묘하게 읊어낸 점은 가히 비범하다 아니할 수 없다.

황진이의 절창(絶唱)으로 알려진 이 시조는 청산(靑山)·벽계수(碧溪水)·명월(明月)·공산(空山)이 어우러져 자아내는 풍류의 분위기를 유혹의 세계로 발전시켜 놓았다. 애원이나 음탕함으로써가 아니라, 멋으로써 남자를 유혹해 내고 있는 묘방을 보여 주고 있는 것이다.

그리하여 남성을 상대로 한 유혹의 행위 그 자체가 멋의 속성을 띠게 된다. 풍월이나 풍류라고 하는 것이 남성의 경우 기류(妓流)에 섞여서 놀거나 기류정사(妓流情事)를 뜻하기도 한 것은 바로 이런 데서 연유된 것이다.

참고 : 이 시를 짓게 된 데는 다음과 같은 연유가 있었다고 한다. 조선의 왕실 일가 벽계수(碧溪守)라는 사람이 있었는데 자기는 다른 사람들과는 달리 황진이를 만나더라도 그녀에게 매혹되는 일은 절대 없을 것이라고 늘 큰소리를 쳤다고 한다.

이 말을 들은 황진이가 사람을 시켜 달 밝은 가을 밤에 그를 개성의 명소(名所)인 만월대(滿月臺)로 오게 하여 낭랑한 목소리로 함축성 있는 표현을 빌려 이 시로써 그를 유혹하니 이 노래를 듣던 벽계수는 자기도 모르는 사이 도취되어 그만 타고온 나귀에서 떨어져 세상 사람들의 웃음거리가 되었다고 한다.

別淚年年添綠波 / 별루년년첨록파

意義 이별의 눈물이 해마다 푸른 물결에 보태어진다는 뜻으로 이별의 애틋함을 나타내는 구절이다.

出典 정지상(鄭知常)의 송인(送人)

解義 고려시대의 가장 뛰어난 시인인 정지상의 작품에 다음과 같은 송인(送人)이란 시가 있다.

비 갠 언덕 위 풀빛 푸른데
남포(南浦)로 임 보내는 구슬픈 노래
대동강 물이야 언제 마르리
해마다 이별 눈물 보태는 것을
　雨歇長堤草色多 送君南浦動悲歌
　大同江水何時盡 別淚年年添綠波

만물이 소생하는 봄의 비갠 언덕의 풀빛은 생기를 더해 가고 그대를 보내는 내 마음은 더욱 구슬프고 아쉬움이 사무친다. 돋아나는 풀빛과 구슬픈 이별의 노래가 대조적으로 표현되어 슬픔을 더욱더 고조시키고 있다.

생각건대 얼마나 많은 사람들이 이 대동강 가에서 이별의 눈물을 흘렸을까? 그 눈물 때문에 대동강은 마르지 아니하리라. 해마다 임과 이별하는 눈물이 이 강물에 보태질 것이니 말이다.

얼마나 감동적인 구절인가? 눈물 때문에 대동강 물이 마르지 않을 것이라고 한 이 구절에서 이별의 애절함을 느끼게 한다.

참고 : 첨록파(添綠波) — 이 시구(詩句)는 본래 첨작파(添作波)였었는데 이제현(李齊賢)이 고친 것이라고 한다.

《역옹패설(櫟翁稗說)》에 정사간(鄭詞諫) 지상(知常)의 시에 '별루년년첨작파(別淚年年添作波)'라 했는데 연남(燕南)의 양재(梁載)가 이전에 이미 이와 유사한 시에서 '별루년년창록파(別淚年年漲綠波)'라 했다. 여기서의 '작(作)'과 '창(漲)' 두 자가 모두 적당하지 못하니 마땅히 첨록파일 것이라는 것이 지배적인 견해이다. 아무튼 이 결구(結句)는 우리나라 한시사상(漢詩史上) 명구(名句)로 정평이 높은 구절이다.

並因其舊 / 병인기구

意義 병(並)은 '다 같이'란 뜻이며 인(因)은 '따른다'로 해석된다. 즉, 병인기구란 다같이 그 옛날의 것을 수정하거나 보완하지 않고 그대로 따른다는 의미라고 할 수 있다.

出典 목민심서(牧民心書)

解義 "행장(行裝)을 차리는 데 있어서 그 의복이나 말과 안장은 옛것을 그대로 다 함께 따르며 새롭게 해서는 안될 것이다.

또 동행하는 사람이 많아서도 안된다.

이부자리와 솜옷 외에 책 한 수레를 싣는다면 청렴한 선비의 행장이라고 할 수 있을 것이다(治裝 其衣服鞍馬 並因其舊 不可新也 同行者 不可的 衾枕袍襦之外 能載書一庫 淸士之裝也).

백성을 사랑하는 근본은 절용(節用)에 있으며 절용의 근본은 검소한 생활에 있다.

생활이 검소해야만 결백을 지킬 수 있으며 백성을 사랑할 수 있는 것이니, 절용과 검소란 무엇보다도 목민관(牧民官 ; 지방관)이 힘써야 할 덕목인 것이다.

의관을 사치스럽게 꾸미고 살찐 말에 화려한 안장을 갖추어서 위세를 자랑하려는 것은 배우지 못하고 무식한 자의 어리석은 행동이라고 할 수 있겠다.

경험이 많고 교활한 아전들이 신임 수령의 의복이나 말과 얹은 안장이 사치스럽고 화려한 것을 보게 되면 속으로는 비웃으면서도 겉으로는 기뻐하나, 굵은 무명옷에 행장이 극히 검박한 것을 본다면 겁을 내고 근신(謹愼)하게 마련이다."

이 글은 목민관이 제수를 받고 부임하는 행장을 꾸미는 일에 있어서 꼭 간소하게 할 것이며 서적을 많이 휴대해서 목민에 대한 연구와 행정의 완벽을 기할 것을 요구하고 있다.

輔時救難 / 보시구난

意義 시대를 도와서 환난(患難)을 구한다는 말로서, 잘못된 곳을 바로잡고 미치지 못하는 곳을 보필한다는 뜻이다. 광합지공(匡合之功)이나 광필(匡弼)이란 말과 유사하다고 볼 수 있다.

出典 삼국유사(三國遺事) 권일(卷一) 미추왕 죽엽군

解義 신라 36대 혜공왕(惠恭王) 때 대력(大曆) 14년 기미 4월에 홀연히 유신공(庾信公)의 무덤에서 회오리바람이 일어나는데 그 속에 있는 준마를 탄 사람이 마치 장군 같았다.

또 갑옷을 입고 병기를 가진 40여명이 그 뒤를 따라와서 죽현 릉으로 들어갔다. 조금 있더니 능 속이 흔들리며 우는 듯 하소연 하는 듯한 말이 들려왔다.

"신은 평생토록 시대를 돕고 환난을 구제하며 나라를 바로잡은 공이 있으며 지금 넋이 되어서도 나라를 진압하고 임금을 도와 재난을 물리치고 환난을 구하는 마음은 잠시도 변함이 없습니다(臣平生有輔時救難 匡合之功 今爲魂魄 鎭護邦國 攘災救患之心 暫無渝改).

그런데 지나간 경술년에 신의 자손이 죄없이 죽음을 당했습니다. 군신들이 나의 공을 생각지 않으므로 신은 멀리 다른 곳으로 떠나려 하오니 원컨대 대왕께서는 허락하소서."

그러자 왕이 대답하였다.

"나와 공(公)이 이 나라를 수호하지 않으면 이 백성들은 어찌 하겠는가? 공은 다시 전과 같이 노력하라."

세 번을 간청하여도 듣지 않으매 회오리바람은 돌아가 버렸다.

鳳凰之出鷄群 / 봉황지출계군

[意義] 봉황이 닭무리 가운데서는 유독 뛰어나다는 말로서 범상한 무리들 속에서 용모가 빼어나거나 재능이 있고 학식 있는 사람은 한눈에 알 수 있다는 뜻이다.

[出典] 구운몽(九雲夢)

[解義] 원래 이 여인의 성은 진씨(秦氏)요, 이름은 채봉(彩鳳)으로 진어사의 딸이었다. 일찍이 모친을 여의고 또 그 형제가 없으며 나이는 바야흐로 비녀를 꽂을 때가 되었으나 아직은 시집을 가지 아니하였다.

　이 무렵 어사는 서울에 올라가 있었고 소저가 홀로 이 집에 남아 있었는데 뜻밖에도 용모가 비범한 남자를 만나 그의 글하는 소리를 들었는지라. 이에 생각에 잠기되,

　'여자가 남자를 따르는 것은 평생의 큰일이다. 한 세상의 영욕(榮辱)과 백년의 고락(苦樂)이 모두 사나이에게 달린 것이므로 일찍이 탁문군은 과부의 몸으로도 사마상여(司馬相如)를 따랐거늘 하물며 나는 처자의 몸이라 스스로 알게 된 혐의는 있을지라도 신하도 임금을 가진다는 옛말과도 같이 저 사나이의 성명과 주소를 묻지 아니하였다가는 후일에 부친께 사뢰어 중매를 보내고자 한들 동서남북 어느 곳에서 찾을 수 있겠는가.'
하고 한 폭의 시전지(詩箋紙)를 펴서 두어 구절의 글을 써서 유모에게 주며 일렀다.

　"이 글을 가지고 저 객사에 가서 아까 작은 나귀를 타고 이 누각 아래에 와 양류사(楊柳詞)를 읊던 상공을 찾아 전하되 내가 꽃다운 인연을 맺어 이 한 몸을 의탁하려는 뜻을 알아차리게 하려니와 이는 막중한 일이니 허술함이 없도록 조심하오. 이 상공은 용모가 옥같고 눈썹이 그림 같아서 만인이 섞인 가운데서도

봉황이 닭무리 속에 있는 것 같을 것이니 유모는 몸소 찾아보고 이 정어린 글월을 전해 주오(持此封書 往彼客店 尋得俄者 身騎小驢到此樓下 詠楊柳詞之相公而傳之 俾知我欲結芳綠 永托一身之意也 此吾莫重之事 愼勿虛徐 此相公 其容顏如玉 眉宇如畵 雖在於衆人之中 昂昂如鳳凰之出鷄群 嫗必親見 傳此情書)."

유모 할멈이 걱정스레 물었다.

"삼가 가르침대로 하오리다마는 어느 때에 노야(老爺 ; 늙은 남자, 여기서는 진어사)께서 만약 물으시면 장차 어떻게 대답하시겠습니까?"

소저가 말하되,

"이는 곧 내 스스로 그 일은 감당할지니 그대는 염려를 마오." 하였다. 유모가 문을 나서서 가다가 도로 들어와 묻기를,

"상공께서 혹시 벌써 장가를 들어 아내를 맞이하였거나, 혹은 이미 정혼(定婚)을 하였으면 어찌 하오리이까?"

소저가 잠시 깊은 생각에 잠기더니 말하였다.

"불행히도 이미 아내를 얻었더라면 내 군이 첩이 되기도 꺼리지 않을 것이나, 내가 이 사람을 보건데 나이 아직 청춘이라. 아마 실가(室家)가 있는 데까지는 이르지 아니한 듯하네."

유모가 주막으로 가서 양류사를 읊조리던 손님을 찾을 적에 양생은 주막문 밖으로 나가 서 있다가 노파(老婆)가 와서 찾는 것을 보고 바삐 맞으며 물었다.

"양류사를 지은 자가 곧 소생이로소이다. 노랑(老娘)께서 찾음은 무슨 뜻이오이까?"

유모가 양생의 잘 생긴 모습을 보고선 다시 의심치 않고 다만 이르기를,

"이곳은 얘기할 만한 곳이 아니옵니다." 하니 양생이 유모를 인도하여 객탑(客榻)에 앉히고 그가 와서 찾는 뜻을 물은즉, 유모가 물었다.

"낭군께서 양류사를 어디에서 읊으시었나이까?"

양생이 대답하였다.

"소생은 먼 땅 사람으로 처음으로 제기(帝畿 ; 천자의 직할지)에 들어와 그 아름다움과 수려함을 사랑하여 경치가 뛰어난 곳을 골라 두루 구경하던 중 오늘 오후에 마침 한 곳을 지나는데 곧 큰길 북녘, 작은 누각 아래에 푸른 버들이 숲을 이루어 봄 풍경이 가히 구경할 만하므로 흥에 겨운 나머지 시 한편을 우연히 지어 그것을 읊조리었소이다. 노랑께서는 어찌 이를 물으십니까?"

할멈이 말하였다.

"낭군께서는 그때 누구와 더불어 얼굴이 마주치지는 않으셨는지요?"

양생이 대답하였다.

"소생은 다행히도 하늘의 선녀가 누각 위에 강림(降臨)한 때를 만났는데 고운 빛이 아직까지도 눈에 어리고 기이한 향기가 오히려 옷에 풍기었습니다."

그러자 할멈이 찾아온 이유를 말하였다.

"늙은 이 몸이 마땅히 사실대로 그를 고하건데, 그 집은 우리 주인 진어사(秦御史) 댁이요, 그 여자는 곧 우리 집의 소저이오이다. 소저께서는 어릴 때부터 마음이 맑고 성품이 지혜로우셔서 크게 사람의 됨됨이를 알아보는 안목이 있더니 상공을 한번 뵈옵고 문득 몸을 의탁하려 하시나 어사께서 마침 서울에 계시매 왕복하여 품하고 정한 사이에 상공께서는 필히 다른 곳으로 발길을 돌리실 것인즉 큰 바다의 부평초(浮萍草)와 같고 가을 바람에 떨어진 나뭇잎 신세가 되어 장차 어찌 그 종적을 찾을 수가 있으리오? 담쟁이 넝쿨처럼 비록 간절히 의탁하고자 하는 마음에, 노금(爐金)에 실로 스스로 일어나는 부끄런 마음이 있으나 삼생(三生)의 연분은 중하고 한순간의 부끄러움은 적은 것이오이다. 이에 떳떳한 것을 버리고 권도(權道)를 좇아 수치스러움을 느끼나 부끄러움을 무릅쓰고 노첩(老妾)으로 하여금 낭군의 성씨와 향관(鄕貫), 더불어 혼취(婚娶) 여부를 알아오라 하시더이다.”

양생이 이 말을 듣고 얼굴에 희색이 만연하더니 감사해하며 말하였다.

“소생은 양소유(楊少遊)로 집은 본래 초(楚)에 있고 나이가 어려서 아직 장가들지 아니하였소이다. 오직 노모(老母)께서 집에 계시니 화촉(花燭)의 예(禮)는 마땅히 양가 부모께 아뢴 후에 행하려니와 혼인의 약속은 지금 한 말로써 정하겠소이다. 화산(華山)이 길이 푸르고 위수(渭水)가 끊어지지 아니하리이다.”

그 말을 들은 유모 할멈 역시 크게 기뻐하며 소매 속으로부터 한 개의 봉서(封書)를 꺼내어 양생에게 주는데 양생이 뜯어 보니 곧 양류사(楊柳詞) 한 수였다……

釜底笑鼎底 / 부저소정저

[意義] 가마 밑이 노구솥 밑을 검다 한다는 뜻으로 제 허물이 큰 것은 모르고 남의 작은 허물을 들춰 내어 비웃고 흉볼 때 쓰는 말이다.

[出典] 순오지(旬五志), 송남잡지(松南雜識)

[解義] 순오지에 ‘釜底笑鼎底 以比己有十眥而指人一眥’란 말이 있다. ‘가마 밑이 노구솥 밑을 검다 함은 자기 자신의 허물은 열이나 되는데도 허물이 하나밖에 안 되는 것의 흠을 꼬집어 내는 걸 비유한 말이다’라는 뜻이다.

이렇듯 제 흉은 모르고 남의 흉을 볼 때 하는 말이 우리 속담에는 꽤 많다.

'가랑잎이 솔잎더러 바스락거린다고 한다', '똥 묻은 개 겨 묻은 개 나무란다', '그슬린 돼지가 달아맨 돼지 타령한다', '뒷간기둥이 물방앗간 기둥을 더럽다 한다', '숯이 검정 나무란다', '쌍언청이가 외언청이 타령한다', '외눈박이가 두눈박이 나무란다', '허청 기둥이 칙간 기둥 흉본다', '똥 묻은 접시가 재 묻은 접시를 흉본다'는 말들이 바로 그것들이다.

옥(玉)에도 티가 있고 털어서 먼지 안 나는 사람은 없다. 그만큼 사람들에게서 허물을 찾으려 들면 없는 데가 없게 마련이다. 그러나 사람들은 제 얼굴 더러운 줄 모르고 거울을 탓하기가 쉽다. 남의 흉이 한 가지면 자신의 흉은 열 가지인 법이다. 그만큼 사람들은 흔히 자기의 결점은 잘 모르는 법이니 남의 결점만을 들춰내려고 하지 말아야 할 것이다.

轡長必踐 / 비장필천

意義 고삐가 길면 밟힌다는 말로서 옳지 못한 일을 오랫동안 계속하면 반드시 탄로가 난다는 뜻이다.

出典 순오지(旬五志)

解義 순오지에 '轡長必踐 言濫則必敗'란 말이 있다. 이는 무슨 일이라도 지나치게 하면 반드시 잘못된다는 뜻이다.

세상만사 모든 것이 차면 넘치게 마련이다. 그만큼 모든 일이 오랫동안 좋은 상태로만 지속되기는 힘든 것이다.

우리 속담에 '오래 앉아 있으면 새도 살을 맞는다(久坐之鳥帶箭).'는 말이 있다. 적당한 때 물러나지 않고 계속 욕심을 내어 그 자리에 있으면 언젠가는 반드시 화를 입는다는 뜻이다.

콩 심은 데 콩 나고 팥 심은 데 팥 나는 법이다. 어떤 원인과 결과는 언제나 서로 따르는 것이어서 전혀 동떨어진 예외의 경우란 없는 것이다.

그래서 이 세상에는 엄연히 인과응보의 법칙이 존재하고 있다. 좋은 원인에는 좋은 결과가 나오고 나쁜 원인에는 좋지 않은 결과가 나오는 것처럼 사람이 행하는 선악의 인업(因業)에 따라 반드시 거기에 상응하는 결과와 대가가 있는 것이다.

'고운 일 하면 고운 밥 먹는다', '죄는 지은 대로 가고 덕은 닦은 대로 간다', '악으로 모은 살림 악으로 망한다'는 속언들이 바로 이런 의미를 지니고 있는 것들이다. 곧 죄를 지은 사람은 벌을 받고 덕을 닦은 사람은 복을 받는다는 것이다.

재미있다고 해서, 한두 번 성공했다 해서, 좋지 않은 짓을 계속 하면 나중에는 봉변을 당하게 된다. 이것이 변하지 않는 세상의 이치이다. '재미나는 곳에 범 난다'는 속언과도 같은 말이다.

琵琶者舞 枷者亦舞 / 비파자무 가자역무

[意義] 거문고 인 놈이 춤을 추니 칼 쓴 자도 춤을 춘다는 말인데 거문고와 형틀인 칼이 비슷하다. 그래서 남이 한다고 해서 자신은 할 만한 처지가 못 되는데도 덩달아 따라 하는 것을 말한다.

[出典] 동언고략(東言考略), 순오지(旬五志)

[解義] 능력이 미치지 못하는 자가 남의 행동을 주견없이 무턱대고 따라 하려 할 때에 쓰는 속언들이 꽤 많다.

'숭어가 뛰니 망둥이도 뛴다', '잉어 숭어가 오니 물고기라고 송사리도 온다', '남이 장 간다고 하니 거름 지고 나선다', '학이 곡곡하고 우니 황새도 곡곡하고 운다', '슬인(瑟人) 춤에 지게 지고 엉덩춤 춘다'는 말들이 바로 그것들이다.

　사람에게는 분명히 모방 본능이 있다. 이 모방 본능이 발전의 원동력임은 분명하기 때문에 이 모방이라는 자체가 해로운 것은 아니다. 모방이란 창조의 필수과정이기도 한 것이다.

　하지만 이 모방 본능이 어떤 방향으로 작용하느냐에 따라 이해(利害)가 엇갈린다고 할 수 있다. 제자가 훌륭한 스승의 행실을 본받으려 하고 소인이 군자의 행실을 닮으려 하면 이는 분명 자기 자신을 위해서나 사회를 위해서나 득(得)이 될 것임에 틀림이 없다.

　그러나 이것이 그릇된 방향으로 나아갈 때, 전혀 자신의 능력이나 처지는 고려해 보지도 않고 획일적으로 모방 성향을 지닐 때는 결국 화를 자초하기가 십상이다.

　'뱁새가 황새 걸음을 걸으면 가랑이가 찢어진다'는 속언과도 같이 말이다.

人

紗帽纓子 / 사모영자

意義 사모에 갓끈이란 뜻으로 서로 종류가 달라서 어울리지 않는 경우, 곧 서로 맞지 않는 일을 하는 것을 일컫는 말이다.

出典 순오지(旬五志)

解義 본조(本朝)에 있어서도 야족당 어숙권(也足堂 魚叔權)이 《패관잡기(稗官雜記)》에서 우리나라 속담을 가지고 문자에 인용한 것이 여러 가지가 있다.

　가마 탄 사람에 채찍질(輶軒馬鞭)
　짚신에 분칠하기(蒿履丁粉)
　거적문에 놋장식(薦門鐵犯)
　사모에 갓끈(紗帽纓子)
　초립에 쇄자질하기(䔘笠刷子)
　중 재 올리는 데 무당 춤추기(僧齋胡舞)

　위의 여섯 가지 속담은 '서로 맞지 않은 일을 한다는 것'을 말한 것이라고 홍만종(洪萬宗)이 지은 순오지(旬五志)에 기록되어 있다.

　이밖에도 《동언고략(東言考略)》에는 '가가주입춘(假家柱立春)'이라고 씌어 있는데 이는 '가게 기둥에 입춘(立春)'이란 속담으로 제격에 맞지 않음을 일컫는 말이다.

　이것은 입춘날 대궐 안 기둥에 춘첩자(春帖子)를 붙였고 민가에서도 기둥이나 대문에 '입춘대길(立春大吉)', '건양다경(建陽多慶)'과 같은 대련(對聯)을 써 붙인 풍속에서 나온 말이다.

또 《이담속찬(耳談續纂)》에는 '개 발에 편자'(편자란 말굽에 붙이는 쇳조각, 곧 제철(蹄鐵))란 속담이 실려 있는데 이것 또한 격에 맞지 않는다는 뜻의 말로서, 특히 옷차림이나 지닌 물건이 과분하여 전혀 주제에 어울리지 않을 때에 사용한다.

四十初襪 / 사십초말

意義 마흔에 첫버선이란 뜻으로 늙어서야 오랫동안 바라던 일을 처음으로 하게 되었을 때 쓰는 말이다.

出典 송남잡지(松南雜識)

解義 옛날에 어느 유명한 현인(賢人)의 부인이 있었는데, 그녀는 바느질 솜씨가 지독히도 없어서 나이 사십이 되어서야 가까스로 버선 하나를 만들 수가 있었다.

그런데 그 부인이 그 나이가 되도록 온갖 정성을 다하여 만든 그 버선은 자루만큼이나 커서 지극히 볼품이 없는 것이었다.

그렇지만 그녀의 남편은 그녀가 버선을 짓게 된 것이 무척 대견스러웠던지 마치 자랑이라도 하듯 그것을 신고 제자들 앞에 당당한 모습으로 나왔다.

이를 본 어느 제자가 그의 스승이 하도 볼품이 없는 버선을 신고 있는 것을 이상히 여겨 그 까닭을 묻자 태연스러이 이렇게 대답했다고 한다.

"마흔에 내 마누라가 지은 첫 버선인데 내가 신어 주지 않으면 누가 신겠는가?"

似爲不爲 / 사위불위

意義 무엇을 부지런히 해도 아무것도 한 것이 없다는 말인데, 모기가 산을 등에 진다는 의미를 지닌 문자부산(蚊子負山)이라는 성어와 같이 힘이 약한 사람이 중책(重責)을 맡았을 때나 능력이 부족하여 중임(重任)을 감당해 내지 못하는 것을 의미한다.

出典 태평한화골계전(太平閑話滑稽傳)

解義 어떤 조관(朝官)이 고을 사또로 부임하였다. 그는 위(胃)가 몹시 나빠서 음식을 먹지 못하게 되었으나 다과(茶菓)와 주병(酒餅)을 쉬지 않고 먹곤 하였다.

그는 또 성격이 몹시 부지런하나 매우 서툴러서 비록 하루종일 일에 매달려도 문서(文書) 하나도 결재를 하지 못했다. 그러자 그 고을 사람들은 다음과 같이 사또를 논평했다.

"우리 사또는 능하지 못하면서 능한 것은 음식(飮食)이요, 무엇을 부지런히 하여도 아무것도 한 것이 없는 것이 바로 공사(公事)로다(吾太守 似不能而能者 食也 似爲也 不爲者 公事也)."

여기에서 사위불위(似爲不爲)란 말이 나온다.

참고 : 문자부산(蚊子負山)—모기가 산을 등에 진다는 말로 힘이 약한 사람, 곧 능력이 미치지 못하는 사람이 중책(重責)을 짊어진 것이나 힘이 약하여 중임(重任)을 감당해 내지 못하는 것을 일컫는데, 이는 《장자(莊子)》 추수편(秋水篇)에 나오는 말이다.

공손룡(公孫龍)이 위나라의 공자(公子) 모(牟)에게 물었다.

"저는 어려서부터 선생님의 도를 배웠고 장성하여서도 인의(仁義)의 도에 밝아……(중략) 저는 지극히 스스로 통달해 왔다고 생각했습니다. 그런데 지금 저는 장자의 말을 듣고 망연자실

(茫然自失)하여 이상하다고 생각합니다. 이는 저의 이론이 그를 따르지 못하는 것인지 제 지혜가 그보다 못한지 알 수가 없습니다. 장자의 도에 대해서 여쭙는 바입니다."

공자 모는 책상에 기댄 채 크게 탄식하고 하늘을 우러러 웃으면서 말하였다.

"너는 우물 안의 개구리란 소리를 듣지 못했느냐?……(중략) 또한 대체로 지혜가 시비(是非)의 한계도 알지 못하면서 장자의 말을 알려고 한다면 이는 모기에게 산을 짊어지라는 것과 같고 노래기에게 황하를 건너가라는 것과 같아 반드시 그 책임을 감당할 수 없을 것이다(且未知不 知是非之意 而猶欲觀於莊子之言 是猶使蚊負山 商蚷馳河也 必不勝任矣).

또한 대체로 그 지혜가 지극히 묘한 말을 논한 줄은 모르고 궤변으로 한때의 명리(名利)에 만족하고 있는 자는 저 우물 안의 개구리와 같지 않느냐. 또 저 장자의 말은 아래로는 황천에 이르고 위로는 하늘에까지 이르러 남쪽도 없고 북쪽도 없이 환히 사방으로 통달해 있어서 헤아릴 수 없는 깊이에까지 잠겨 있으며 또 거기에는 동쪽도 없고 서쪽도 없이 아득히 우주의 근본에서 시작하여 자연의 대도(大道)에 귀일(歸一)하고 있느니라……(후략)"

四節遊宅 / 사절유택

意義 춘하추동(春夏秋冬) 사계절에 따라 놀던 귀족들의 별장(別莊)을 가리킨다.

出典 삼국유사(三國遺事) 권일(卷一) 우사절유택(又四節遊宅)

解義 봄에는 동야택(東野宅), 여름에는 곡량택(谷良宅), 가을에

는 구지택(仇知宅), 겨울에는 가이택(加伊宅)에서 놀았다(春東野宅 夏谷良宅 秋仇知宅 冬加伊宅).

　신라 49대 헌강왕(憲康王) 때에는 성 안에 초가가 하나도 없이 추녀가 맞닿고 담이 이어졌으며 또 노래와 피리 부는 소리가 길을 메워 밤낮으로 끊이지 않았다.

死後藥方文 / 사후약방문

[意義] 죽은 후에 약을 구한다는 말로 평소에는 방비를 소홀히 하다가 실패한 후에야 뒤늦게 대비하는 것, 또는 일은 다 그릇되어 끝이 났으므로 무엇을 하여도 소용이 없다는 뜻을 지닌 말이다.

[出典] 순오지(旬五志)

[解義] 순오지에 '神祀後鳴岳 言後於事 失馬治廐 言 亡羊補圈之類'라는 말이 있다. '굿 뒷날 장구 친다는 말은 일이 다 끝난 뒤에 쓸데없는 짓을 하는 것을 일컬음이요, 말(馬) 잃고 외양간 고친다는 말은 양(羊)을 잃어버린 뒤, 우리를 손질하는 것과 같은 것이다.'

　이 외에도 어떤 일이 나 끝난 뒤, 곧 적당한 때를 잃고 어떤 사고를 당한 뒤에야 허둥지둥 뒤늦게 행동할 때 쓰는 속언들이 많다.

　'늦은 밥 먹고 파장(罷場) 간다', '경점(更點) 치고 문지른다', '열흘날 잔치에 열하룻날 병풍 친다', '사후(死後) 청심환(淸心丸)', '성복(成服) 뒤에 약방문'이라는 말들이 바로 그러하다.

　'하루 물림이 열흘 간다'는 속언은 한번 어떤 일을 연기하기 시작하면 오래 끌게 마련이라는 것이다. 또 '섣달이 둘이라도 시원치 않다'는 말처럼 아무리 일을 미루고 미루어도 지금 처리하는 것보다 일이 더 잘될 가능성은 거의 보이지 않는 법이다.

'단 솥에 물 붓는 격'으로 모든 일이라는 것이 형편이 이미 기울어져 버리면 어떻게 도울 수도, 수습할 수도 없음을 주지해야 할 것이다.

어떤 일이 발생하기 이전에 이에 근본적으로 대처하는 유비무환의 정신이 그만큼 중요시되는 이유도 바로 여기에 있다고 하겠다.

散花功德 / 산화공덕

[意義] 공덕(功德)이란 닦아서 이룬 공덕을 다른 사람에게 미치게 하는 것인데, 산화공덕이란 꽃을 뿌려서 부처님에게 공양(供養)하는 일을 말한다. 요즈음에는 지극한 정성을 표시하기도 한다.

[出典] 삼국유사(三國遺事) 권오(卷五) 월명사 도솔가(月明師 兜率歌)

[解義] 신라 경덕왕 19년 경자 4월 초하룻날에 해가 둘이 떠서 10여 일 간 없어지지를 않았다. 일관(日官)이 아뢰기를,

"연승(緣僧)을 청하여 산화공덕(散花功德)을 지으면 예방이 될 것입니다(請緣僧作散花功德 則可禳)."

하므로 이에 조원전(朝元殿)에 단을 깨끗이 모시고 청양루(靑陽樓)에 왕께서 친히 납시어 연승을 기다렸다. 그때 마침 월명사(月明師)가 천백사(阡陌寺)의 남쪽 길을 가고 있었다. 왕이 사람을 시켜 불러들여 단을 열고 계청(啓淸)을 지으라 명하니 월명이 아뢰되,

"신승은 다만 국선의 무리에 속하여 오직 향가(鄕歌)만 알고 범성(梵聲)에는 익숙하지 못합니다."

하였다. 왕이 말하기를,
"이미 연승으로 정하였으니 비록 향가라도 좋소."
하였다. 그래서 월명이 도솔가(兜率歌)를 지어 불렀다.

어늘 이에 산화(散花) 블어
시슬본 고자 너는
고돈 마수미 명(命) 브리옵디
미륵좌주 뫼셔좌

이를 다시 풀어보면,

용루(龍樓)에서 부른 이 날의 산화가(散花歌)는
청원에 한 떨기 꽃 던져 보냈네
은근하고 곧은 마음에서 우러나
멀리 도솔의 큰 부처님을 맞았네.

어떤 문헌에서는 이것을 산화가(散花歌)라고 하지만 도솔가
라 함이 마땅하다.

三歲之習 至于八十 / 삼세지습 지우팔십

[意義] 세살 적 버릇이 여든까지 간다는 뜻으로 어릴 적 몸에 밴
버릇은 늙어도 고치기가 어렵다는 말이다.

[出典] 이담속찬(耳談續纂)

[解義] 이담속찬에 다음과 같은 말이 있다.
'三歲之習 至于八十 言幼眇時事 終爲惡習 老而不改(세살 적

108

버릇이 여든까지 계속된다는 말은 어렸을 적에 익힌 일이 끝내 좋지 않은 버릇이 되어 늙어서도 고쳐지지 않는다는 뜻이다.)'

사실, 습관이란 무서운 것이다.

《열상방언(洌上方言)》에 '三歲志 八十至'란 말이 있는데 '세살 때 먹은 마음이 여든까지 간다'는 말은 역시 '三歲之習 至于八十'이란 어구와 같은 의미라고 할 수 있다.

그만큼 우리 선조들은 한번 몸에 밴 버릇은 고치기 힘들다고 생각하였던 것이다.

'어릴 때 굽은 길맛가지', '제 버릇 개 줄까', '낙숫물은 떨어지던 데 또 떨어진다', '들어서 죽 쑨 놈 나가도 죽 쑨다'와 같은 속담들에서도 그와 같은 선인(先人)들의 사고 방식을 엿볼 수 있겠다.

또 좋지 못한 버릇일수록 점점 더 나빠지기가 쉬운 게 세상의 이치이다.

'등겨 먹던 개가 말경에는 쌀을 먹는다', '바늘도둑이 소도둑된다(竊鍼不休 終必竊牛)', '초하룻날 먹어 보면 열하룻날 또 간다'는 속언들이 또한 이와 같은 뜻을 내포하고 있는 것들이다.

三尺髥 食令監 / 삼척염 식령감

[意義] 수염이 석 자라도 먹어야 샌님이란 말로서, 제 아무리 점잖은 샌님이라 할지라도 먹지 않고는 아무것도 할 수 없다는 뜻이니 곧 음식의 중요성을 강조한 말이라 할 수 있다.

[出典] 열상방언(洌上方言)

[解義] 열상방언에 '三尺髥 食令監 謹飮食也 令監尊稱也 髥雖三尺 惟食然後可尊重'이란 말이 있는데, 이는 '수염이 석 자라도 먹어

야 샌님이란 말은 음식이 중요하다는 것을 뜻하고 있다. 샌님이란 사람에 대한 존칭인데 비록 수염이 석 자나 되는 품위 있는 자라 할지라도 모름지기 먹어서 배가 부른 후라야 가히 존귀하고 귀중함을 지닐 수 있는 것이다'라는 뜻이다.

아무리 인덕(仁德)을 지닌 자라 할지라도 의식주(衣食住)가 해결되지 않으면 역시 불안해하고 언젠가는 그 인덕을 저버리기가 쉽다. 의식주란 인간의 생활에 필요한 정도가 아니라 생존에는 필요불가결한 존재이다.

우리 속언에 '금강산도 식후경(食後景)'이니, '새남터를 나가도 먹어야 한다'는 말들이 있는데 이는 아무리 좋은 것이 있더라도, 또는 무슨 일을 당하든지 든든히 먹고 배가 부른 뒤에라야 좋은 줄도 안다는 뜻이다.

사실 자신의 배가 부르면 남 부러울 것이 없다. '내 배 부르니 평양감사가 족하(足下) 같다'는 속언이 바로 이러함을 단적으로 나타낸다고 할 수 있겠다.

인간은 하나의 생물이다. 그러므로 인간은 생물학적 욕구를 충족시켜야 한다. 사람이 빵만으로 사는 존재는 아니지만 빵 없이는 절대로 살아갈 수가 없다. 식(食)이란 인간의 가장 기본적인 가치요, 제일차적인 의의(意義)이기 때문이다.

'의식(衣食)이 족해야 예절을 안다'고 선인들은 말했다. '이 말은 사람이 의식이 넉넉해야 체면도 차리고 노력도 실전하고 품위도 지키고 인간다운 면목을 갖출 수 있다는 것이다.

여기서의 '배가 부르다'는 말은 단순히 먹는 행위 그 자체만을 뜻하는 것이 아닌, 전반적인 부(富)의 의미로 현대적인 관점에서 이해되어야 할 것이다.

옛날의 선비들은 청빈을 강조했다. 하지만 오늘날 이 청빈의 윤리는 설득력과 호소력이 약해졌다. 돈이 많으면 교만해지기가 쉽지만 반대로 돈이 없으면 더욱더 비굴해지기가 쉽기 때문이다.

《논어(論語)》에 이런 말이 있다.

"부(富)를 구하는 것이 옳다면 나는 마부라도 되리라. 그러나 만약 부를 구하는 것이 옳지 않다면 나는 하고 싶은 일을 하리라 (富而可求也 雖執鞭之士 吾亦爲之 如不可求 後吾所好)."

공자(孔子)도 부귀라는 것을 일방적으로 배척하지는 않았다. 정당한 방법, 즉 제 자신의 덕행이 부귀를 얻을 만해서 얻게 된 부귀라면 버릴 필요가 없고 불의(不義)·부정(不正)으로 손에 잡은 부귀는 뜬구름과 같다고 생각했던 것이다.

그렇기에 오늘날 우리는 청빈의 도보다는 청부(淸富)와 정재 (淨財)의 도를 추구해야 할 것이다. 이것이 현대의 부에 대한 올바른 윤리이기 때문이다.

그러나 의(義)보다도 이(利)가 존중되고 인격보다도 돈을 앞세울 때 목적과 수단의 가치 질서가 도착되는 커다란 비극이 생김은 두말할 나위가 없다. 어디까지나 부 그 자체에도 올바른 목적의식과 철학이 필요한 것이다.

결국 민생안정(民生安定)이라는 것이 경국제민(經國濟民)의 근본이 됨은 두말할 나위가 없다. 그렇기에 국민에게 빵을 주지 못하는 정치와 올바른 부의 균형이 이루어지지 못하는 정치는 아무리 아름다운 이념과 사상을 내세워도 무지개처럼 허황된 것이라 할 수 있겠다.

上元犬 / 상원견

意義 대보름날의 개 신세란 말로 '개 보름 쇠듯'이란 속언처럼 명절날 잘 먹고 지내야 할 때에 좋은 음식은커녕 아무것도 해먹지 못하고 보낼 때, 또는 굶어서 배가 고플 적에 쓰는 말이다.

出典 동국세시기(東國歲時記)

解義 개는 아침 저녁에만 먹이를 주고 낮에는 주지 않는다. 그러나 대보름날에는 온종일 먹이를 주지 않고 굶긴다. 대보름날 개에게 밥을 주면 개가 마를 뿐만 아니라 파리가 꼬여서 더러워진다고 믿기 때문이다. 속담에 사람이 밥을 굶을 때에 '개 보름 쇠듯 한다'는 말은 바로 여기에서 나온 말이다(是日不飼犬 飼之則多蠅而瘦故也 俗戱餓者比之上元犬).

　속담에 '개 팔자'라는 말은 먹고 노는 사람의 팔자를 가리키지만 개도 상원날엔 굶어야만 했다.

　이상은 동국세시기(東國歲時記)의 상원일(上元日) 이야기 중의 일부이다.

　이와는 좀 상반된 말로 '개천에 든 소'란 속언이 있다. 개천에서는 양쪽 둔덕의 풀을 얼마든지 뜯어 먹을 수 있다는 데서 나온 말로 먹을 것이 많고 유복한 처지에 있는 것을 뜻한다.

西瓜皮舐 / 서과피지

意義 수박 겉핥기란 뜻으로 일 또는 물건의 내용도 모르고 겉만 건드린다는 의미, 곧 내용은 모르면서 외형만의 일을 한다는 뜻을 담고 있는 성어이다.

出典 동언해(東言解), 이담속찬(耳談續纂)

解義 이담속찬에 다음과 같은 말이 있다.

　'西瓜外舐不識內美 言 人不可以外貌知也' 여기서 서과(西瓜)란 수박을 일컫는 말이요, 지(舐)란 핥아먹는다는 뜻이다. 곧 수박 겉핥듯이 내면의 아름다움을 알지 못한다는 말은 사람들이 외모만 가지고서 무엇을 판단하고 인지(認知)하려 한다면 이는 옳지 않다는 뜻이다.

   사실 사람들은 속내용은 전혀 모르면서 겉만 취하는 경우가 많고 실상 또 그렇기가 쉽다. 응당 알고 있어야 할 참모습은 오히려 모르고 겉으로만 맴도는 것이다.

   우리 속담에 '봉사 단청(丹靑) 구경(盲玩丹靑)', '개가 약과 먹은 것 같다', '후추를 왼 채로 삼킨다', '머슴살이 삼년에 주인 성 묻는다', '중은 중이라도 절 모르는 중'이라는 말들이 바로 그런 의미를 내포한 것들이다.

   빈 수레가 더 요란하고 손톱 밑에 가시 드는 줄은 알아도 염통 밑에 쉬 쓰는 줄은 모르게 마련이다. 정말로 아는 사람은 가만히 있는데 알지도 못하면서 더 아는 척하며 떠들고, 눈앞에 보이는 작은 일에는 민감하고 영리한 듯하나 보이지 않는 큰일은 깨닫기가 그만큼 어렵다는 것이다.

   '자눈도 모르고 조복(朝服) 재단하는 격'으로 아무것도 모르면서 어려운 일만을 하려고 하는 어리석은 사람들이 우리 주위에 꽤 많은 듯하다. 이는 마치 냉수 마시고 이쑤시는 것이라고 아니할 수 없겠다. 실속은 조금도 없으면서 허세만 부리려 드는 것이다.

薯童 / 서동

意義 본래는 항상 마를 캐어 그것을 팔아 생계 수단으로 삼는 사람을 일컬었으나 백제의 제30대 왕인 무왕(武王)의 이름을 가리키기도 한다.

出典 삼국유사(三國遺事) 권이(卷二) 무왕편(武王篇)

解義 백제 30대 무왕의 이름은 장(璋)이다. 그의 어머니는 일찍이 과부가 되어 서울의 남쪽 못가에 집을 짓고 살았는데 그 못

속의 용(龍)과 관계를 맺어 장(璋)을 낳았던 것이다.

어릴 때의 이름은 서동(薯童)으로 재주와 도량(度量)이 커서 일반 사람들은 헤아리기가 어려웠다. 항상 마를 캐다가 파는 것으로 생업을 삼았기 때문에 사람들이 서동(薯童)이라고 이름 지었다(小名薯童 器量難測 常掘薯蕷 賣爲活業 國人因以爲名).

이상이 삼국유사에 실린 무왕편의 첫부분이다.

이 무왕편은 거기에 실린 설화(說話)와 향가인 서동요(薯童謠), 즉 서동이 신라 진평왕(眞平王)의 셋째 딸인 선화공주(善花公主)의 인물이 무척 뛰어나다는 소문을 듣고 신라의 서울인 경주에 잠입하여 마장수의 행색을 하면서 거리의 아이들과 사귀고, 마치 자신과 선화공주가 이미 깊은 관계에 있는 것처럼 꾸민 동요를 지어서 아이들을 꼬여 이 노래를 퍼뜨림으로써 공주는 궁중에서 쫓겨나게 되고 결국 서동이 공주를 아내로 맞게 되었다는 설화 때문에 오랜 시일을 두고 역사적인 사실의 기록으로 믿어 왔었다.

그러나 시간이 흐름에 따라 이에 대한 검토와 수정이 학계(學界)에서는 활발히 논의되어 왔다.

어떤 학자는 신라와 백제 사이의 결혼정책에 있었던 역사적 사실을 내세워 여기서의 무왕은 곧 동성왕(東城王)이 잘못 전재(轉載)된 것이라 결론을 내리고 그 나름대로의 고증을 들어 보였다.

그래서 어떤 사람은 서동을 신라 사람인 원효(元曉)일 것이라는 주장을 내세우기도 하였고, 또 어떤 학자는 서동설화는 온달전설과 마찬가지로 'Hero-Story'라고 전제하면서 서동을 가공적인 인물, 또는 설화상의 주인공이 역사화된 인물일 것이라고 보았다.

요즈음에는 '서동＝백제 무왕'이라는 등식은 부정되고 또 서동 이야기를 실지로 있었던 실존 인물에 대한 이야기로 보지 않고 단순한 설화적인 측면에서 파악하려 하는 것이 지배적이라고 할 수 있겠다.

宵人野夫 / 소인야부

意義 소인(宵人)은 소인(小人)과 같은 뜻으로 상스럽고도 천박한 시골뜨기를 가리키는 말이다.

出典 삼국유사(三國遺事) 권이(卷二) 가락국기(駕洛國記)

解義 왕이 하루는 신하들에게 이렇게 일렀다.

"구간 등이 모두 온갖 관원의 우두머리인데 그 직위와 명칭이 모두 야인(野人)들의 방언이요, 도대체 재상의 지위로서의 명칭이 아니다. 만일 외국에서 이를 듣는다면 반드시 비웃음을 받게 될 것이다(一日上語臣下曰 九干等俱爲庶僚之長 其位與名 皆是宵人野夫之號 頓非簪履職位之稱 儻化外傳聞 必有嗤笑之耻)."

곧 아도는 아궁(我躬), 여도는 여해(汝諧), 피도는 피장(彼藏), 오도는 오상(五常)으로 고치고 유수와 유천은 윗자는 그대로 두고 아랫자를 고쳐 유수(留水)·유덕(留德)이라 하고 신천은 신도(神道)로, 오천은 오능(五能)으로 고쳤으며 신귀는 뜻만 고쳐서 신귀(臣貴)라 하고 계림(鷄林)의 직제를 취하여 각간·아질간·급간 등의 차례를 두고 그 아래의 관료들은 주나라의 판례와 한나라의 의제에 따라 각각 그 관직명을 정했다.

이것이 옛것을 새것으로 고치고 관제를 두어 직분을 맡기는 도리였다. 이에 나라와 집안에 질서가 서게 되고 백성을 자식처럼 사랑하여 교화가 엄하지 않아도 위엄이 섰고 정사가 엄하지 않아도 조리가 섰다.

더구나 왕이 왕후와 거처하는 것은 비유하건대 하늘에 땅이 있고 해에 달이 있고 양에 음이 있는 것 같았다.

송도(松都) 외장수

意義 조금이라도 이익을 더 얻으려고 왔다 갔다 하다가 기회를 놓치고 당했을 때에 쓰는 말이다.

出典 송남잡지(松南雜識)

解義 옛날 송도(松都)에 외장수가 있었다. 그가 산지(産地)로 부터 외를 사서 그것을 팔기 위해 한양(漢陽)으로 들어갔다.

그가 한양에 도착해서 가만히 떠도는 소문을 들은즉, 의주 쪽에서는 외가 품귀 현상을 일으켜 값이 폭등하고 있다고 했다. 그는 벌컥 욕심이 생겼다. 이왕이면 단 한푼이라도 더 많은 이익을 남기고 싶었던 것이다.

그 외장수는 조금도 주저하지 않고 이내 의주로 줄달음질쳤다. 밤을 낮으로 삼아 쉬지 않고 달려간 덕분에 그는 곧 의주에 닿았다.

의주에서 외를 팔기 위해 시장으로 나가 보니 이번엔 개성에서 외의 수요가 공급을 전혀 따라가지 못하여 외값이 하루가 멀다하고 치솟고 있다는 얘기가 들렸다.

그리자 그는 또 발걸음을 개성으로 옮겼다. 그러나 막상 그가 개성에 당도하여 외를 팔기 위해 시장에 내놓았을 때엔 외는 이미 다 썩어 있었던 것이다.

'송도 외장수'란 바로 이 이야기에서 나온 말이다.

여기서의 외장수 얘기는 적은 자본을 들여 큰 이득을 보려다가 낭패를 당한 경우라 할 수 있겠다. 새우 미끼로 잉어를 낚으려던 것이었다고나 할까? 최소의 노력으로 최대의 효과를 얻으려는 것이 장사아치의 공통된 심산이기 때문에 이 점은 나무랄 만한 일이 못된다. 하지만 그는 장사아치로서의 지극히 상식적인 점을 망각하고 있었다고 볼 수 있다.

이 팽이가 돌면 저 팽이도 도는 법이다. 말하자면 이곳의 시세 (時勢)가 변하면 저곳의 시세도 변하기가 쉽다는 말이다. 또 '방 앗공이는 산 밑에서 팔아 먹으랬다'는 속언과도 같이 무엇이나 생산되는 그곳에서 파는 것이 실수가 없는 법이다. 이 두 가지 점을 망각하고 있었기 때문에 그는 커다란 손해를 감수하지 않을 수 없었던 것이다.

手加車包 / 수가차포

意義 여기서 '수(手)'는 술수나 책략을 말하는데, 그러한 술수가 차(車)와 포(包)를 더해 놓은 것과 같다는 말이다. 즉 솜씨나 재능이 더 탁월하다는 의미이다.

出典 교수잡사(攪睡襍史)

解義 어느 한 재상이 장기(將棋)를 잘 두어 거의 적수가 없을 만큼 그 수법(手法)이 높았다. 그는 또 내기를 좋아하여 남의 물건을 손에 넣은 것도 매우 많았다.

이 소문을 들은 영남에 사는 한 선비가 이전에 한번도 본 적이 없는 터였으나 그 재상을 찾아와서 말하기를,

"소생은 평소부터 내기 장기를 좋아합니다. 이제 과거(科擧) 길에 문 안에 들어오니 대감께서 장기 수가 높으시다는 말씀을 듣고 감히 한판 대국을 해보려 하오니 황송하기 짝이 없소이다."

그러자 재상은,

"하! 좋은 일이야! 그러나 내기를 해야 재미가 있는 법인데 그대의 뜻은 어떠하오?"

하는 것이었다. 선비는,

"저의 뜻도 그러합니다마는 제가 먼 지방에 사는 선비인 만큼 내기 걸 물건이 아무것도 없사오니 제가 만일에 이기지 못할 때는 하인과 말을 대감께 바칠 것이요, 만일 제가 이긴다면 대감께선 편의대로 아무 물건이고 주셨으면 합니다."

하는 것이었다. 재상은 흔쾌히 승낙을 하고 대국을 하였다. 세 번을 두어 선비가 두 번이나 지게 되었다. 그는,

"대감의 높으신 수는 보통이 아니십니다."

하고는 곧 하인과 말을 대감에게 바치고 떠나갔다.

재상이 그의 말이 쓸 만함을 보고 기뻐하며 그 하인에게도 잘 대우해 주고 말도 잘 길렀다.

그런 지 수십 일이 지난 뒤였다. 선비가 또 와서 절을 하면서,

"이젠 과거에 떨어져 시골로 돌아가는 몸입니다. 이미 한번 뵈온 일이 있으므로 다시금 와서 하직 인사를 드리고, 장기 한판을 두되 대감께서 만일에 지신다면 소생의 말과 하인을 돌려주실 것이요, 소생이 만일에 이기지 못할 때는 좋은 밭 닷새 같이의 문서(文書)를 드리겠습니다."

하고 말하는 것이었다. 재상은 이번에도 흔쾌히 허락하고 곧 대국했는데 재상이 세 번 두어 세 번을 다 패하였다. 재상은 놀라며 물었다.

"그대의 수법이 그 사이 어찌 이렇게 늘었단 말이오?"

"애당초 소생의 장기 수법이 내감과 비교해 볼 때 차(車) 포(包)는 더한 것 같습니다(自初小生比 大監文博手加車包). 시골에 사는 가난한 선비가 과거 전에 서울에 머물면서 하인과 말을 먹일 길이 없기에 소생이 일부러 대감께 장기를 졌던 것이오니 약속하신 대로 하인과 말을 돌려 주시길 바랄 뿐입니다."

하는 것이었다. 재상은 심히 분하고 창피하였으나 역시 어떻게 할 수 없어 노마를 돌려주면서 섭섭한 표정을 짓는 것이었다.

선비는 자기가 없는 동안에 잘 먹여 준 것을 사례하고는 떠나갔다.

守口如瓶 / 수구여병

意義 병에 마개를 막듯 입을 다문다는 뜻으로서, '관(棺) 속에 들어가도 막말은 말라', '혀 아래 도끼 들었다'는 속담처럼 어떤 경우에 처하더라도 말을 함부로 해서는 안된다는 뜻이다.

出典 인현왕후전(仁顯王后傳)

解義 왕후께서 계선 부원군(府院君)의 상을 치른 뒤에 지나치게 애통해하신 나머지 옥체가 종종 편찮으시더니 좌우에서 모시고 있던 상궁이 이 말을 듣고 대경실색하여 울면서 급히 들어와 왕후께 이 말을 아뢰니 왕후께선 안색 하나 변하지 않으신 채 탄식하며 이르시기를,

"이도 또한 천수(天壽)이니 누구를 원망하겠느냐? 너희들은 수구여병(守口如瓶)하고 명을 받들어 거행토록 하라."
하시며 조금도 마음에 흔들림이 없으셨다.

이때 명안공주가 이 말씀을 듣고 깜짝 놀라 장공주와 더불어 급급히 입궐하여 상감께 조현(朝見)하매 왕후(장희빈)의 숙덕선행(淑德善行)과 참언(讒言)이 간사한 것임을 밝히고 대왕대비께서 사랑하시던 바를 아뢰며 눈물을 좌석에 떨어뜨리고 지극히 간하매 충언이 격렬하고 절실하나 상감께서 능히 허락치 않으시니 어쩔 수 없는지라 탄식하고 물러나오는 수밖에 없었다.

왕후를 뵙고 오열비탄(嗚咽悲嘆)하여 옷을 잡고 흐느껴 울며 감히 말을 이루지 못하니 왕후께서 탄식하시고 위로하여 말씀하시기를,

"화와 복이 다 하늘의 뜻에 달려 있으니 나의 복이 없고 천한 탓인즉 다만 어명대로 받들어 모실 따름입니다. 누구를 원망하리오마는 두 공주께서 이렇듯 불쌍히 여겨 주시니 그 은혜 잊을 길이 없소이다."

하였다. 두 공주는 그 덕망에 새삼 탄복할 뿐이었다.

隨絲蜘蛛 / 수사지주

[意義] 줄 따르는 거미란 말로 서로 헤어져서는 살지 못하고 늘 같이 따라다니는 사람을 일컫는다.

[出典] 순오지(旬五志)

[解義] 순오지에 다음과 같은 말이 기록되어 있다.

 '隨絲蜘蛛 言應隨之人 自不相離(줄 따르는 거미란 말은 응하여 따라가는 사람은 자연히 서로 떨어질 수 없다는 뜻이다).'

 지주(蜘蛛)란 거미를 뜻하는 한자어인데 이미 알다시피 거미란 동물은 거미줄을 떠나서는 살 수 없는 존재이다. 마치 물을 떠나서 고기가 살 수 없는 것과 같다.

 그러므로 거미가 있는 곳엔 반드시 거미줄이 있게 마련이고, 그만큼 둘은 불가분의 관계에 놓여 있는 것이다.

 이 말 외에도 둘이 꼭 붙어다녀서 서로 떨어지지 않는 것을 가리킬 때에 쓰는 속언이 꽤 많다.

 '구름 갈 제 비 간다', '바늘 가는 데 실 간다', '용 가는 데 구름 간다', '약방에 감초(甘草)', '건재약국에 백복령(白茯笭)'이란 말들이 바로 그것이다.

 위의 속언들은 모두 자연적으로 불가분의 관계에 놓여 있는 상태를 의미하는 것들이라고 할 수 있겠다.

 이와는 좀 다르게 자기는 하고 싶지 않으나 남에게 이끌려 억지로 따라하게 되는 경우도 있는데 이럴 때에 쓰는 속언이 바로 '친구따라 강남(江南) 간다(隨友適江南)'는 말이다.

 또 필요도 없는 사람이 자꾸 귀찮게 따라다니며 좀처럼 떨어지지 않을 때에 쓰는 속언도 있다.

'도깨비 사귄 셈이다', '기둥에 망아지 새끼 따라 다니듯 한다' 는 말이 바로 그것이다.

手遮妹目 / 수차매목

意義 손으로 시누이의 눈을 가린다는 말로 '눈 가리고 아웅하기' 또는 '닭 잡아 먹고 오리발 내놓는다' 등의 속담처럼 나쁜 짓을 해 놓고 탄로나지 않으려고 계교를 꾸민다는 뜻을 지닌다.

出典 성수패설(醒睡稗說)

解義 어떤 한 여자가 있었다. 그의 남편이 출타한 틈을 타서 간 부(姦夫)와 건넌방에서 동침하다가 날이 새는 것을 깨닫지 못하 였다.

안방에는 늙은 시부모와 출가한 시누이가 자고 있었다. 노인 네들은 아직 기침을 하지 않았지만 시누이는 이미 뜨락을 거닐 고 있는 것이었다.

그녀는 간부를 내보내려 해도 방법이 없었다. 그러던 중 꾀를 하나 생각해 냈다.

"내가 이러이러하게 할 것이니 곧 나가 버려요."

그녀는 간부에게 귓속말로 일러주고는 곧 가만가만 뜨락으로 내려가 시누이의 뒤에 다가서서 두 손으로 시누이의 두 눈을 가 리고 묻기를(卽出去也 厥女潛步於嫁妹之後 以兩手 遮嫁妹之兩目 間曰),

"내가 누구인지 알아맞혀 보아요!"

하고 농담말을 붙이는 것이었다. 시누이는,

"난 잘 알지. 언니지 누구야?"

하고 응수(應酬)를 하는 것이었다. 그 사이 간부는 도주하고 말았다.

宿虎衝鼻 / 숙호충비

意義 잠자는 호랑이에게 코침주기란 말로 가만 두면 무사할 것을 공연히 잘못 건드려서 일을 저질러 화(禍)를 초래한다는 뜻이다.

出典 동언고략(東言考略), 순오지(旬五志)

解義 동언고략과 송남잡지(松南雜識)에는 숙호충비(宿虎衝鼻)라 되어 있고, 순오지에는 숙호충본(宿虎衝本), 그리고 이담속찬(耳談續纂)에는 호지방수 막촉기비(虎之方睡 莫觸其鼻)라 기록되어 있다.

'宿虎衝本 言誤觸而取患'이란 것은 '잠자는 호랑이에게 코침을 주듯 잘못 건드려서 화를 초래한다'는 뜻이요, '虎之方睡 莫觸其鼻 言不可挑禍也'란 '호랑이가 잠을 자고 있을 때 그 코를 건드리지 말라. 괜히 화를 자초해서는 옳지 않다'는 뜻이다.

자업자득(自業自得)이란 말이 있다. 이는 불교에서 나온 말로 자기가 저지른 일의 과보(果報)를 자기 자신이 받는다는 뜻이다.

우리 인간들은 하지 않아도 될 필요없는 짓을 하고 나서 공연히 재화(災禍)를 입는 경우가 많다. 그만큼 자기 자신에게 해가되는 어리석은 행동을 하기 쉬운 존재가 바로 인간인 셈이다.

우리 속담에 이런 말들이 있다.

'긁어 부스럼', '곤장(棍杖)을 메고 매 맞으러 간다', '형틀 지고 와서 볼기 맞는다', '누워서 침뱉기', '진상 가는 송아지 배때기 찼다', '봄 꿩이 제 울음에 놀란다'.

이 모두가 가만히 있으면 아무 탈이 없을 것을 제가 자청해서 화를 부르고 고생을 한다는 뜻이다.

순자(荀子)는 일찍이 '날마다 하루에 세 번 반성을 한다(日日 三省)'고 했다.

그만큼 모든 일에 신중을 기했다는 의미다.

한번쯤은 후일에 다가올 결과를 곰곰히 생각해 보고 어떤 일에 임하는 것이 가장 현명한 처사임은 말할 필요가 없을 것이다. 하지만 인간인 이상 뜻대로만 되는 것도 아니니 역시 인간이 인간 이상이 되기는 어려운 모양이다.

膝甲盜賊 / 슬갑도적

意義 슬갑이란 추위를 막기 위해 바지 위에 껴입으며 안쪽에 끈을 달아 허리띠에 걸쳐 매어서 무릎까지 내려오게 입는 옷을 뜻하는데, 슬갑도적이란 다른 사람의 시문(詩文)에서 글귀를 따다가 이것을 약간 고쳐서 자기 것으로 쓰는 사람을 뜻하는 말이다.

出典 순오지(旬五志)

解義 "옛날 어떤 사람이 남의 슬갑(膝甲)을 훔쳤으나 그것을 무엇에 쓰는 것인지 알 수가 없어서 그것을 머리에 덮어쓰고 거리에 나갔다가 여러 사람들의 웃음을 샀다는 이야기가 있다. 이것은 남의 글을 훔쳐다가 적절하지 못한 곳에 이용하는 것을 비유한 말이다. 슬갑이란 추위를 막기 위해 무릎까지 내려오게 하여 입는 옷이다."

슬갑이란 것은 본래 추위를 피하기 위해 몸에 걸치는 옷인데 이걸 모르고 마치 모자처럼 그것을 머리에 썼으니 남의 웃음을

산 것은 당연하다. 마땅히 써야 할 곳에 쓰지 못하고 엉뚱한 곳
에 이를 썼으니 말이다.

이와 같이 적당한 용도에 사용하지 못하는 것을 비유한 이야
기가 또 있다.

"천원자를 장차 어디에 쓰랴(天圓子將焉用哉)'라는 말이 바로
그것이다.

천원자(天圓子)란 약 이름으로 담(膽)을 치료하는 약이다. 옛
날 어떤 사람이 이것을 얻었으나 쓰는 곳을 알지 못해서 그대로
벽에 걸어두기만 했다. 그 집에 놀러왔던 사람이 이것을 보고 주
인을 책망하였다.

"자네는 담을 앓으면서도 저 천원자를 그대로 매달아 두고 쓰
지 않는 것은 웬일인가?"

그러자 주인은 의아한 눈초리로 묻는 것이었다.

"이 약은 어떨 적에 쓰는 것인가?"

말하자면 이것은 마땅히 쓸 곳에 쓰지 않는 것을 비유해 말한
것이다.

이는 아무리 좋은 것이라도 쓰지 않고 쌓아두기만 하면 소용
없는 것이다. 어떤 물건이 마땅히 소용되어야 할 곳에 알맞게 반
드시 쓰여져야 한다는 것을 강조하는 말이라고 할 수 있겠다.

膝行馬矢 / 슬행마시

意義 슬행(膝行)이란 무릎으로 걷는 것, 곧 기는 것을 말하고
마시(馬矢)란 말똥을 일컫는 말로서, 이 둘을 합친 슬행마시란
성어는 우리 속담에 '간에 가서 붙고 쓸개에 가서 붙는다'는 말
과 같다. 그래서 제 이익을 위해 지조와 체면을 불구하고 여기저
기 누구에게나 가서 아첨하는 것을 말한다.

出典 태평한화골계전(太平閑話滑稽傳)

解義 내시별감(內侍別監) 김(金)이 어느 날 냇가에서 목욕을 하고 있었는데 그 사이에 그의 말이 남의 콩밭에 들어갔다. 밭 주인이 그의 종을 잡아서 매질을 했다.

이를 본 내시(內侍)는 황급히 물 속에서 나와 물에 젖어 흐트러진 머리칼 위에 사모(紗帽)를 쓰고 벌거벗은 몸 위에 띠를 두른 채 머리를 흔들고 몸짓을 하며 관인(官人)다운 소리를 지르면서,

"어떤 도둑놈이 감히 양반에게 덤빈단 말인고?"

하고는 그 종을 시켜 밭 주인을 잡아오게 하고 여전히 벌거벗은 몸으로 높다란 자리에 걸터앉은 시늉을 하면서 한 손으로 사모(紗帽)를 잡고 또 한 손으로는 그 띠를 올렸다 내렸다 하면서 눈을 부릅뜨고 호통을 쳤다.

"네가 목석(木石)이 아닌 바에야 양반한테 그렇게 무례할 수 있을고."

그러자 밭 주인은 그 꼴을 흘겨보면서 비웃었다.

"난 본래 이정승(李政丞)댁 종이란 말이다. 일찍이 내시 다방(茶房)·견룡(牽龍) 따위들이 우리 대감을 뵈올 때는 말똥 위에서 무릎으로 기다시피 쩔쩔매어 노복(奴僕)들 역시 그 자들을 우습게 알더군(我本是李政丞家奴也 會見內侍茶房牽龍等輩 謁家公膝行匍匐於馬矢之上 奴輩亦以儕流畜之). 이제 자네의 꼴을 보아 하니 아마도 그들과 다름이 없네 그려."

이 말을 듣고 내시는 아무말도 못한 채 멍하니 앉아 있을 뿐이었다.

時調 / 시조

意義 영조 때의 가객(歌客) 이세춘이 그 당시에 한창 유행하던 문학 형식에 '시절가조(時節歌調)'라는 말을 사용한 것에서 시조라는 명칭이 생겼다.

出典 신광수(申光洙)의 석북집(石北集)

解義 시조는 한국 시가형의 명칭으로 고려 말기에 등장하여 현대에 이르기까지 면면히 그 생명을 유지하면서 전통을 빛내고 있다. 질적으로나 양적으로나 국문학사상 가장 높은 위치를 점유하고 있는 민족혼의 보금자리라 할 수 있는 문학 양식이다.

지금까지 알려진 시조 명칭에 관한 가장 오래된 기록은 영조시대의 사람인 신광수(申光洙)의 문집(文集)인 석북집(石北集) 관서악부(關西樂府)라 할 수 있는데 거기에 보면 다음과 같은 기록이 있다.

처음에 노래를 듣고서 모두들 양귀비를 말한다.
지금도 마외 언덕에서 죽은 양귀비를 한(恨)하는 듯하다
일반적으로 시조는 장단(長短)을 얹어서 부르는 것인데
서울에 사는 이세춘으로부터 시작된 깃이다.
初唱聞皆說太眞　　至今如恨馬嵬塵
一般詩調排長短　　來自長安李世春

이 기록에 의하자면 최초로 시조에 장단을 배열한 사람은 서울에 사는 이세춘이라고 했으니 시조라는 명칭은 적어도 그 선대(先代)인 숙종 대에는 통용되었으리라 짐작된다.

아무튼 우리가 쉽게 사용하는 '시조'라는 것이 언제 어떻게 무엇의 영향을 받아 발생되었는지에 대해서 확실한 정설은 없으나

그 기원은 향가(鄕歌)에서, 그리고 시기적으로는 고려 중엽에
발생하여 말엽 경에 완성되었을 것이라고 보고 있다.

信木浮熊 / 신목부웅

意義 믿던 나무에 곰이 떴다는 뜻으로서, 단단히 믿던 일이 실
패를 하거나 믿고 있던 사람으로부터 해(害)를 입게 된 것을 의
미한다.

出典 순오지(旬五志)

解義 순오지에 다음과 같은 기록이 있다.
　'信木浮熊 古人相嘉木於山中 卽有用之良材 再進欲則 有熊已
據之 故遂退歸 以此事之傳信者 歸虛(믿던 나무에 곰이 떴다. 옛
날 어떤 사람이 산중에서 좋은 재목을 보아 두었다가 그것을 베어
쓰려고 다시 그곳을 찾아갔더니 그 언저리를 곰이 와서 점령하고
있었기 때문에 쳐다보기만 하고 그대로 돌아갔다는 이야기가 있다.
이것은 믿고 있던 것이 허탕이 되었다는 말이다.)
　사람은 원래부터 배은망덕하는 경우가 많은 존재였나 보다.
그래서 배신에 대한 속언들이 참으로 많다.
　'머리 검은 짐승은 남의 공(功)을 모른다'는 속언이 바로 그것
이다. 여기서 머리 검은 짐승이란 사람을 의미함은 물론이다.
　'기르던 개에게 다리를 물린다(蓄狗噬踵)', '믿는 도끼에 발등
찍힌다'라고 하여 자신이 어려울 때에 도와주고 은혜를 베푼 사
람으로부터 도리어 화를 당하고 친한 사람으로부터 해를 입기가
쉬움을 경계해 왔다.
　'물에 빠진 놈 건져 놓으니까 보따리 내 놓으란다'는 식으로
남에게 은혜를 받고서도 그 공을 알기는커녕 도리어 원망을 늘

어놓기가 쉬운 간악한 존재가 또 인간인가 보다.

　앞에서 아첨하는 자일수록 뒤에서는 오히려 험담을 하게 마련이다. '앞에서 꼬리치는 개가 뒤에서 발뒤꿈치 문다'는 속언이 바로 그 의미인데 이는 오늘을 사는 우리 현대인들에게 시사하는 바가 많은 경구(警句)임에 틀림없다.

我上之火 兒上之火 / 아상지화 아상지화

意義 내 발등의 불을 꺼야 자식 발등의 불을 끈다는 뜻으로서 사람이 급한 일을 당하게 되면 자기의 급한 일부터 처리해야 남의 급한 일을 돌아볼 수 있게 되며, 자식이 소중하다고는 하지만 사람은 자기 자신을 더 아끼게 된다는 의미이다.

出典 순오지(旬五志)

解義 순오지에 다음과 같이 기록되어 있다.

'我上之化 兒上之火 言父子之間 雖是一體之分 尚是二身 己身之火 先熱於子身之火 故 世人以喩 父子間 亦有間隔 盖俗語 而非君子之言也'

이를 현대어로 옮겨보면 다음과 같다.

'내 발등의 불을 꺼야 자식 발등의 불을 끈다. 아비와 자식 사이는 비록 간격이 없다고 하지만 몸은 벌써 둘로 나뉘어 있기 때문에 자기 몸에 붙은 불이 자식 몸에 붙은 불보다 먼저 뜨겁다는 말이다. 이런 까닭에 세상 사람들이 비유하여 말하기를 부자 사이에도 역시 간격은 있다는 것이다. 하지만 이것은 하나의 속담에 불과할 뿐이요, 군자(君子)의 말은 아닌 것이다.'

자식을 사랑하는 부모의 마음은 자식이 언젠가 부모가 되어 보아야만 알 수 있다고 한다. 그만큼 자식을 낳아서 정성을 들이고 한없이 사랑하는 부모의 은혜는 가히 그 깊이를 측량할 수조차도 없기 때문이다.

우리 속담에 '아비만한 자식 없다'는 말은 아무리 그 자식이 훌륭하게 되더라도 그 아버지만은 못하다는 뜻이요, '하나는 열을 꾸려도 열은 하나를 못 꾸린다'는 말은 한 부모는 여러 자식을 정성과 사랑으로써 거느릴 수 있지만 여러 자식은 한 부모도 모시기가 힘들다는 뜻이며, '부모 속에는 부처가 들어 있고 자식 속에는 앙칼이 들어 있다'라는 말은 부모는 자식을 무한히 사랑하지만 자식은 그 부모에게 효도하기가 어렵다는 뜻이다.

'벼는 남의 벼가 커 보이나 자식만은 자기 자식이 오히려 더 커 보이고, 흉년이 들면 어미는 굶어 죽고 아이는 배 터져 죽는다'는 말이 있다. 그만큼 자식에 대한 부모의 사랑은 지대(至大)한 것이다.

이 말과는 조금 상반된 다음과 같은 말도 있다.

'아이 버릴 덤불은 있어도 나 버릴 덤불은 없다.' 이는 비록 자식에 대한 부모의 사랑이 지극히 크다고는 하지만 아무래도 자기 자신만은 못하다는 뜻이다. 말하자면 '내 발등의 불을 꺼야 자식 발등의 불을 끈다'는 말과 같은 맥락의 것이라고 할 수 있겠다.

養虎憂患 / 양호우환

[意義] 호랑이를 길러 화(禍)를 받는다는 말로 화근(禍根)을 실러서 걱정거리를 만든다는 뜻이다.

[出典] 인현왕후전(仁顯王后傳)

[解義] 상감께서 옥교를 타시고서 우의를 다 떨쳐 버리고,
"인적(人跡)과 현화를 내지 마라."
하시고서 영숙궁으로 가시니, 궁에 행차하신 지 칠팔 년만이었다. 누가 상감께서 행차하실 줄 알았으리오!

  이날이 장희빈 생일이라 숙정이 들어와 하례하고 중궁의 죽음을 치하하여 모든 궁인들이 공(功)을 다투고 옛말을 이르며 신당(神堂)에서는 무당 점쟁이들이 촛불을 밝히고 설법하더니 부지불각(不知不覺) 중에 대전의 옥교가 이르러 들어오니 궁녀들이 깜짝 놀라 급급히 일어나 맞으며 어떻게 할 줄을 몰랐다.

  상감께서 그렇듯 공을 다투는 소리를 들으시고 마음속에 크게 노하시어 묵연히 관형찰색(觀形察色 ; 남의 심정을 떠보기 위해 안색을 자세히 살피는 것)하시니 궁녀들이 생각하되 회빈의 생일이요, 중전이 아니 계셔서 찾아온 줄로만 알고 야반 수라를 가득 차려 들이니 상감께서 냉소하시고 멀리 살펴보시며 때마침 전당(殿堂)에 등촉(燈燭)이 빛났으나 다 끄고 괴괴한 상태였다.

  의심이 일어난즉, 몸을 일으켜 청사를 나오시니 맞은편에 병풍이 쳐져 있었다.

  "그것을 치우라."

하시니 궁녀들이 어찌할 바를 몰라 하다가 할 수 없이 걷으니, 벽상에 화상(畫像) 하나가 걸려 있는데 자세히 보니 그것은 완연한 민후(閔后)였다. 거기에 화살을 맞은 구멍이 무수하여 다 떨어졌는지라 상감께서 물으시길,

  "저것은 어인 것인고?"

  좌우가 황황하여 아무말도 못하거늘 장씨가 내달아 고하되,

  "이는 중궁전의 화상이온데 그 성덕(聖德)에 감격하와 화상을 그려 두고 때때로 생각하나이다."

  상감께서 마침내 진노하사 이르시기를,

  "후를 생각하여 그랬다면 왜 저다지도 화살 맞은 곳이 많은가?"

  장씨가 대답치 못하거늘 데리고 오신 내관에게 명하사 촛불을 잡히시고 서녘당에 가 보시니 흉악한 신당(神堂)이라. 천노(숙종의 노여움)가 진첩하사 청사에 앉으시고 궁노를 불러 모든 궁녀들을 다 잡아 내어 결박하고 엄히 문초하시기를,

"내 벌써 짐작하고 있었으니 궁중의 요악한 일을 추호라도 숨기면 경각에 능지처참하리라."

하시니 천노가 진첩하사 급한 뇌성같고 엄하신 기운이 서릿발과 같으시니 어떻게 감히 숨기리요마는 그 중 시영이란 애가 유독 간악하여 처음에는 전혀 모른다고 딱 잡아떼더니 그녀의 살가죽이 떨어지고 여러 시녀들이 일시에 응성하며 주초하여 전후 사연을 역력히 다 아뢰니 상감께서 새로이 모골(毛骨)이 송연하여 이르시기를,

"범을 길러 화를 받는다는 말이 과연 이번 일 같도다. 내 장녀(張女)를 내치지 않고 두었다가 큰 화를 스스로 불러들였으니 이도 일찍이 듣지 못한 일이로다."

하시고 상궁 시녀들을 금부(禁府)로 보내어 내일 친국하려 하시고 외전(外殿)에 나오시었으나 하도 모든 일이 뒤숭숭하여 능히 잠을 이루지 못하셨다.

憶君無日不霑衣 / 억군무일부점의

[意義] 임금을 생각하여 옷 적시지 않는 날이 없다라는 뜻으로서, 누군가를 잊지 못하고 항상 연연(戀戀)해하는 상태를 의미한다.

[出典] 정서(鄭敍)의 정과정(鄭瓜亭)

[解義] (前腔) 내 님믈 그리 와 우니다니
(中腔) 山 접동새 난 이슷 요이다
(後腔) 아니시며 거츠르신 돌 아으
(附葉) 殘月曉星이 아르시리이다
(大葉) 넉시라도 님은 호 녀겨라 아으
(附葉) 벼기더시니 뉘러시니잇가

(二葉) 過도 허믈도 千萬 업소이다
(三葉) 물 힛마리신뎌
(四葉) 술읏븐뎌 아으
(附葉) 니미 나를 ᄒᆞ마 니ᄌᆞ시니잇가
(五葉) 아소 님하, 도람 도르샤 괴오쇼셔.

이를 현대어로 옮겨보면 다음과 같다.

내가 임을 그리워하여 늘 울고 지내나니,
산에 사는 두견새와 내가 비슷합니다.
참소의 말이 사실이 아니며 거짓이라는 것을, 아아!
새벽 하늘의 달과 별은 알고 있을 것입니다.
죽어서 영혼이라도 임과 함께 있고 싶구나. 아아!
고집하던 사람이 누구입니까?
잘못도 죄도 전혀 없습니다.
뭇 사람들의 참언이었습니다.
슬프구나, 아아!
임께서 벌써 나를 잊으셨습니까?
맙소사 임이시여, 마음을 돌리시어 다시 사랑해 주소서.

이 노래의 작자는 고려 의종(毅宗) 때의 정서(鄭敍)로 정확한 제작 연대는 알 수 없으나 의종 10년 경의 작품일 것이라고 짐작된다. 한글로 기록된 고려가요로서는 유일하게 작자·연대·유래를 소상히 알 수 있는 작품이며, 형식도 10구체 향가와 맥이 닿고 있어 이 노래는 향가가 사라지는 때의 모습을 보여 주는 작품이라고 하여 향가의 잔영, 또는 향가 예속요로 처리된다.
　이 노래는 충신연주지사(忠臣戀主之詞)로 사람들에게 널리 애송되었으며 궁중에서도 이를 전악(典樂)으로 보존하여 공기(工妓)는 물론 사대부 간에도 모두 익히도록 했다고 한다.

 이 노래의 이름은 《고려사악지(高麗史樂志)》나 《동국통감(東國通鑑)》에는 '정과정(鄭瓜亭)'이라 되어 있고 《악학궤범(樂學軌範)》에는 '삼진작(三眞勺)'으로 되어 있어 두 가지 이름으로 불리고 있다. 그러나 정과정이 본디 이름이고 삼진작은 악곡(樂曲)명이라고 보면 된다.
 이 노래가 《익재난고(益齋亂藁)》에 한역(漢譯)되어 전하고 그것이 그대로 《고려사악지》에도 전재(轉載)되어 있는데 그 내용은 다음과 같다.

 임금을 생각하여 옷 적시지 않는 날이 없으니
 봄철 산의 소쩍새와도 같다.
 옳고 그른 것은, 사람들이여! 묻지 마라.
 넘어 가는 달과 새벽 별만은 알고 있을 것이다.
　憶君無日不霑衣 政似春山蜀子規
　爲是爲非人莫問 只應殘月曉星知

 아무튼 이 노래는 정서가 고려 의종 때에 동래(東萊)로 유배될 때 왕이 친히 말하기를,
 "조정의 공론(公論)에 의하여 부득이 보내는 것이지만 오래지 않아 부르겠다."
고 하였는데 유배지에서 아무리 기다려도 임금의 부르심이 없으므로 억울함을 호소하여 연군(戀君)의 정을 거문고에 실어 부른 것이라고 한다.

鼹鼠婚 / 언서혼

意義 두더지의 혼인이란 뜻으로 처음에는 자신의 처지를 생각지 않고 가장 높고 존귀(尊貴)한 짝을 구하다가 결국에는 같은 족

134

속에게로 돌아가는 이야기이다. 제 분수에 넘치는 엉뚱한 희망을 갖는 것을 뜻하는 말이다.

出典 순오지(旬五志)

解義 두더지 한 마리가 새끼를 칠 때가 되어서 혼인을 해야 했다. 그래서 이왕이면 가장 높은 데 거처하는 자와 혼인을 하고 싶은 생각이 들었다.

맨먼저 가장 높은 것은 하늘이라는 생각이 들어 하늘에게 청혼을 해보았다. 그러나 하늘은 이렇게 대답했다.

"내가 비록 온 세상을 총괄하고 있기는 하지만 해와 달이 아니면 나의 덕을 드러낼 수가 없다. 그러니 해와 달에게 의논해서 하라."

이에 두더지는 다시 해와 달을 찾아서 혼인해 줄 것을 원했다. 그러나 해와 달이 말했다.

"내 비록 넓게 비추고 있기는 하나 구름이 나를 덮고 있으니 사실은 구름이 나보다 높은 곳에 있다. 구름과 의논해 보라."
했다. 두더지는 다시 구름을 찾아 청혼을 했다. 구름이 대답했다.

"내가 비록 해와 달을 덮어 빛을 비추지 못하게는 하지만 바람이 한번 불면 모두 흩어지고 만다. 사실은 바람이 나보다 더 높은 것이다."

두더지는 다시 바람을 찾아 혼인을 구했다. 바람이 대답했다.

"내 비록 구름은 능히 헤쳐 나갈 수가 있지만 저 밭 가운데에 서 있는 돌부처는 넘어뜨릴 수가 없으니 따지고 보면 돌부처가 나보다 더 높은 것이다."

두더지는 하는 수 없이 돌부처에게 가서 청혼을 했다. 그러자 돌부처가 대답했다.

"내 비록 바람은 조금도 두려울 것이 없으나 오직 두더지가 내 발 밑을 뚫고 들어오면 넘어지는 것을 면할 수가 없으니 사실은 두더지가 나보다 더 높은 것이다.”

이 말을 듣자 두더지는 거만하게 앉아서 잘난 체했다.

“천하에서 제일 높은 놈은 나다. 나보다 더 높은 놈이 있거든 나와 봐라.”

그러면서 자신의 짧은 꼬리와 날카로운 입이 나의 가장 존귀한 모습이라고 하더니 마침내는 두더지끼리 혼인을 했다는 것이다.

煙霞日輝 / 연하일휘

意義 안개와 노을과 빛나는 햇살이란 뜻으로 자연의 아름다운 경치를 의미한다. 옛날 중국에서도 연하(煙霞)가 자연과 같은 개념으로 사용되어 산과 물, 곧 산수(山水)를 몹시 아끼고 사랑하는 것을 연하벽(煙霞癖) 또는 연하고질(煙霞痼疾)이라고 하여 천석고황(泉石膏肓)과 같은 뜻으로 사용되었다.

出典 상춘곡(賞春曲)

解義 “松間(송간) 細路(세로)에 杜鵑花(두견화)를 부치들고 峰頭(봉두)에 급피 올나 구름 소긔 안자 보니 千村萬落(천촌만락)이 곳곳이 버려 잇니 연하일휘(煙霞日輝)는 錦繡(금수)를 재폈는 듯 엇그제 검은 들이 봄빗도 有餘(유여)홀샤”

이것을 현대어로 옮겨보면 다음과 같다.

“소나무 사이로 난 좁은 길에서 진달래꽃을 붙들고 산봉우리 위에 급히 올라 높은 곳에 앉아서 보니, 많은 촌락이 여기저기 널려 있네. 안개와 노을과 햇살이 빛나는 산수의 경치는 마치 수놓은 비단을 펼쳐 놓은 듯하며 얼마 전까지 검던 겨울의 들에 벌써 봄빛이 넘치는구나."

무상(無常)한 벼슬과 번잡한 도시의 생활을 떠나 세속의 영달(榮達)을 도모하지 아니하고 한적한 강호나 산림에 묻혀 안빈낙도(安貧樂道)의 자연 생활을 서술한 작품이 바로 상춘곡이라고 할 수 있다.

이렇듯 산수를 벗삼아 유유자적하는 산림처사(山林處士)의 은둔사상이 잘 나타나 있다.

艶艶之靈 / 염염지령

[意義] 염염(艶艶)이란 윤(潤)이 흐르는 모양을 나타내는 말이다. 이 염염지령이란 본래는 무척 곱고 아름다운 꽃을 형상하는 말로 쓰였으나 이것이 변하여 매우 티없이 고운 여성의 자태를 뜻하게 되었다.

[出典] 삼국사기(三國史記) 열전(列傳) 설총조(薛聰條)

[解義] 신문왕(神文王)이 여름 5월에 높고 밝은 방에 앉아서 설총을 돌아보며 말했다.

"오늘은 비도 막 개이고 바람기도 신선하오. 비록 좋은 찬(饌)과 애절한 가락을 듣는 것보다는 고상한 이야기와 멋있는 웃음거리로 울적한 마음을 푸는 것만 같지 못하오. 그대는 반드시 특이한 것을 들은 게 있을 터이니 나를 위하여 이야기를 들려주오."

그러자 설총은,

"그렇게 하겠습니다. 신이 듣자오니 옛날 화왕(花王 ; 모란)이 처음으로 들어왔을 적에 향기로운 동산에 자리잡고 푸른 장막으로 둘러싸여 삼춘(三春 ; 봄을 가리키는 석달)을 만나 곱게 피자

백화(百花)를 앞지르고 홀로 빼어나니 이에 원근(遠近)을 막론하고 고운 족속들이 모두 달려와서 문안을 하였는데 오직 뒤질까 근심을 않는 자가 없었습니다. 그러하온데 갑자기 한 미인이 붉은 얼굴과 옥 같은 이에 깨끗한 옷으로 몸을 단장하고 아장아장 걸어 화왕의 앞으로 나와 아뢰는데(臣聞昔花王之始來也 植之以香園 護之以翠幕 當三春而發艷凌百花而獨出 於是自邇及遐 艷艷之靈 夭夭之英 無不奔走上謁 唯恐不及 忽有一佳佳人 朱顏王齒 鮮粧倩服 伶粧靚而來 綽約而前曰),

'첩은 눈처럼 흰 모래밭을 밟고 거울처럼 맑은 바다를 대하고 봄비로 목욕하여 때를 씻고 맑은 바람을 맞아 스스로 만족을 느끼는데 이름은 장미(薔薇)이옵니다. 왕의 높으신 덕을 듣고 향기로운 침소에서 모실까 하오니 왕께서는 저를 받아들이시렵니까'라고 하였으며……(후략)"

윗글이 속칭 〈화왕계(花王戒)〉로 우리 문학사에서는 일반적으로 가전체(假傳體) 문학의 효시로 알려져 있으며 이것이 조선시대에는 임제(林悌)의 〈화사(花史)〉로 그 맥을 이어 가고 있다.

여기서 염염지령(艷艷之靈)과 더불어 대구(對句)로 쓰이고 있는 요요지영(夭夭之英) 역시 젊고 아름다운 꽃을 나타내는 말인데 이것이 전이가 되어서 고운 자태를 지닌 여성을 뜻하게 되었다.

흔히 우리는 미인을 일컬을 때에 단순호치(丹脣皓齒)라는 말을 쓴다. 붉은 입술에 새하얀 이를 가진 여성이라는 뜻이다. 윗글에 쓰인 주안옥치(朱顏玉齒)라는 말 또한 이와 마찬가지로 아름다운 여성을 나타내는 데에 흔히 쓰인다. 붉은 얼굴에 옥과 같이 고운 이를 지닌 여성이라는 뜻이다.

烏忌日 / 오기일

意義 까마귀에 제사 지내는 날이라는 뜻으로서, 신라시대의 민간 풍습으로 알려져 있는데, 곧 정월 대보름을 일컫는 말이다. 이날에는 찰밥을 약식(藥食)으로 하여 까마귀에게 제사를 지내는데 여기에는 참쌀·대추·밤·꿀·잣을 섞어 쪄서 만든다. 검붉은 빛이 나고 단맛이 있으며 오래 두고 먹어도 좋다고 한다.

出典 삼국유사(三國遺事) 권일(卷一) 사금갑(射琴匣)

解義 신라 제21대 비처왕[毗處王 ; 소지왕(炤智王)]이 즉위 10년 무진에 왕이 천천정(天泉亭)에 거동하였는데 까마귀와 쥐가 와서 울었다.

쥐가 사람의 말을 하면서,

"이 까마귀가 가는 곳을 찾아가시오."

하였다.(혹은 신덕왕이 흥륜사에 불공드리러 가다가 노상에서 뭇 쥐들이 꼬리를 물고 가는 것을 보고 이상히 여겨 돌아와 점을 치니 내일 맨먼저 우는 까마귀를 따라가라 하였다고 전하나 그것은 잘못이다.)

왕이 기사를 시켜서 따라가게 하였더니 남쪽으로 피촌(避村)까지 이르렀는데 돼지 두 마리가 싸우는 것을 보다가 깜빡 까마귀가 간 곳을 잃어버렸다. 그리하여 어찌할 바를 모르고 길가에서 배회하고 있자 때마침 한 노인이 못에서 나와 편지를 주었는데, '떼어 보면 두 사람이 죽고 떼어 보지 않으면 한 사람이 죽는다'고 씌어 있었다.

기사가 돌아와서 왕께 바치니 왕이,

"두 사람이 죽는 것보다는 떼어 보지 않고 차라리 한 사람이 죽는 것이 낫다."

고 하자, 점치는 관원이 아뢰기를,

"두 사람이란 서민이고 한 사람이란 왕입니다."

했다. 왕도 그렇게 여겨 떼어 보게 했더니 그 글에 '거문고 집을 쏘라'고 씌어 있었다.

왕이 내궁으로 들어가서 거문고 집을 쏘았더니 내전의 향불을 피우는 중이 궁주(宮主)와 은밀히 간통하고 있었다. 곧 두 사람 은 사형을 받았다.

이로부터 세속에서는 매년 첫 해일(亥日)·자일(子日)·오일 (午日)에는 모든 일을 삼가 조심하여 함부로 경거망동하지 않았 다.

15일에는 까마귀의 제삿날이라 하여 찰밥으로 제사를 지내는 데 지금까지 행해지고 있다(自爾 世俗 每正月上亥上子上午等日 忌愼百事 不敢動作 以十五日爲烏忌之日 而糯飯祭之 至今行之).

방언으로 달도(怛忉)라고도 하는데 '슬퍼하고 근심되어 온갖 일을 꺼린다'는 말이다. 그 못을 서출지(書出池)라 하였다.

고려시대의 승려 일연(一然)이 지은 삼국유사의 사금갑(射琴 匣) 편에 나오는 설화이다.

烏飛梨落 / 오비이락

[意義] 까마귀 날자 배 떨어진다는 뜻으로 아무 관계도 없이 한 일이 공교롭게도 동시에 일어나 다른 일과 연관된 것처럼 오해 를 받게 된 것을 말한다.

[出典] 순오지(旬五志), 송남잡지(松南雜識)

[解義] 순오지(旬五志)에는 '烏飛梨落 言跡涉嫌疑'라 되어 있고 이담속찬(耳談續纂)에는 '烏之方飛 有隕其梨 言事態巧溱 不得以 逃其責'이라고 기록되어 있는데 이는 표현만 다를 뿐 뜻하는 바

는 같다. 아무런 관계도 없는 일이 공교롭게도 어떤 다른 일과 때를 같이 하여 둘 사이에 무슨 연관이라도 있는 듯한 혐의를 받는 것을 말한다.

이는 결국 공교롭게도 일이 불길하게 전개되는 것을 뜻한다고 볼 수 있겠다.

우리 속담에 일이 안될 때에는 뜻밖의 재화(災禍)까지도 일어난다는 뜻을 지닌 말이 많다.

'안 되는 놈의 일은 뒤로 자빠져도 코가 깨진다(窮人之事 翻亦破鼻)'는 말이나 '마방(馬房)집이 망하려면 당나귀만 들어온다', '가루 팔러 가니 바람이 불고, 소금 팔러 가니 이슬비 온다', '도둑을 맞으려면 개도 안 짖는다', '계집 때린 날 장모 온다'는 말 등이 바로 그것이다.

일이 잘 안되려면 해롭고 귀찮은 일만 생기고 세상 일이란 뜻대로 되지 않고 엇나가는 수가 많다는 뜻이다.

이와는 반대로 뜻하지 않게도 일이 잘 풀릴 때를 지칭하는 속담도 많다.

'가는 날이 장날이다', '주인집 장 떨어지자 나그네 국 마다한다(主人無漿 客不嗜羹)', '떡 본 김에 제사 지낸다', '소매 긴 김에 춤춘다'는 말 등이 바로 그것이다.

일이 생각지도 않게 잘 들어맞거나 어떤 일을 하려고 생각하던 중 마침 그 일을 할 계기가 생겨 그 일을 한다는 뜻이다.

五體投地 / 오체투지

[意義] 오체란 두 무릎과 두 팔, 그리고 이마를 가리킨다. 즉, 오체투지(五體投地)란 말은 두 무릎, 두 팔, 이마를 땅에 대고서 예를 올리는 불교 예법이다.

出典 삼국유사(三國遺事) 권삼(卷三) 어산불영(魚山佛影)

解義 고기(古記)에는 이렇게 일렀다.

'만어산(萬魚山 ; 경남 밀양 소재)은 옛날의 자성산 또는 아야사산(阿耶斯山)인데 그 곁에 가라국(呵羅國 ; 가야)이 있었다. 옛날 하늘에서 알이 바닷가로 내려와서 사람이 되어 나라를 다스렸으니 이가 바로 수로왕(首露王)이다. 이때 영토 안에는 옥지(玉池)가 있었고 그 못 안에는 독룡(毒龍)이 살고 있었다.

만어산에 나찰녀(羅刹女) 다섯이 있어서 독룡과 왕래하면서 사귀었다. 그런 때문에 때때로 번개가 치고 비가 내려 4년 동안이나 오곡(五穀)이 익지 못했다. 왕(王)은 주문(呪文)을 외워 이것을 금하려 했으나 뜻대로 되지 않아 머리를 숙여 부처에게 청하여 설법(說法)한 뒤에야 나찰녀는 오계(五戒)를 받게 되고 그후로는 재해(災害)가 없어졌다. 그로 인해 동해의 물고기와 용이 마침내 동중(洞中)에 가득 찬 돌이 되어서 각각 종과 경(磬)의 소리가 났다……(중략)

가자함(可字函)의 관불삼매경(觀佛三昧經) 제7권(第七卷)에 이렇게 적혀 있다.

'부처가 야건가라국 고선산(耶乾呵羅國 古仙山) 담복화림(薝蔔花林) 독룡(毒龍)의 옆이요 청련화천(靑蓮花泉)의 북쪽인 나찰혈(羅刹穴) 가운데에 있는 아야사산 남쪽에 이르렀다.

이때 그 구멍에는 나찰 다섯 개가 있어 이것이 여룡(女龍)으로 화하여 독룡(毒龍)과 사귀는데 독룡은 때때로 우박을 내리고 나찰은 난폭한 행동을 하니 기근과 역질(疫疾)이 4년 동안이나 계속되었다.

왕은 놀라고 두려워하여 신기(神祇) 천신(天神)과 국토신에게 빌고 제사 지냈으나 아무런 영험도 없었다.

그때 총명하고 지혜가 많은 번지(梵志 : 바라문의 딴 이름으로 인도의 사성(四性) 중 가장 높은 족속)가 대왕께 아뢰었다.

"가비라(伽毗羅) 정반왕(淨飯王)의 왕자가 지금 도를 이루어 호를 석가문(釋迦文)이라고 합니다."

왕은 이 말을 듣고 마음 속으로 무척 기뻐하며 부처를 향해 예(禮)를 갖추고서 말했다.

"어찌하여 불교가 이렇듯 흥성하나 했는데 이 나라에는 오시지 않으십니까?"

그때 석가여래는 여러 비구(比丘)들에게 영(令)을 내려서 여섯 가지 신통력을 얻은 자를 따르게 하고 나건가라왕의 파부제(婆浮提)의 청하는 것을 받아주기로 했다.

그때 석가세존의 이마에서 광명(光明)이 발사되어 일만이나 되는 여러 대화불(大化佛)을 만들어 그 나라로 갔다.

이때 용왕과 나찰녀는 온몸을 땅에 던져 부처에게 계(戒)를 받기를 청했다. 이에 부처는 곧 그들을 위하여 삼귀[三歸 ; 불(佛)·법(法)·승(僧)]와 오계(五戒)를 설법했다(爾時 龍王及羅刹女 五體投地 求佛受戒 佛卽爲說三歸五戒).

용왕은 다 듣고 나자 꿇어앉아 합장하고 세존(世尊)이 항상 여기에 머물러 있기를 청했다.

"부처님께서 만일 이곳에 계시지 않으면 저에게 악한 마음이 생겨서 아욕보제(阿耨菩提)가 될 수 없습니다."

이때 범천왕(梵天王)이 다시 와서 부처님에게 예를 갖추어 청하였다.

"부처님께서는 앞으로 올 세상의 모든 중생들을 위할 것이요, 이 작은 한 용만을 위하지 마시옵소서."

이에 각계(各界)의 여러 신들도 모두 이러한 청을 했다……(후략)

여기에 삼귀오계(三歸五戒)란 말이 나오는데 이것은 모두 불교 용어이다. 삼귀(三歸)란 삼귀의(三歸依)의 줄인 말로서, 귀의란 불교에 순종하고 신뢰한다는 뜻이고 삼귀의란 부처·불법·스님에게 의지하여 깊이 믿는다는 말이다.

오계(五戒)란 불교에서의 다섯 가지 계율을 일컫는 말로 불살생계(不殺生戒 ; 살생하지 않음) · 불사음계(不邪淫戒 ; 남의 남녀와 음탕한 짓을 아니함) · 불망어계(不妄語戒 : 남을 어지럽히는 헛된 말을 아니함) · 불음주계(不飮酒戒) · 불투도계(不偸盜戒 ; 물건을 훔치지 아니함) 등이다.

또 범천왕(梵天王)이란 말이 나오는데 이는 사바 세계를 주재하는 신(神)들을 가르키는 말이다.

한편 오례(五禮)란 제사를 뜻하는 길례(吉禮), 상사를 뜻하는 흉례(凶禮), 손님을 맞이하는 빈례(賓禮), 군진(軍陣)을 펴는 군례(軍禮), 관혼(冠婚)을 뜻하는 가례(嘉禮) 등의 다섯 가지를 일컫거나 임금, 제후, 경대부, 선비(士), 서인(庶人)들의 예를 가리키는 것이 보통이다.

烏合鴟張之衆 / 오합치장지중

意義 오합(烏合)이란 까마귀같이 모인 어중이떠중이들이란 뜻이고, 치장(鴟張)이란 말은 솔개가 날개를 편 것처럼 형세가 굳세고 거침없는 상태를 나타낸 말이다.

오합치장지중이란 까마귀떼와 같이 아무런 질서도 조직도 없이 무턱대고 모여서 솔개처럼 한때 의기양양하게 겁도 없이 덤비는 군중이라는 뜻이다.

出典 최치원(崔致遠)의 격황소서(檄黃巢書)

解義 광명(廣明) 2년 7월 8일에 제도통검교태위(諸道統檢校太尉) 황소(黃巢)에게 고한다. 무릇 바른 것을 지키고 떳떳함을 행하는 것을 도(道)라고 하는 것이요, 위험한 때를 당하여 변통할 줄 아는 것을 권(權)이라 한다.

지혜 있는 시기에 순응하는 데서 성공하게 되고 어리석은 자는 이치를 거스르는 데서 패하게 되는 것이다. 비록 백년의 생명에 죽고 사는 것은 기약할 수 없는 것이나 만사는 마음이 주장된 것이며 옳고 그른 것은 가히 분별할 수가 있는 것이다.

이제 내가 왕사(王師)를 거느려 정벌(征伐)이 있으나 싸움은 없는 것이요, 군정(軍政)은 은덕을 앞세우고 베어죽이기는 뒤에 하는 것이다. 앞으로 상경(上京)을 회복하고 큰 신의를 펴려 하매 공경스러이 황제폐하의 명을 받들어서 간사한 꾀를 부수려 한다. 또는 네가 본시 먼 시골의 백성으로 갑자기 억센 도적이 되어 우연히 시세를 타고 문득 감히 강상[綱常 ; 삼강오상(三綱五常), 사람이 지켜야 할 도리]을 어지럽게 하였다. 드디어 불칙한 마음으로 높은 자리를 노려보며 도성을 침노하고 궁궐을 더럽혔으니 죄는 하늘에 닿을 만큼 극도에 이르렀은즉 반드시 네가 멸망하리라는 것을 죽는 것보다 더 잘 알 것이다.

아! 요순(堯舜) 때로부터 내려오면서 묘(苗)나 호(扈) 따위가 복종하지 아니하였으니 양심없는 무리와 불의불충(不義不忠)한 너같은 무리의 하는 짓이 어느 시대이건 없었겠는가?

먼 옛적에 유요(劉曜)와 왕돈(王敦)이 진(晉)나라를 엿보았고 가까운 시대에는 녹산(綠山)과 주자(朱泚)가 황가(皇家 ; 당나라)를 향해 개짖듯 하였다. 그것들은 모두 손에 강성한 병권(兵權)도 잡았고 또는 몸이 중요한 지위에 있었다. 호령만 떨어지면 우레와 번개가 달리듯 하고, 시끄럽게 떠들면 안개나 연기처럼 깜깜하게 막히게 된다.

그러나 오히려 잠깐 동안 못된 짓을 하다가 필경에는 더러운 종자들이 섬멸되었다. 햇빛이 활짝 펴니 어찌 요망한 기운을 그대로 두겠으며 하늘의 그물이 높이 베풀어져서 반드시 흉한 족속들은 없애고 마는 것이다.

하물며 너는 평민의 천한 것으로 태어났고 농민으로 일어나서 불지르고 겁탈하는 것을 좋은 꾀라 생각하며 살상(殺傷)하는 것을 급한 임무로 생각하여 헤아릴 수 없는 큰 죄만 있고 속죄될 조그마한 착함은 없었으니 천하 사람들이 모두 너를 죽이려고 생각할 뿐만 아니라 아마도 땅 가운데 귀신까지도 가만히 너를 베어 죽이려고 의논할 것이다. 비록 잠깐 동안 숨이 붙어 있으나 벌써 정신이 죽었고 넋이 빠졌으리라.

무릇 사람의 일이란 것은 제가 저를 아는 것이 제일이다. 내가 헛말을 하는 것이 아니니 너는 모름지기 살펴 들으라.

요즈음 우리 나라에서는 덕이 높아 더러운 것도 참아 주고 은혜가 중한즉, 결점을 따지지 아니하여 너를 장령(將領)으로 임명하고 너에게 지방 병권(兵權)을 주었거늘 너는 오히려 짐새(鴆 ; 온몸에 독기가 있는 새)와 같은 독심(毒心)만을 품고 올빼미의 소리를 거두지 아니하여 움직이면 사람을 물어뜯고 하는 짓이 마치 개가 주인을 보고 짖는 듯하여 필경에는 몸이 황상폐하의 덕화(德化)를 등지고 군사가 궁지에까지 몰려들어 공후(公侯)들은 위태로운 길로 달아나고 황제의 행차는 먼 지방으로 떠나게 되었다.

너는 일찍 덕의(德義)에 돌아올 줄을 알지 못하고 다만 간악하고 흉악한 짓만 늘어간다. 이에 황제께서는 너의 죄를 용서하는 은전을 내리셨는데 너는 도리어 국가에 은혜를 저버린 죄가 있다. 반드시 얼마 지나지 않아 죽고 망하게 될 것이니 어찌 하늘을 무서워하지 아니하는가?

하물며 주(周)나라의 솥(鼎)을 물어볼 것이 아니요, 한나라 궁궐이 어찌 너 같은 자가 머물 곳이겠는가? 너의 생각은 마침내 어떻게 하려는 것이냐? 너는 이런 말을 듣지도 못하였느냐? 도덕경(道德經)에 이르기를,

"회오리 바람은 하루 아침을 넘기지 못하는 것이요, 소낙비는 하루를 채우지 못한다."

하였으니 천지도 오히려 오래 가지 못하거늘 하물며 사람에 있어서랴. 또 듣지도 못하였느냐? 춘추전(春秋傳)에 이르기를,

"하늘이 잠깐 나쁜 자를 도와 주는 것은 복이 되게 하려는 것이 아니라 그의 흉악함을 쌓게 하여 벌을 내리려는 것이다."

하였으니 이제 너는 간사한 것도 감추고 사나운 것을 숨겨서 악이 쌓이고 앙화가 가득하였는데도 위험한 것으로 도리어 스스로를 편케 여기고 이에 미혹되어 뉘우칠 줄을 모르니 옛말에 이른바 제비가 막 위에다 집을 지어 놓고 불이 막을 태우는데도 방자히 날아드는 거나 물곰기가 솥 속에서 너울거린들 바로 삶아 데인 꼴을 보는 격이다.

나는 웅장한 군략(軍略)을 가지고 여러 군대를 모았으니 날랜 장수는 구름같이 날아들고 용맹스런 군사들은 비 쏟아지듯 모여들어 높고 큰 깃발은 초새(楚塞)의 바람을 에워싸고 군함은 오강(吳江)의 물결을 막아 끊었다.

진(晉)나라의 도태위는 적을 부수는 데 날랬었고 수(隋)나라의 양소(楊素)는 산과 같이 엄숙하다고 일컬어졌다……(중략)

나의 명령은 천자를 머리에 이고 있고 믿음은 강물에 맹세하여 반드시 말이 떨어지면 그대로 하는 것이요, 원망만 깊게 하지는 않을 것이다.

만일 미쳐 덤비는 도당에 견제되어 취한 잠을 깨지 못하고 여전히 버마재비가 수레바퀴에 항거하기만을 고집한다면 그제는 곰을 잡고 표범을 잡는 군사로 한번 휘둘러 없앨 것인즉, 까마귀같이 모여 솔개같이 덤비던 군중은 사방으로 흩어져 도망갈 것이다(或若狂走 所牽酣眠 未寤猶將拒轍 固欲字株則 乃批態拉豹之師 一摩撲滅烏合鷗張之衆四散).

몸은 도끼에 기름을 바르게 될 것이요, 뼈는 융거(戎車) 밑의 가루가 되며 처자도 잡혀 죽으려니와 종족들도 베임을 당할 것이다. 생각건대 동탁의 배를 불로 태울 때에 반드시 배꼽을 물어 뜯어도 할 수 없게 될 것이다.

너는 모름지기 진퇴(進退)를 참작하고 잘된 일인가 못된 일인가 분별하라. 배반하여 멸망되기보다 어찌 귀순하여 영화롭게

됨과 같으랴. 다만 바라는 것은 반드시 그렇게 하라. 장사(壯士)
의 하는 짓을 택하여 갑자기 변할 것을 걱정할 것이요, 어리석은
사람의 생각으로 여우처럼 의심만 하지 말라.

甕算 / 옹산

意義 독장수의 계산[구구]이란 뜻으로 전혀 실현 가능성이 없
는 허황된 계산이나 헛된 욕망을 꿈꾸다가는 손해만 본다는 것
을 의미한다.

出典 송남잡지(松南雜識)

解義 옛날 어떤 독장수가 장에 독을 지고 팔러 가다가 심신(心
身)이 노곤함을 느끼게 되었다. 그래서 그는 잠시 짐을 받쳐 놓
고 큰 정자나무 밑에서 쉬는 도중에 생각지도 않게 문득 잠이 들
었는데, 그때 그는 이상한 꿈을 꾸게 되었다.
　꿈에서 그는 장사에 크게 성공하여 종을 수십 명이나 거느리
는 거상(巨商)으로 큰 부자가 되었다. 기분이 좋지 않을 리는 없
었으나. 그는 너무나 기쁜 나머지 꿈 기운에 그 자리에서 펄쩍펄쩍
뛰고 말았다.
　꿈을 깨어보니 아뿔싸! 이게 웬일이란 말인가? 옆에 있던 독
짐이 엎어져 독들이 다 깨어져 있었던 것이다.
　옹산(甕算)이란 바로 이 이야기에서 나온 말이라고 한다.
　우리 속담에 '독 장사 경륜(經綸)', '독 장사 구구는 독만 깨뜨
린다'는 말들이 바로 이 옹산(甕算)이란 말과 같은 뜻을 지닌 것
들이라 할 수 있겠다.

148

嚙鞴之馬 / 요천지마

意義 안장을 물어뜯는 말이란 뜻으로, 같은 혈족 곧 동족을 해치고 방해하는 것은 자기를 해치는 것과 같다는 뜻이다.

出典 순오지(旬五志)

解義 순오지에 다음과 같이 기록되어 있다.

'嚙鞴之馬 言訾毁親戚 不覺損己 余嘗觀馬之性良者 不肯嚙鞴 可以人而不如馬乎(언치를 뜯는 말이란 친척 간에 헐뜯는 것이 자기에게 해가 되는 줄 깨닫지 못한다는 뜻이다. 내가 일찍이 보건대 말은 짐승일망정 제 안장을 물어뜯지 않으나 사람으로서 저 말만도 못한 자가 있기에 이런 말이 생긴 것 같다).'

《시경(詩經)》에 '형제혁우장 외어기무(兄弟鬩于牆 外御其務)' (형제는 같은 집안에서는 서로 싸움도 하지만 일단 외부로부터 침범을 당하면 그것을 막기 위하여 일치단결한다)'란 말이 있고《논어(論語)》에 '형제이이(兄弟怡怡)(형제란 서로 화목하고 정이 두터운 존재)'란 말이 있다. 그만큼 형제는 가까운 존재란 뜻이다. 피로 이어진 혈족 관계이기 때문에 이를 동족으로까지 확대 해석할 수도 있으니, 동족간의 사랑과 정은 깊고도 아름다운 것이며 인간 우애의 이상적인 한 형태라고 할 수 있다.

그러나 꼭 그렇듯 바람직한 상태만을 유지하는 것은 아니다. 동족간에 심지어는 한 부모의 피를 나눈 형제간에도 서로 물고 뜯는 일들이 허다하다.

하지만 그런 후에 얻어지는 것은 과연 무엇인가? 득(得)은 전혀 없고 실(失)만 있을 뿐 결국 자기 팔을 자기가 베어버린 결과밖에 되지 않는다.

제 가죽에 좀이 나면 종말에는 가죽도 좀도 다 망하게 되는 것과 같이 형제간의 다툼이나 혈족간의 싸움이 결국에는 당사자만이 피해를 입는 결과를 가져오리라는 것은 명약관화한 사실인 것이다.

그래서 '일가 싸움은 개 싸움(宗族之鬪 不異狗鬪)'이란 속언도 생겼는데 한집안끼리 싸우는 것은 짐승만도 못하다는 뜻이다.

愚溫達 / 우온달

意義 효녀면 으레 심청(沈淸)을 연상하게 되고 열녀(烈女)하면 당연히 춘향(春香)을 떠올리듯이, 우리는 바보하면 온달(溫達)을 생각하게 된다.

어떤 연유에서 온달이 바보의 대명사가 되었는지 확실하게는 알 수 없으나 실제로 온달전을 읽어 보면 온달이란 인물이 바보로 생각되기보다는 오히려 효성이 지극하면서도 우직하고 성실한 존재로 부각된다.

出典 삼국사기(三國史記) 열전(列傳) 온달전(溫達傳)

解義 온달(溫達)은 고구려 평강왕(平岡王) 때의 사람이다. 얼굴은 뭇사람들에게 웃음을 자아낼 정도로 못생겼으나 마음씨만은 고왔다. 집이 매우 가난하여 노상 밥을 빌어다가 노친을 봉양하며 해진 옷에 다 떨어진 신발로 시정(市井) 사이를 왕래하니 사람들이 가리켜,

"우온달(愚溫達)."
이라고 하였다.

평강왕의 어린 공주가 태어나면서부터 울기를 잘하여 왕은 농담으로 이렇게 말하곤 했다.

"네가 노상 울어서 내 귀를 요란스럽게 하니 자라난 다음에도 반드시 사대부(士大夫)의 아내 노릇은 못할 것이로다. 네가 크

면 바보온달에게 시집보내야겠다."

공주가 열여섯 살이 되자, 상부(上部)의 고씨(高氏)에게 출가 시키려고 하니 공주가 왕께 아뢰었다.

"대왕께서 항상 말씀하시기를 '너는 반드시 온달의 아내가 될 것이다'라고 하셨는데 이제 와서 무슨 까닭으로 말씀을 고치십 니까? 필부도 식언(食言)을 하지 않는데 하물며 지존(至尊)께 서 어찌 그러실 수 있습니까? 그리하여 왕자(王者)는 농담이 없 다 하옵니다. 지금 대왕의 명령은 그릇되신 것이니 감히 받들지 못하겠습니다."

왕은 노하여 공주를 야단쳤다.

"네가 나의 명령에 복종하지 않으면 단연코 내 딸이 될 수 없 다. 같이 살아서 무엇하느냐? 너 갈 대로 가거라."

이에 공주는 값진 패물 수십 개를 팔목에 차고 궁중을 나와 혼 자 길을 가다가 어떤 사람에게 온달의 집을 물어 그 집에 당도하 였다.

공주는 앞을 보지 못하는 노인을 만나 가까이 다가가서 절하 며 그 아들의 행방을 물으니 노모(老母)가 대답했다.

"우리 아들은 가난하고 또 배운 것이 없어 귀인(貴人)을 가까 이할 자격이 못되는데 지금 그대의 냄새를 맡아 보니 향취가 향 기롭고 그대의 손을 잡아 보니 부드럽기가 솜과 같소. 반드시 천 하의 귀인일 터인데 누구의 꼬임을 입어 여기에 왔소? 우리 아 들은 굶주림을 참지 못하여 산으로 느티나무 껍질을 벗기러 가 서 오래도록 돌아오지 아니하오."

공주는 밖으로 나가 산 아래에 당도하여 온달이 느티나무 껍 질을 지고 오는 것을 보고 그를 붙잡고 속사정을 말하니 온달은 성을 내며 말했다.

"이는 어진 여자의 행동이 아니오. 당신은 분명히 사람이 아 니고 여우나 귀신일 것이니 나를 박해하지 마시오."

온달은 돌아보지도 않고 곧장 바로 가 버렸다. 그래도 공주는 홀로 온달을 뒤따라와 그 집 사립문 밖에서 자고 다음날 아침에 다시 들어가 모자(母子)에게 자초지종을 말하였다. 온달은 의심이 일어 결정을 못하고 그의 노모는 이렇게 말했다.

"우리 아들이 지극히 천하여 귀인의 배필이 될 수 없고, 우리 집은 가난하여 귀인의 살 곳이 못 되오."

그러나 공주는 대답하였다.

"옛사람의 말에 한 말 곡식이라도 찧을 수 있으면 오히려 족하고 한 자의 배라도 꿰맬 수 있으면 오히려 족하다고 하였는데 어찌 반드시 부귀한 후라야만 같이 살 수 있겠습니까?"

그러면서 자신이 지녔던 패물을 팔아 땅과 집, 노비(奴婢), 소와 말, 등등의 물건들을 사들여 살림을 두루 갖췄다. 처음에 말을 사올 때에 공주는 온달에게 부탁했다.

"아무쪼록 상인의 말은 귀담지 말고 나라에서 부리던 병들고 여위어 버림을 당한 말만을 가려서 사오시오."

온달이 공주의 말대로 하니 공주는 정성껏 사육하여 그 말이 날로 살찌고 건장해졌다. 고구려는 해마다 봄 3월 3일에 낙랑벌에 모여 사냥하고 그때 잡은 돼지와 사슴으로 하늘과 산천의 신에게 제사하므로 그날이 되면 왕이 사냥을 나오고 여러 신하와 병정이 따르게 되었다.

이때 온달은 자기가 기른 말을 타고 수행하는데 그 말의 달리는 것이 항상 다른 말보다 앞서고 잡은 것도 많아 그와 견줄 만한 자가 없으므로 왕이,

"불러오라."

하여 성명을 묻고서 온달임을 알자 깜짝 놀라며 기특하게 여겼다.

때마침 후주의 무제(武帝)가 군사를 출동하여 요동(遼東)을 치니 왕은 군사를 거느리고 배산(拜山)의 들에서 마주쳐 싸우는데 온달이 선봉이 되어 날쌘 격투로 적군 수십여 명을 베니 모든 군사가 승세를 타서 진격하여 크게 이겼다. 개선하여 공을 논할

적에 온달을 제일이라고 꼽지 않는 자가 없으므로 왕은 감탄하며,

"너는 내 사위다."

하고 마침내 예를 갖추어 맞아들이고 작을 내려 대형(大兄)으로 삼으니 이로 말미암아 총애함이 더욱 두터워지고 그 위엄과 권세가 날로 더해 갔다.

양강왕(陽岡王)이 즉위하자 온달이 아뢰기를,

"신라가 우리 한강 이북의 땅을 점령하여 저희들의 군현으로 만들었으므로 백성들은 원통히 여겨 항상 조국을 잊지 않고 있으니 원컨대 대왕께서는 저를 어리석다 마시고 군사를 내주시면 한번 나아가 반드시 우리 땅을 되찾겠습니다."

고 하니 왕이 허락하였다. 온달은 출전할 적에 맹세하기를

"계립현(鷄立峴) 죽령(竹嶺)의 서편 땅을 못 찾는 날이면 돌아오지 않겠다."

하고 드디어 길을 떠나 신라군과 아차성(阿且城) 아래에서 싸우다가 날아오는 화살에 맞아 길에서 죽었다. 그를 장사하려 하는데 관(棺)이 움직이지 않으므로 공주가 와서 관을 어루만지면서,

"죽고 사는 것이 결정 났으니, 아! 돌아갈지어다."

하자 비로소 관이 움직여서 그때에야 장사를 지냈다. 대왕은 이 소식을 듣고 크게 애통해했다.

牛入鼠穴 / 우입서혈

[意義] 소가 쥐구멍에 들어간다는 뜻으로서, 있을 수 없는 불가능한 일, 또는 어떤 일이 사리나 이치에 전혀 어긋날 때 흔히 사용한다.

出典 교수잡사(攪睡襍史)

解義 어떤 노인 하나가 젊었을 때부터 성격이 온순하여 매사에 둥글둥글 원만하게 처신하여 남과의 교제에 있어 일체 모가 나지 않으므로 이제 머리가 하얗게 백발이 되었어도 시비(是非) 한번 한 일이 없었다.

어느날 어떤 사람이 와서 급히 이르기를,

"오늘 아침 나절에 남산(南山)이 다 무너졌으니 큰일입니다."

"그럴 거야! 몇백 년이나 오래된 산이 비바람을 많이 겪었을 테니 무너지는 것도 괴이한 일은 아닐 테지."

하고 응답하였다. 그 말을 들은 옆에 있던 한 사람이 말했다.

"그럴 리가 있겠나? 산이 늙었다 해서 함부로 무너질 까닭은 없지."

"그대 말도 옳아! 이 산이 위는 뾰족하고 밑은 넓으며 바윗돌이 서로 엉켜 있으니 무너질 염려는 없지."

하고 그는 말하는 것이다.

이윽고 또 한 사람이 급히 와서 말했다.

"참 괴이한 일이 생겼군요."

"무슨 일이 또 생겼는고?"

하고 노인이 물었더니 그 사람은,

"소가 쥐구멍에 들어갔다니 이 어찌 괴이한 일이 아니겠소?" (牛入鼠穴 豈不怪事)

"그대의 말이 거짓은 아닐 거야! 소의 성품이 애당초부터 우직하니 비록 쥐구멍에라도 돌진할 것은 틀림없는 일이지."

하고 말하자 곁에 앉았던 사람이 답답한 나머지,

"어디 그런 이치가 있겠소? 소가 비록 우직하다지만 어떻게 쥐구멍을 뚫고 들어갈 리가 있겠습니까?"

하는 것이었다. 그러자 그 노인은 금방 번복하여 말하는 것이었다.

"그대의 말도 역시 일리가 있어! 소는 두 뿔이 있는데 그것은 거추장스러운 것이어서 작은 구멍에는 들어가지 못할 거야."

그는 잠시 동안에도 여러 사람의 말을 하나도 그릇되었다 하지 않는 것이었다. 여러 사람들은,

"영감! 어찌 그다지도 성실치 않소 그려! 어불성설(語不成說)의 말을 전부 옳다 하니 그 무슨 까닭이오?"

하고 반박을 하자 그는,

"이건 내가 이렇게 늙어서까지 몸을 편안히 지내는 비결인 만큼 그대들은 웃지 말아 주시오. 난 이것으로써 규각(圭角)을 잘 내는 자를 경계하는 것이오."

하는 것이었다. 이 말을 들은 많은 사람들은 그의 말에 모두 탄복했다고 한다.

越津乘船 / 월진승선

[意義] 나루를 건너가서 배를 탄다는 뜻으로, 일의 순서가 뒤바뀌었다는 말도 되고 가까운 데 있는 것을 버리고 먼 데 있는 것을 취했다는 말도 된다.

[出典] 순오지(旬五志)

[解義] 순오지에는 '越津乘船 言捨近取遠'이라 씌어 있고, 이담속찬(耳談續纂)에는 '未有涉川而後乘船 言事有次序 不可踰奧'라고 되어 있다. '나루를 건넌 다음에야 배를 탄다는 것은 가까운 것을 버리고 먼 것을 취한다'는 말이요, '내를 건넌 후에는 배를 탈 수 없다는 것은 모든 일에는 순서가 있으니 이를 뛰어넘을 수 없다'는 뜻이다.

'찬물도 위 아래가 있다', '겨울 지나지 않고 봄이 오랴?', '송

곳도 끝부터 들어간다', '금방 먹을 떡에도 소(떡 따위의 속에 맛을 내기 위하여 넣는 음식)를 박는다.' 등이 바로 그것이다.

세상 일에는 무엇이나 다 일정한 순서가 있는 법이다. 아무리 급하더라도 갖춰야 될 격식은 다 갖춰야 하는 것이니 아무리 급하더라도 그 순서를 무시할 수는 없다는 뜻이다.

월진승선(越津乘船)이란 '나루 건너가서 배 탄다'는 뜻으로서, '망건 쓰고 세수한다(先綱巾 後洗水)'는 속담과 같이 일의 앞뒤가 뒤바뀌어 아무리 노력해도 성과가 없음을 일컫는 말이라고 할 수 있다.

月沈三更 / 월침삼경

[意義] 달마저 서쪽으로 기운 어두운 한밤중이란 뜻으로서, 곧 달도 없는 아주 깊은 밤을 뜻한다.

[出典] 황진이(黃眞伊)의 시조

[解義] 황진이는 기녀(妓女)의 신분이었기 때문에 누구보다도 자유롭고 도덕적 제약에 얽매이지 않아 허식이 없었으며, 또한 교양도 지닌 다정다한(多情多恨)한 생애와 섬세한 감정, 그리고 멋을 알고 음악에도 능한 여자였다. 그녀의 문학이 우리 문학사에서 영롱한 광채를 발하며 그 생명력이 오늘에까지 이르고 있음은 주지의 사실이다. 다음의 시조도 바로 그녀의 문학세계의 한 면모를 보여 주는 수작(秀作)이라 할 수 있다.

내 언제 無信ᄒ여 님을 언제 소겻관터
月沈三更에 온 뜻이 전혀 업닉
秋風에 지ᄂ 닙소릭야 낸들 어이 ᄒ리오

이를 현대어로 옮겨보면 다음과 같다.

내가 언제 신의를 잃고 임을 한번이라도 속였기에
달마저 서편으로 기울어 캄캄한 밤중이 되도록 (임은) 오시는
기척조차 없으실까!
가을 바람에 떨어지는 나뭇잎 소리에도 혹시나 해서 속게 되
는 안타까운 이 심정을 낸들 어찌하리요.

홀로 잠 못 이루는 가을날 긴긴 밤에 초조하게 임을 기다리며
외로이 밤을 지새우는 여인의 정한(情恨)을 그린 작품이다.
한밤중 가을바람에 떨어지는 나뭇잎 소리에도 혹시 임이 오시
는 기척이 아닐까 하여 깜짝깜짝 놀라며 애태우는 모습에서 매
우 감수성이 강한 한 여인의 모습을 보는 듯하다.
임이 오시지 않음을 자신의 무신(無信)함에서 찾고자 하는 그
시대 여인네들의 소극적이고도 정감 있는 가치관을 엿볼 수 있
으며, 또한 고차원적으로 승화시킨 기다림의 상징적 표현은 가
히 일품이라 할 것이다.
여기서 또 우리는 지족선사(知足禪師)를 파계케 하고 서경덕
조차 자신의 육체의 포로로 삼고자 했던 도도하고도 오만한 황
진이의 모습이 아닌, 꾸밈없는 인간 본연의 정과 한에 사로잡힌
동양적인 평범한 여인의 모습을 엿볼 수 있겠다.

爲礪磨刀 / 위려마도

意義 숫돌을 위해 칼을 간다는 뜻으로 꿀보다 약과가 달다는 속
담과 같이 주객(主客)이 전도되어 사리에 합당치 않음을 일컫는
말이다.

[出典] 어수신화(禦睡新話)

[解義] 어떤 나그네가 주막에 투숙했다. 밤이 깊어지자 그 곁방에서는 주인 부처가 바야흐로 운우(雲雨)의 정이 무르녹는 찰라였다. 남편이 아내에게,

"내가 온종일 피로한 나머지 허리가 아프지만 이를 돌보지 않고 이 일을 하는 것은 나 자신의 기쁨을 위해서가 아니라 오로지 당신을 위해서이지."

하고 농담을 하는 것이었다. 그러자 그 말을 들은 아내는,

"숫돌에 칼을 갈면서 칼을 위해서가 아니라 숫돌을 위해서라고 한단 말이세요(礪刀於礪者 反稱爲礪而磨可乎)?"

하고 대답을 하는 것이었다.

"그럼 바늘로 귓속을 긁는 것은 귓속의 가려움을 위해서이지 어디 바늘을 위해서 긁는단 말이오?"

하고 서로 농담을 주고받으며 즐기는 것이었다. 이 말을 들은 나그네는 혼자서 속으로 지껄였다.

"그거 참 적절한 대꾸로군."

陰不抗陽 / 음불항양

[意義] 음(陰)으로써 양(陽)에 항거하지 못한다는 뜻으로, 이는 곧 아내로서 남편에게 반항할 수 없다는 의미이다. 우리 속담에 암탉이 울면 집안이 망한다는 말이 있는데 이는 집안에서 여자가 남자보다 활달하여 안팎 일을 간섭하면 집안 일이 잘 안된다는 것이다.

아내가 남편을 무시하고 남편의 권리를 빼앗는 것을 비유한 성어로 빈계사신(牝鷄司晨)이란 어구가 있다.

158

出典 태평한화골계전(太平閑話滑稽傳)

解義 어떤 고을 사또의 아내가 몹시 포악하고 질투심이 강하였다. 그 고을 사또가 어느 날 동헌(東軒)에 앉아 송사(訟事)를 처리하던 중 어떤 백성이 하소연을 했다.

"제 이웃 사람의 아내가 자기 남편 얼굴에 상처를 냈으니 그 죄를 다스려 주소서."

사또는 그 백성의 아내를 불러 책망했다.

"음(陰)으로써 양(陽)에 항거(抗拒)하지 못하는 것과 마찬가지로 아내로서 남편에게 반항할 수 없는 것이거늘 너는 어이하여 그런 짓을 하였단 말인고?"

그때 항상 그 아내에게 짓눌려 온 그녀의 남편이 곁에서 변명했다.

"제 아내가 저의 얼굴에 상처를 낸 것이 아니오라 마침 저의 집 싸리문이 자빠져서 그렇게 된 것입니다."

그 말이 거의 끝나기가 무섭게 사또의 아내가 손에 몽둥이를 들고 문을 마구 치면서 소리를 질렀다.

"야박하기 짝이 없는 이 양반아! 당신이 이 한 고을 어른이 되어 공사(公事)를 하려면 도둑에 관한 일이나 토지(土地)에 관한 일, 살인(殺人)에 관한 일 등등 허다하게 많을 텐데 어찌 이 하찮은 아녀자의 일에 관해서만 용감히 판결(判決)을 짓는단 말이오?"

이런 상황에 직면한 사또는 그 사람들을 문 밖으로 휘몰아내면서 다음과 같은 말을 남겼다.

"우리 집 싸리문도 언제 무너질지 모르니 너희들은 빨리 돌아가렷다!"

참고 : 빈계사신(牝鷄司晨) ─ 암탉이 울어서 새벽이 되었음을 알린다는 뜻으로 음양의 이치가 바뀌어 집안이 망할 징조라고 한다. 이는 아내가 남편을 무시하고 남편의 권리를 빼앗는 것을

비유하여 쓰는 성어인데 《서경(書經)》의 목서편(牧誓篇)에 나
오는 말이다.

빈계사신이란 주나라 무왕이 상(商)의 주왕(紂王)의 죄상을
폭로하는 가운데 나오는 성어인데, 주왕이 달기의 말만 듣고 국
정을 그르친 사실을 열거하고 있다. 이 대목을 인용해 보면 다음
과 같다.

왕이 말하였다.

"옛사람이 이르되 암탉은 새벽에 울지 않는 법이라고 했다.
또 암탉이 새벽에 울면 집안이 망한다고 했다(古人有言曰 牝鷄
無晨牝鷄之晨 惟家之索). 그런데 오늘날 상왕(商王)인 수(受)는
여인의 말만을 듣고 있다. 조상의 제사를 전혀 돌보지 않고 한
조상을 모신 백이(伯夷)와 숙제(叔齊) 형제들(한겨레이며 한핏
줄을 나눈 사람들을 의미)도 전혀 돌보지 않았으며 그들을 임용
(任用)하지도 않았다. 다만 천하 곳곳에서 많은 죄를 짓고 사방
에서 도망쳐 온 자들을 높여주고 기르며 믿고 임용했다.

또 이 자들을 대부(大夫)와 경사(卿士)로 삼아 백성들에게 포
악한 일을 저지르게 하여 범죄로 인해 나라를 문란케 하였다.

이제 나 발(發)은 삼가 하늘의 벌을 대행코자 한다.

이와 같이 무왕은 상왕(商王) 수(受)의 무질서한 정치에 대해
힐난을 하면서 힌 집권자의 행패가 이런 상대이므로 무왕 자
신은 하늘의 뜻을 받들어 상(商)의 주왕을 치기 위해 군사를 일
으켰다고 자기의 사명을 분명히 밝히고 있다.

陰地轉陽 / 음지전양

意義 양지(陽地)가 음지(陰地)되고 음지가 양지된다는 속언으
로 세상 일이란 돌고 돌아서 번복이 많다는 뜻이다.

出典 열상방언(冽上方言)

解義 열상방언에 '陰地轉陽之變 言世事循環也 陰地之寒 轉成陽地之暖也'란 말이 있다. '음지가 양지로 되듯 세상이 변한다는 것은 세상 일은 돌고 돌아 언젠가는 차가운 음지가 따뜻한 양지로 변한다는 말이다'라는 뜻이다.

달도 차면 기울고 돌절구도 밑 빠질 날이 있는 법이다. 세상에 아무리 튼튼한 것이라도 결딴이 날 때가 있으며 아무리 명문거족(名門巨族)이라 할지라도 영원히 몰락하지 않을 수는 없다. 그만큼 세상의 모든 것은 흥하면 반드시 쇠할 때가 있게 마련이다. 마치 즐거움이 다하면 슬픔이 오는 것과도 같다.

호박 넝쿨이 한창 뻗을 적에는 강계(江界) 위초산(渭楚山)이라도 덮을 듯이 그 기세가 무섭지만 언제까지나 그럴 수는 없다. 메뚜기도 오뉴월이 한철인 것처럼 모든 것의 전성기는 지극히 짧기 때문이다.

우리는 흔히 권불십년(權不十年)이니 화무십일홍(花無十日紅)이니 하는 말을 곧잘 쓴다. 권세는 십년을 가지 못하고 열흘 이상 붉은 꽃은 없다는 뜻이다. 마치 '정선골의 물방아 물레바퀴 돌듯' 세상에서 흥망성쇠와 부귀빈천은 물레바퀴처럼 돌고 돌기 때문이다.

그러므로 쥐구멍에도 볕들 날이 있고, 음지가 양지가 될 때도 있는 것이다. 불행하고 어렵게 고생만 하며 지내는 사람에게도 행운이 찾아올 때는 반드시 있는 것이다. 그것이 바로 변함없는 세상의 이치인 것이다.

倚門藉手 / 의문자수

意義 의문(倚問)이란 남의 집 문에 기대어 서 있다는 말이니 걸

식(乞食)의 뜻이요, 자수(藉手)는 손을 벌린다는 뜻으로 하루하
루 간신히 살아나간다는 말이다. 그러므로 이 성어는 남의 집 문
전에서 걸식을 하여 간신히 끼니를 이어 나가는 상태를 의미하
는 말이다.

出典 삼국유사(三國遺事) 권오(卷五) 빈녀양모(貧女養母)

解義 효종랑(孝宗郎)이 남산 포석정〔鮑石亭 혹은 삼화술(三花
述)이라고도 한다〕에 놀러가매 문객(門客)이 성화처럼 빨리 내
닫는데 유독 두 문객만이 뒤늦게 왔다.
　효종랑이 그 이유를 물으니 두 문객이 대답하기를,
　"분황사 동쪽 마을에 여자가 나이는 스물 안팎인데 눈먼 어머
니를 안고 울고 있기에 그 마을 사람에게 그 연고를 물으니 이
여자는 집이 가난하여 밥을 얻어서 어머니에게 공양해 온 지 이
미 여러 해로 마침 흉년이라 남의 문전에 손을 벌리기가 어렵게
되어 남의 집에 몸을 팔아 곡식 30석을 얻었고(芬皇寺之東里有
女 年二十左右 抱盲母相號而哭 問洞里 曰 此女家貧 乞啜而反哺有
年矣 適歲荒倚門難以藉手 贖貸他家 得穀三十石), 주인집에서 일을
하다가 해가 지면 쌀을 가지고 와서 밥을 지어 봉양하고 같이 자
다가 새벽이 되면 주인집에 가서 일을 한다고 합니다.
　이렇게 여러 날을 하였는데 하루는 그 어머니가 하는 말이 '전
날에는 험한 음식이라도 마음이 화평하더니 요사이는 향기 있는
쌀밥이라도 가시로 찌르는듯 편치 낳으니 웬일이냐' 하고 묻자
딸이 그 사실을 말하였더니 어머니가 통곡하는지라 딸은 자기가
어머니의 배나 부르게 하고 마음 편안케 하지 못함을 탄식하여
서로 붙잡고 울었다고 합니다. 그것을 보느라고 이렇듯 늦게 되
었습니다."
하였다.
　효종랑이 그 말을 듣고 측은히 여겨 곡식 100석을 보내고 효

종랑의 양친은 옷 한 벌을 보냈으며 그를 따르는 무리 1000명이 벼를 거두어 1000석을 보냈다.

　이 사실이 임금께 알려져서 진성왕이 곡식 500석과 집 한 채를 하사하고 군사를 보내어 그 집을 호위하여 도적을 막게 하였으며 그 동리를 정표하여 효양리(孝養里)라 했다. 그 뒤 그 집을 희사하여 절을 삼고 양존사(兩尊寺)라고 했다.

一死五利 / 일사오리

[意義] 하나가 죽어서 다섯 가지가 이롭다는 뜻으로서, 대(大)를 위해 소(小)를 희생한다는 말이다. 곧 대의(大義)를 위해서 사사로운 것을 버린다는 의미이다.

[出典] 삼국유사(三國遺事) 권오(卷五) 김현감호(金現感虎)

[解義] 신라 풍속에 해마다 중춘(仲春 : 봄의 한창때)을 당하면 초파일부터 보름까지 도성(都城) 안의 남녀들이 앞을 다투어 흥륜사의 전탑을 돌았는데 이를 복회(福會)라 하였다.

　원성왕 때 낭군(郎君) 김현(金現)이라는 자가 밤이 깊도록 홀로 탑을 돌고 있었다. 한 처녀가 염불을 외우며 따라 돌다가 서로 마음이 맞아 눈짓을 하고 탑돌기를 끝낸 후 은밀한 곳으로 가서 관계를 하였다.

　처녀가 돌아가려는데 김현도 따라가려 했다. 처녀는 거절하며 사양했으나 김현은 억지로 따라갔다. 마침내 산기슭에 이르러 한 초가집으로 들어가는데 늙은 노파가 나오더니 처녀에게 물었다.

　"함께 온 이가 누구냐?"

　처녀가 전후 사정을 말하니 노파가 이르기를,

"비록 좋은 일이지만 안 한 것만은 못하다. 그러나 이미 저질러진 일을 어찌할 수 있겠느냐? 우선 은밀한 곳에 숨겨 두어라. 너희 형제들이 사나운 짓을 할까 두렵다."

하니 처녀가 김현을 구석진 곳에 숨겼다. 조금 있자 호랑이 세 마리가 소리를 지르며 들어와 사람의 말을 하는 것이었다.

"집안에 노린내가 나는데 요기하면 좋겠다."

그러자 노파와 처녀가 꾸짖기를,

"너희들 코가 잘못된 것이다. 미친 소리 마라."

그때 마침 하늘에서 외치는 소리가 들려왔다.

"너희가 사람들의 목숨을 너무 많이 해쳤으니 마땅히 하나를 죽여서 그 악행을 징계하겠다."

세 짐승들이 그 소리를 듣고는 모두 근심스러운 빛을 띄었다. 처녀가 이르기를,

"세 오빠들이 멀리 피해 있으면서 스스로 뉘우치고 반성하겠다면 제가 대신 그 벌을 받겠습니다."

하니 모두 기뻐하며 머리를 숙이고 꼬리를 치더니 달아나 버렸다. 처녀가 들어와 김현에게 고하기를,

"처음 저는 서방님께서 이런 나쁜 무리들이 있는 곳에 오시는 것이 부끄러워서 거절하였지만 이제는 이미 숨길 수가 없으니 삼히 마음에 있는 말씀을 하겠습니다. 지와 낭군이 비록 그 종류는 다르나 하루 저녁을 즐거이 모셨으니 부부로 맺은 의가 중합니다. 세 오빠들이 저지른 악행을 하늘이 이미 미워하니 집안의 재앙을 제가 홀로 받고자 합니다. 모르는 사람의 손에 죽는 것보다는 낭군의 칼에 쓰러져 은덕을 갚는 것이 어찌 낫지 않겠습니까? 제가 내일 시장에 나가 해(害)를 심히 끼칠 것이니 사람들이 나에게 어찌할 수도 없을 것이요, 반드시 임금은 벼슬을 내걸고 나를 잡게 할 것입니다. 그때 낭군께서는 겁내지 마시고 저를 쫓아 성의 북쪽 숲속으로 오시면 제가 기다리겠습니다."

하였다. 김현이 말했다.

"사람이 사람을 사귀는 것이 떳떳한 도리이고 다른 유(類)와 사귀는 것은 대개 상도(常道)가 아니다. 이미 조용히 만난 것은 천행인데 어찌 배필의 죽음을 팔아서 일생의 복을 요행으로 바라겠는가?"

처녀가 다시 사정하듯 말했다.

"낭군께서는 그런 말씀을 하지 마소서. 지금 저의 수명은 천명이요, 또한 나의 소원이며 낭군에게는 경사이고 우리 일족에겐 복이 되고 나라에는 즐거운 일이니 하나가 죽어 다섯 가지 이로움을 얻을 수 있는 것이온대 어찌 어길 수가 있습니까? 다만 저를 위하여 절을 세우고 진전(眞銓)을 강(講)하여 좋은 업보(業報)를 도와주신다면 낭군의 은혜가 막중하겠습니다(郎君無有此言 今妾之壽夭 盖天命也 亦吾願也 郎君之慶也 予族之福也 國人之喜也 一死而五利備 其可違乎 但爲妾創寺 講眞詮 資勝報 則郎君之惠莫大焉)."

두 사람은 서로 울며 이별하였다. 다음날 과연 맹호(猛虎)가 성 안에 들어와 장난이 심하여 감히 당할 자가 없는지라 원성왕이 이 소식을 듣고 영을 내렸다.

"호랑이를 잡는 자는 2급의 벼슬을 주리라."

김현이 대궐에 나아가, 임금께 아뢰었다.

"소신이 잡을 수 있습니다."

왕은 먼저 벼슬을 주고 그를 격려하였다. 김현이 간단한 무장을 하고 숲속으로 들어가니 범이 낭자로 변하여 기쁜 듯이 웃으며 말하기를,

"어젯밤 낭군과 제가 나눈 은근한 정담(情談)을 소홀히 하지 마십시오. 오늘 제 발톱에 상처를 입은 사람들은 모두 흥륜사 된장을 바르고 그 절의 나발(螺鉢) 소리를 들으면 나을 것입니다."

하였다. 그러면서 처녀는 김현이 찼던 칼을 뽑아 스스로 제 목을 찔러 쓰러지니 사람이 아니라 호랑이였다. 김현이 숲 밖으로 나

와 말하였다.

"내가 지금 범을 쉽게 잡았노라."

그러고는 그 사유를 누구에게도 누설하지 않고 다만 처녀가 시킨 대로 하였더니 상처에 모두 효험이 있었다. 민간에서는 지금도 그 처방을 쓰고 있다.

김현이 이미 등용되매 서천 가에 절을 지어 이름을 호원사(虎願寺)라 하고 항상 범망경(梵網經)을 강독하여 호랑이의 영혼을 인도하고, 또 몸을 죽여서 자기를 이루어 준 은덕을 갚았다.

一枝春心 / 일지춘심

意義 한 나뭇가지에 어린 봄마음, 곧 봄날의 애틋한 감상이나 정한(情恨)을 나타내는 말이다.

出典 이조년(李兆年)의 시조 다정가(多情歌)

解義 고려 충열왕(忠烈王) 충선왕(忠宣王) 때의 사람으로서, 사리에 밝고 강직하기로 유명한 매운당(梅雲堂) 이조년이 지은 시조에 다음과 같은 것이 있다.

　　梨花에 月白ᄒ고 銀漢이 三更인 제
　　一枝春心을 子規ㅣ야 아랴마ᄂ
　　多情도 病인 냥ᄒ여 줌못드러 ᄒ노라

이를 현역(現譯)하여 보면,

휘영청 밝은 달빛에 배꽃은 더욱 희고 하늘에는 은하수가 걸쳐 있어 한밤중임을 알겠구나!

이 배꽃 가지에 서려 있는 봄날의 애상(哀傷)을 어찌 소쩍새
가 알겠는가마는

이렇듯 다정한 마음도 병인 듯하여 잠못들어 하노라.

이 시조는 고려시조 중 가장 문학성이 뛰어난 작품으로서 현
대의 시와 비교해도 결코 뒤지지 않는 시적 감각을 지니고 있다.

흰 배꽃이 피어 있는 가지 위에 달빛은 더욱 밝게 내리비치고
은하수가 높은 이 한밤에 배꽃가지에 어려 오는 봄 기운! 그 봄
을 느끼는 마음에 또하나 움터오는 내 마음을 소쩍새가 어찌 알
까마는 아픈 마음이 가득 차 오는 이 밤에 잠을 이룰 수가 없이
더욱 괴롭다는 뜻으로 이 시조의 동심원을 그려낼 수가 있을 것
이다.

배꽃과 달과 두견새의 소리가 깊은 밤을 배경으로 잘 조화되
어 봄밤의 애상이 얼마나 감미롭게 전편(全篇)에 넘쳐 흐르고
있는가!

다정다감한 사람이 아니라도 바야흐로 배꽃이 피어 있는 봄밤
에 두견새 소리를 들으며 창에 넘치는 달빛을 보면 감상에 젖지
않을 수 없을 것이다.

작자는 충혜왕(忠惠王) 때 대제학(大提學)으로서 충간(忠諫)
을 하다가 받아들여지지 않자 벼슬을 내놓고 물러났었다. 이 시
조는 그런 만년(晚年)의 심경을 읊은 것으로 보인다.

ㅈ

長安遊俠 輕薄子 / 장안유협 경박자

意義 장안유협이란 서울 거리에서 할 일 없이 이리저리 떠돌아다니며 호탕하기로 소문난 사람들을 말하고, 경박자란 경거망동을 하는 사람을 가리키는 말이다. 그런 뜻에서 서울거리를 아무 할 일 없이 이리저리 떠돌아다니면서 행패나 일삼는 건달을 가리킨다.

出典 허난설헌(許蘭雪軒)의 규원가(閨怨歌)

解義 규원가(閨怨歌)는 일명 원부사(怨夫詞, 怨婦辭)라고도 하는데 조선 사회에서 독수공방하며 겪는 부녀자의 고독한 연정(戀情)을 노래한 규방가사(閨房歌辭)이다.
《순오지(旬五志)》에서는 허균(許筠)의 첩 무옥(巫玉)이 지은 것이라 하였으나 《고금가곡(古今歌曲)》이나 《교주가곡집(校註歌曲集)》 등에는 허난설헌의 작품으로 되어 있다.
규원가 전체를 편의상 기(起)·승(承)·전(轉)·결(結)의 네 부분으로 나누어 볼 수 있는데 여기서 기(起)에 해당되는 부분만을 인용하여 보면 다음과 같다.

엊그제 졈엇더니 ᄒᆞ마 어이 다 늙거니
少年行樂(소년행락) 싱각ᄒᆞ니 닐러도 속절없다
늙거야 셜운 말ᄉᆞᆷ ᄒᆞ쟈ᄒᆞ니 목이 멘다
父生母育(부생모육) 辛苦(신고)ᄒᆞ야 이내 몸 길러낼 제
公侯配匹(공후배필) 못 ᄇᆞ라도 君子好逑(군자호구) 願(원)

ᄒ더니

　三生(삼생)의 宿業(숙업)이요 月下(월하)의 연분(緣分)으로

　長安遊俠(장안유협) 經薄子(경박자)를 쑴ᄀᆺ히 만나 이셔

　常時(상시)예 용심(用心)ᄒ기 살어름 드듸ᄂᆞᆫ 듯

　三五二八(삼오이팔) 겨우 디나 天然麗質(천연여질) 절노 이니

　이 얼굴 이 태도 百年期約(백년기약) ᄒᆞ얏더니

　年光(연광)이 倏忽(숙홀)ᄒᆞ고 造物(조물)이 多猜(다시)ᄒᆞ야

　봄ᄇᆞ롬 ᄀᆞ을둘들이 븨오리예 복 디나듯

　雪膚花顔(설부화안) 어ᄃᆡ 가고 面目可憎(면목가증) 되거고나

　내 얼굴 내 보거니 어늬 님이 날 일소냐

　스스로 慚愧(참괴)ᄒᆞ니 누구를 怨望(원망)ᄒᆞ랴

이를 알기 쉽게 현대어로 풀어 보면 다음과 같다.

엊그제까지만 해도 젊었더니 벌써 어찌 다 늙었구나.

어릴 적 즐겁게 지내던 일을 생각하니 이를 아무리 말해 봐도 헛일이로다.

늙어서 겪는 서러운 사연들을 말하려 하니 목이 다 메인다.

아버님 날 낳으시고 어머님 날 기르심이 모진 고생으로 이 내 몸을 길러낼 때엔

높은 벼슬아치의 배필되기는 바라지 못하더라도 전세·현세·내세의 숙명이요, 부부의 인연으로

경거망동하며 장안의 건달로 소문난 자를 꿈같이 만났으니

매일매일을 마음쓰기가 살얼음판을 디디는 것 같고

십오륙 세가 겨우 지나자 타고 난 아름다운 자질이 절로 나타나니

이 얼굴 이 태도로 백년해로하려 했더니

그러나 세월이 문득문득 지나가고 내 아름다운 것을 조물주가 시기하여

세월이 베틀의 북 지나가듯 바삐 흘러가

젊고 아름다운 얼굴은 어디로 가고 예뻤던 옛모습은 밉게도 되었구나.

내 얼굴을 내가 보고 알거니와 어느 님이 날 사랑하겠는가?

스스로 부끄러워할 뿐 누구를 원망하랴.

이 규원가는 내용상 애정가사(愛情歌辭)의 일종이라 할 수 있는데 사대부들이 지은 가사에는 이런 애정가사가 드물고 평민들이나 부녀자들의 가사에 이런 상사(相思)나 연정을 노래한 것이 많다. 그러나 그것들도 사랑을 이룬 기쁨을 노래한 것보다는 임을 이별한 슬픔과 그리움을 노래한 것이 주류를 이루고 있다. 이 점도 우리 가사문학이 지닌 하나의 특색이다.

栽松望亭 / 재송망정

[意義] 소나무를 심어 정자(亭子)를 바란다는 말로 짧은 인생에서 효과를 얻기는 까마득하며 또 앞날의 성공이 아득하여 이루기가 어렵다는 뜻이다.

[出典] 송남잡지(松南雜識)

[解義] 송남잡지에는 ‘栽松望亭’이라 되어 있고 《동언고략(東言考略)》에는 ‘養松見亭子’라고 기록되어 있다. ‘소나무를 키워서 정자를 보려 한다'는 뜻이다.

심었던 소나무가 언제 다 자라서 그 밑에 정자 하나를 짓고 노

170

닐 수가 있단 말인가? 이는 소나무가 더디게 자라는 것을 한탄
하는 것이 아니라 소나무 하나가 다 자라는 것을 볼 수 없으리만
치 우리의 인생이 짧음을 탄식하는 말이라고 할 수 있겠다.

사람이란 언제 죽을지 모르므로 죽음이란 멀리 있는 것이 아
니라 가까이 있는 것이라고 할 수 있다.

우리 속담에, '백년을 다 살아야 삼만 육천일', '대문 밖이 저
승이라', '사잣밥 싸 가지고 다닌다', '죽음에 노소(老少) 있나'라
는 말들이 바로 사람이란 언제 어디서 어떻게 죽을지 모른다는
뜻을 지닌 것들이다.

'철 나자 망령 난다(其覺始矣老妄施至)'는 속언이 시사하는 바
와 같이 인생은 짧은 것이라 어물어물하다가는 아무 일도 못하
고 끝나 버리는 것이기도 하다.

이렇게 덧없이 짧고 허무한 인생 속에서 더디 자라는 소나무
를 심어 언제 그 그늘 밑에 남녀노소가 편히 놀 수 있는 정자를
지을 수 있으랴!

그만큼 인생은 무상하고 또 앞날의 성공은 기약하기가 어려운
것이다.

賊反荷杖 / 적반하장

[意義] 도둑이 매를 든다는 것은 도둑질한 놈이 도리어 매를 들고
주인에게 달려든다는 말이니 곧 죄를 지은 사람이 오히려 기세
도 당당하게 남을 치죄(治罪)하려 한다는 의미이다.

[出典] 순오지(旬五志), 송남잡지(松南雜識), 동언고략(東言考略)

[解義] 순오지에 '賊反荷杖 以比理屈者反自陵轢'이라 기록되어 있
는데 이는 '도둑이 도리어 몽둥이를 든다는 말은 잘못한 자가 오

히려 성내고 덤비는 것을 빗댄 것이다'라는 뜻이다.

도둑이란 말은 우선 '훔친다'는 개념을 떠오르게 한다. '오이는 씨가 있어도 도둑은 씨가 없다'는 속언과도 같이 도둑질은 그 조상 때부터 유전되어 오는 것이 아니므로 누구나 악한 마음만 갖게 되면 도둑이 되기는 쉬운 법이다.

그렇기에 인류가 존재해 온 이래로 도둑이 없었던 적은 단 한 순간도 없었다. '피 다 뽑은 논 없고 도둑 다 잡은 나라 없다'는 속담처럼 도둑은 아무리 해도 없어지지 않는 묘한 존재이다.

열 사람이 지켜도 도둑 한 사람을 못 막고 동생 줄 것은 없어도 도둑 줄 것은 있게 마련이다. 그만큼 도둑 맞는 것은 어찌할 수 없다는 말이다.

'도둑질을 하고도 사모(紗帽) 믿고 거들먹거린다'는 속담이 있다. 나쁜 짓을 하고도 권세만을 믿고 큰소리친다는 말이다. 도둑 가운데서도 가장 위험스럽고 파렴치한 족속들이 바로 이런 자들일 것이다. 관리라는 허명(虛名) 아래에서 이루어지는 도적질이야말로 나라 도적과 조금도 다름이 없으니 말이다.

본래 인간에겐 양심이라는 것이 있다. 그렇기 때문에 죄를 지으면 그것이 탄로날까 두려워 노심초사 걱정하다가 도리어 자신도 모르는 사이에 그것을 드러내어 꼬리가 잡히게 마련이다. '도둑이 제 발 저리다'는 속담은 바로 이런 경우를 두고 하는 말이다.

그러나 권세만을 믿고 사는 도둑님네들은 그렇지도 않다. 오히려 도둑놈이 몽둥이 들고 길 위에 오른다. 적반하장이란 바로 이런 상황을 지칭한 말일 것이다.

바늘도둑이 소도둑 되는 법이다. 처음에는 하찮은 것에 손을 대다가 차차 큰 것까지 도적질하게 되는 것이다. 그렇기에 나쁜 행실일수록 처음에 바로잡지 않으면 점점 더 심하게 되어 갈 뿐이다.

도둑이 근본적으로 뿌리 뽑힐 수는 없겠으나 최소한으로 줄어

들 수 있는 사회, 그리고 권세의 탈을 쓴 도둑들이 발을 붙일 수 없는 사회가 되기를 바라는 게 우리의 솔직한 심정이 아닐까 싶다.

권세의 탈을 쓴 나라 도둑들이 얼마나 무서운가를 잘 알려 주는 고사가 있어 여기에 소개한다.

《예기(禮記)》에 '가정맹어호(苛政猛於虎)'란 말이 있다. '가혹한 정치는 범보다 더 무섭다'는 뜻이다.

하루는 공자가 제자들과 함께 태산(泰山) 옆을 지나고 있는데 한 부인이 무덤 앞에서 슬피 울고 있었다.

공자는 수레 가로막대에 팔을 걸치고 조용히 듣고 있더니 제자인 자로(子路)에게 이렇게 묻게 했다.

"내가 부인의 울음소리를 들으니 아무래도 여러 번 슬픈 일을 당한 것 같은데 어떻게 된 사연입니까?"

부인은 울음을 그치고 대답했다.

"예, 과연 그렇습니다. 옛날에는 저의 시아버님께서 범에게 물려가 죽었고 얼마 전에는 제 남편도 또 범에게 물려가서 죽었는데 이번에 또 제 자식이 범에게 물려 죽고 말았습니다."

공자는 부인의 말을 듣고 다시 물었다.

"그러면 어째서 이 무서운 고장을 떠나지 못하는 겁니까?"

그러자 부인이 이렇게 대답했다.

"그래도 이 고장엔 가혹한 정치가 없기 때문이지요."

공자는 자못 느낀 바가 있어 제자들을 유심히 둘러본 다음, 이렇게 말했다.

"너희들은 잘 명심해 두어라. 가혹한 정치는 백성들이 범보다 더 무서워한다는 것을."

가혹한 정치란 백성들을 달달볶아 못 견디게 하는 정치를 말하는 것이다. 가렴주구(苛斂誅求)란 바로 가혹한 정치 예라 할 수 있겠다.

세금을 바칠 힘도 없는데 이런 사정은 조금도 아랑곳하지 않

고 철도 때도 없이 거둬들이는 것이 가렴(苛斂)이요, 정당한 법
적 근거 없이 강제성을 띤 요구가 주구(誅求)인 것이다.

　범에게 물려 죽을 때 죽더라도 아침 저녁으로 가혹한 정치에
시달릴 걱정을 않게 되니 순진하고 선량한 백성들은 우선 마음
이 편한 것이다.

縱然岩石落珠璣 / 종연암석락주기
纓縷固應無斷時 / 영루고응무단시

意義 구슬이 바위에 떨어져 흩어진들 그것을 꿴 끈이야 끊어질
리가 있으랴 하는 말로 비록 어쩔 수 없이 이별은 하지만 서로
믿고 사랑하는 정만은 결코 변하지 않을 것이라는 뜻이다.

出典 서경별곡(西京別曲), 정석가(鄭石歌)

解義 서경별곡은 작자와 연대가 미상인 고려가요이다. 고려가요
라는 분명한 기록은 없으나 이제현(李齊賢)의 익재난고(益齋亂
藁) 소악부(小樂府)에 이 노래가 한역(漢譯)되어 있는 것을 보
거나 그 결구법(結構法)이 한림별곡이나 청산별곡 등과 유사한
것으로 보아 그렇게 추정할 수가 있다.

　이 노래는 서경(西京 ; 평양)을 중심으로 널리 불리었을 것으
로 짐작되는 서민층의 노래이다. 유려한 가락이나 진솔하면서도
함축성 있는 시어(詩語), 그리고 우러나는 별리(別離)의 애상
(哀傷)은 조선시대의 시가에서는 찾아볼 수 없는 수작(秀作)이
라 할 수 있겠다.

　이 노래의 후렴구는 빼고 의미 부분만을 끊어서 풀이하여 보
면 다음과 같다.

서경(西京)이 서울이지마는
새로 닦은 작은 서울을 사랑하지마는
이별하기보다는 차라리 길쌈 베를 버리고라도
사랑만 해 주신다면 울며울며 따르렵니다

구슬이 바위에 떨어지더라도
끈이야 끊길 리가 있겠습니까
천년(千年)을 외로이 살더라도
믿음이야 끊어지겠습니까

대동강이 넓은 줄을 몰라서
배를 내어 놓았느냐, 사공아
네 아내가 음란한 줄을 몰라서
떠나는 배에다가 얹었느냐, 사공아
대동강 건너편 꽃을
배를 타고 가면 꺾을 것입니다

　평양은 작은 서울이고 내가 살아온 정든 고향이다. 그러나 임께서 떠난다면 이 고향도 내 손때가 묻은 베틀도 다 내동댕이치고 따라가겠다는 것이 첫째 연(聯)의 내용이다. 이별의 서러움은 감내할 수 없는 고통이 될 것이므로 모든 것을 버리고 임의 뒤를 따르겠다는 애절한 소망과 연모(戀慕)의 정(情)에 가슴 뭉클함을 아니 느낄 수 없다.

　그러나 임은 그러한 지성도 뿌리치고 기어이 떠나겠다는 것이다. 그 임 앞에 자기의 마음은 변할 리 없음을 맹세하는 것이 둘째 연(聯)의 내용이다.

　끈에 꿴 구슬을 바위에 떨어뜨렸을 적에 구슬은 깨어지지만 끈은 끊어지지 않음에 비유하여 우리가 비록 헤어진다 하더라도 서로 믿고 사랑하던 정은 끊어지지 않으리라는 것이다.

여기에서 구슬은 사랑을, 바위는 어쩔 수 없는 현실을, 끈은
서로의 믿음을 비유하고 있음도 놀라운 기교이며, 전반이 은유
(隱喩)인 데 비해 후반이 직설(直說)로 된 것도 박진감이 있어
서 좋다.

이 연(聯)을 고려말의 학자 이제현(李齊賢)은 그의 소악부
(小樂府)에 다음과 같이 한역해 놓았다.

　　구슬이 바위에 떨어져 흩어진들
　　낀 끈이야 끊어질 때가 있으랴
　　임과 천년을 서로 헤어져 있더라도
　　한 조각 맺은 정이야 어찌 변하리
　　　縱然岩石落珠璣　　纓縷固無斷時
　　　與郞千載相離別　　一點丹心何改移

그리고 정석가(鄭石歌)의 마지막 연에도 이 대목이 그대로 실
려 있는 것은 이 노래가 그 당시 크게 유행하여 널리 회자(膾炙)
되었음을 알 수 있겠다.

대동강(大同江) 푸른 물을 앞에 놓고 임은 소망도 애걸도 뿌
리친 채 배에 오른다. 대동강의 실제 넓이야 얼마이건 이 여인에
게 있어서 이 강은 임과 자신을 영원히 갈라놓는 한없이 넓은 강
으로 느껴졌을 것이다. 우리 옛노래에 이별의 상년이 흔히 강을
배경으로 하여 전개됨은 강을 단절(斷絶)이나 절망(絶望), 인간
이 부딪히는 한계라고 보기 때문이다.

그렇기 때문에 이러한 강물 앞에서 절망을 느끼고 체념을 배
우며 살아온 것이 우리들의 조상이다. 이 여인 역시 이렇듯 무정
하고 잔인한 강물 앞에서 한없는 절망과 체념, 그리고 좌절을 맛
보고 있는 것이다.

走馬加鞭 / 주마가편

意義 달리는 말에 채찍질이란 뜻으로 최선을 다하는 데도 더욱 노력을 경주하도록 할 때나, 잘 되어 가는 일에 더욱더 힘을 내도록 북돋워 준다는 뜻의 말이다.

出典 순오지(旬五志)

解義 홍만종이 지은 순오지에 '走馬加鞭 言因其勢而加之力'이란 어구가 있다. '달리는 말에 채찍질을 가한다는 것은 그 힘으로 인해 더욱더 노력을 더하도록 하는 것을 의미한다'는 뜻이다.

무슨 일이건 쉬지 않고 부지런히 힘써야 성공을 거둘 수가 있는 법이다.

'돌쩌귀에 녹이 슬지 않는다', '홈통은 썩지 않는다', '구르는 돌에는 이끼가 끼지 않는다', '부지런한 물방아는 얼 새도 없다'는 속담들이 바로 이와 같은 의미를 내포한 말들이라고 할 수 있다.

우리 선인들은 끈기를 강조해 왔다. 그만큼 모든 일에 최선을 다하고 나면 좋은 결과가 올 것이라고 믿었고, 또 '盡人事待天命(사람으로서 할 수 있는 일을 다 한 뒤에 하늘의 뜻을 기다린다)'이라 하여 이보다 한 단계 더 나아가 결과를 조용히 기다리는 달관의 자세까지도 보여 주었다.

'공든 탑이 무너지랴(積功之塔不墮)'라고 하여 노력과 정성을 들여 한 일은 반드시 좋은 결과를 얻을 것이라고 믿어 왔다. '부뚜막의 소금도 집어넣어야 짜다', '구슬이 서말이라도 꿰어야 보배'라고 하여 아무리 손쉬운 일이라도 실행에 옮기지 않으면 아무런 성과도 없다고 생각했으며, '말 가는 데 소도 간다(馬往處牛亦往)'고 하여 남이 하는 일이면 자기도 노력해서 능히 할 수 있다는 자신감도 보여 왔다.

　그만큼 우리 선인들은 근면과 성실과 끈기를 강조해 왔는데 이는 오늘을 사는 우리 현대인들에게도 많은 본보기가 될 것이다.

朱夢 / 주몽

[意義] 본래는 부여(扶餘)의 속어(俗語)로 활을 잘 쏘는 사람을 지칭하는 말이었으나 후에 고구려의 시조(始祖)인 동명성왕을 가리키는 말이 되었다.

[出典] 삼국사기(三國史記) 고구려 본기(高句麗本記) 제일(第一)

[解義] 시조(始祖) 동명성왕(東明聖王)의 성은 고(高)요, 휘(諱 : 이름)는 주몽(朱蒙)이다.

　이보다 앞서 부여왕 해부루(解夫婁)가 늙도록 아들이 없어서 명산대천(名山大川)을 다니며 빌어 아들 낳기를 원하던 차에 하루는 그가 타고 있는 말이 곤연(鯤淵)에 이르러 큰 돌을 보고 마주 대하여 눈물을 흘리므로 왕이 그것을 괴이하게 여긴 나머지 사람을 시켜서 그 돌을 굴려 보았다.

　그러자 거기에는 금빛 개구리 형상을 지닌, 금색 와형(金色蛙形)의 한 어린아이가 있었다. 왕은 기뻐하며,

　"이는 하늘이 내게 좋은 아들을 주신 것이로다."

하고 이를 거두어 기르며 이름을 금와(金蛙)라 하였다……(중략)

　해부루가 세상을 떠나고 금와가 왕위를 계승하자 때마침 태백산 남쪽 우발수(優渤水)에서 한 여자를 만나 그의 사정을 물으니 그 여자가 말하기를,

　"저는 본시 하백(河伯)의 딸로 이름은 유화(柳花)라고 합니

다. 여러 동생들과 함께 나가서 놀고 있을 때 마침 한 남자가 자칭 천제(天帝)의 아들 해모수라 하고서 저를 웅심산(熊心山) 밑 압록강가의 집 속으로 유인하여 사욕을 채우고 가서 돌아오지 않으니 우리 부모님께서는 저더러 중매도 없이 몸을 남에게 허락하였다고 책망하여 드디어 우발수로 귀양살이를 보낸 것입니다."

라고 하였다.

금와는 이상하게 여기어 그 여자를 방 안에 가둬 두니 일영(日影)이 비치는지라. 유화가 몸을 피하면 피하는 대로 따라와 비치곤 했다.

그로 인하여 태기가 있어 알 하나를 낳으니 크기가 닷 되들이만하였다. 왕이 그 알을 버리게 하여 개, 돼지에게 주었지만 다들 먹지 아니하고 또 길바닥에 버렸지만 소와 말이 다 피해 가고 나중에는 들에다 버렸더니 새가 날개로 품어 주었다.

왕이 그 알을 깨어 보려 하였으나 부숴지지 아니하므로 드디어 그 어미에게 돌려주었다. 그 어미가 수건으로 그 알을 싸서 따뜻한 곳에 두었더니 한 사내 아이가 알을 깨고 나왔다.

그 아이의 생김이 영특하여 나이 겨우 7세에 숙성한 품이 남과 다르고 제 손으로 활과 화살을 만들어 쏘는데 백 번 쏘면 백 번 다 맞추었다. 부여의 속어(俗語)에 활 잘 쏘는 사람을 주몽(朱蒙)이라 하였으므로 그의 이름을 주몽이라 하였다(骨表英奇 生甫七歲嶷然異常 自作弓矢射之 百發百中 扶餘俗語 善射爲朱蒙 故 以名云).

中學生和奸 活人別提罷職 / 중학생화간 활인별 제파직

意義 화간(花奸)은 중학생이 하고 애먼 활인별제가 파직을 당한

다는 말로 남이 눈 똥에 주저앉고 애매한 두꺼비가 떡돌에 치인다는 속담과 같이 남의 잘못으로 인해 전혀 관계도 죄도 없는 사람이 엉뚱하게 화(禍)를 입는다는 뜻이다.

出典 순오지(旬五志)

解義 순오지에 다음과 같은 이야기가 있다.

의정부(議政府)의 한 사인(舍人 ; 정사품 벼슬)이 응향각(凝香閣)이라는 정자에서 잔치를 벌여서 놀다가 밤이 깊어 잔치를 파할 무렵이었다.

기생 하나가 집으로 돌아가는데 한 중학생이 길을 막고 기생을 희롱하다가 이에 반항하는 기생의 옷을 찢게 되었다. 기생은 분노가 치민 나머지 이 사실을 사인(舍人)에게 고소하였는데 사인도 벌컥 화가 치밀어서 이 사실을 이조랑관(吏曹郞官)에게 전하여 중학관서(中學官署)의 당직자를 파직시키도록 촉구했다.

이때 이조(吏曹)에서는 무슨 큰일이라도 생길까 두려워하여 이조랑관이 활인서(活人署)에 적간(摘奸)하러 갔다가 날이 저물어 사대문(四大門)이 닫혔기 때문에 아직 돌아오지 못했다고 대답을 했다.

그리하여 이튿날 낭관이 활인서에 나가서 조사해 보니 전날 밤에 마침 별제(別提)로 있는 자가 숙직을 하지 않았다 하므로 파직을 시켰다는 이야기이다.

이런 일이 있자, 당시 세상 사람들은 중학생이 화간하고 전혀 관계없는 활인서 별제가 파직당했다고 했다. 그러니 이것은 엉뚱한 일로 화를 당했다는 이야기다. 적간(摘奸)이란 부정(不正)이 있는 관리를 적발해 내는 것을 말한다.

180

池中之物 / 지중지물

意義 교룡(蛟龍)이 구름과 비를 얻으면 마침내 못 속에 잠겨 있을 물건이 아니라는 말이니, 곧 초야(草野)에서 썩을 범상한 인물은 아니라는 뜻이다.

出典 이생규장전(李生窺牆傳)

解義 〈금오신화(金鰲神話)〉는 김시습이 30대에 경주에 있는 금오산에서 지낼 때 쓴 작품으로, 명(明)나라 구우(瞿祐)의 〈전등신화(剪燈神話)〉를 모방한 우리 나라 최초의 한문소설로 알려져 있다.

현재까지 만복사저포기(萬福寺摴蒲記)를 비롯한 다섯 편의 이야기가 전해 오는데 '이생규장전'도 그 가운데 하나이다.

이생규장전의 중간 부분에 다음과 같은 이야기가 있다.

어느 날 저녁에 이서생의 아버지가 아들을 꾸짖었다.

"아침에 집을 나갔다가 저녁에 돌아오는 것은 옛 성현의 참된 말씀을 실천하려 함인데 요사이 너는 황혼에 집을 나가서 새벽에 돌아오니 어찌된 까닭이냐? 틀림없이 경박한 놈의 행실을 배워서 남의 집 담장을 넘어가 처녀를 엿보고 다니는 것이겠지? 이런 일이 만일 탄로나면 사람들은 모두 내가 자식을 잘못 가르쳤다고 책망할 것이요, 또 그 처녀도 지체 높은 집안의 딸이라면 반드시 네 행실 때문에 그의 가문이 누(累)를 입게 될 것인즉 이는 작은 일이 아니다. 너는 한시 바삐 영남으로 내려가서 노복들의 농사 감독이나 해라. 그리고 다시는 돌아올 생각을 하지 말라."

하고 이서생의 아버지는 이튿날 아들을 울주(蔚州)로 내려보내 버렸다.

최처녀는 저녁마다 화원에 나와서 이서생을 기다렸으나 두서

너 달이 지나도 돌아오지 않았다. 그는 이서생이 병이나 들지 않았나 염려되어 향아를 시켜 몰래 이웃 사람에게 물어보게 했더니 이웃 사람들은 이렇게 말했다.

"이도령은 아버지에게 죄를 얻어 영남으로 내려간 지가 벌써 두서너 달이 되었네."

여인은 이 소식을 듣고 너무 상심한 나머지 병이 나서 병상에 쓰러졌다. 그녀는 음식도 먹지 못하고 말도 두서가 없었으며 얼굴은 화색을 잃었다. 그녀의 부모가 이를 수상히 여겨 병의 증상을 물어 보았으나 말이 없었다. 그들은 딸의 상자 속을 들추어 보았다. 거기에는 딸이 이서생과 서로 주고 받은 시가 들어 있었다. 그녀의 부모는 그제서야 놀라면서,

"까딱 잘못했더라면 내 귀한 딸을 잃을 뻔했구나."

그들은 딸에게 물었다.

"이서생이란 대체 누구냐?"

일이 이 지경에 이르게 되니 최처녀는 더 이상 숨길 수 없었으므로 간신히 나오는 목소리로 부모님께 사뢰었다.

"저를 고이 길러 주신 아버님과 어머님께 감히 사실을 숨기겠습니까? 가만히 생각하옵건대 남녀가 서로 사랑을 느낌은 인간의 정리로서 가장 중대한 일입니다……(중략) 저의 연약한 몸으로 괴로움을 참고 살아가려니 시모히는 정은 날로 깊어 가고 아픈 상처는 날로 더해 죽을 지경에 이르렀으니 원한 맺힌 귀신으로 화해 버릴 것 같습니다. 부모님께서 제 소원을 들어 주신다면 남은 생명이나마 보전되겠습니다만 만약 저의 이 간곡한 청을 거절하신다면 죽음만이 있을 뿐입니다. 도련님과 저승에서 다시 만날지언정 절대로 다른 가문에는 시집가지 않겠습니다."

그녀의 부모는 이미 딸의 뜻을 알았으므로 다시는 병의 증세를 묻지 않고 깨우쳐 주고 달래 주고 하여 그녀를 위로해 주었다.

그들은 매자(媒者)를 사이에 넣어 예(禮)를 갖추어 이서생 집

으로 보냈다. 이서생의 아버지는 최씨의 집안에 대해서 묻고 난 후에 이렇게 말했다.

"저희집 아이가 비록 철이 없어 바람이 났다고는 하지만 학문에 정통하고 풍채도 현인답게 생겼소. 훗날엔 장원급제할 것이며 이름을 세상에 널리 떨칠 것이니 그의 배필을 서둘러 구할 생각이 없소."

매자가 돌아와서 사실대로 전하니 처녀의 아버지는 다시 매자를 이씨 집에 보내어 이렇게 말하게 했다.

"송도에 사는 친구들이 모두 그 댁의 영식은 재주가 남달리 뛰어나다고 칭찬하고 있습니다. 지금은 아직 과거에 급제하지 않고 있습니다만 어찌 끝까지 초야에나 묻혀 있을 인물이겠습니까? 제 여식도 과히 남에게는 뒤지지 아니하온즉 그들의 혼인을 이루어 주심이 어떠하겠는지요(一時朋伴 皆稱令嗣才華邁人 今雖蟠屈豈是池中之物 宣速定嘉會之辰 以合二姓之好)?"

매자는 다시 이서생의 아버지를 찾아가서 그대로 전했다. 이서생의 아버지가 말하기를,

"나도 젊어서부터 책을 들고 학문을 닦았으나 아직 성공을 하지 못했습니다. 그러니 노복들은 뿔뿔이 흩어져 가고 친척들도 도와 주지 않아서 생활이 치밀하지 못해 살림이 궁색해졌습니다. 그런데 어찌 권세 있는 가문에서 빈한한 선비의 자제를 사위로 삼으려 하겠습니까? 이는 반드시 호사가들이 내 가문을 지나치게 칭찬해서 규수 댁을 속이려 하는 것입니다……(후략)"

ㅊ

借廳借閨 / 차청차규

意義 마루를 빌려 주니 방까지 들어온다는 말이다. 이는 행랑을 빌리면 안방까지 든다는 속담과도 같이 한번 사정을 봐 주니 차츰 더 큰 요구를 하고 처음에는 조심조심 시작한 것도 차차 익숙해지면 분에 넘치는 것까지 한다는 말이다.

出典 순오지(旬五志)

解義 순오지에는 '借廳借閨 言漸次就深'이라고 되어 있고, 열상방언에는 '旣借堂又借房 言欲易長也'라고 되어 있다.

'말 타면 경마 잡히고 싶은 것(騎馬欲率奴)'이 인지상정(人之常情)일 것이다. 그래서 '바다는 메워도 사람 욕심은 못 메운다', '온 바닷물을.다 먹어야 짜냐'는 속담도 나왔을 것이다. 그만큼 사람의 욕심에는 한도 없고 끝도 없다.

세 살 먹은 아이도 제 손에 있는 건 내놓지 않으려고 한다. 사람은 누구나 다 마찬가지이다.

'좁쌀 한 섬 두고 흉년 들기를 기다린다'는 속담이 있는데 이 것은 남의 사정은 조금도 생각지 않고 자신의 적은 허욕(虛慾)만을 채우려 드는 인간의 비정한 면을 잘 표현하는 말이다.

자신이 가진 것만을 지키려 든다면 그리 큰 문제는 없겠지만 인간이란 또한 남이 가진 것조차도 자기 것으로 만들지 않고는 못 참는 소유욕과 정복욕이 있다.

그러다 보니 '뒷간에 갈 때 마음 다르고 올 때 마음 다른 것'이 바로 인간 자신이 지닌 함정일 수밖에 없다. 자신이 다급할 때에

184

는 갖은 애원과 사정을 하다가도 그것이 해결이 되고 나면 언제 그랬느냐는 듯이 얼굴색을 바꾸고 만다. 또 한 가지 욕심이 채워지면 다른 욕심을 충족시키기 위해 온갖 수단과 방법을 가리지 않는다.

'늙은 말이 콩 마다 하랴(老馬在廐猶不辭豆)' 하는 것처럼 세상을 오래 산 인간일수록 그의 욕심은 더 커가고 '줄수록 양양'이라는 속담과도 같이 주면 줄수록 받는 쪽에서는 더 바라게 되는 것이 또한 보통 사람들이 가지는 마음이다.

참새가 방앗간을 그저 지날 수는 없는 법이다. 욕심이 많은 사람이 이(利) 끝을 보고는 지나쳐 버리지 못한다는 말이다. "방에 가면 더 먹을까, 부엌에 가면 더 먹을까" 하고 더 큰 이익을 찾아 헤매는 것이 어찌 보면 변할 수 없는 인간의 속성인지도 모른다.

하지만 물도 차면 넘치고 달도 차면 기우는 것이 세상의 이치이다. '달아나는 노루 보고 잡은 토끼 놓쳤다(見奔獐放獲兎)'는 속담과도 같이 먼데에 있는 큰 이익만을 탐하다 보면 그나마 가까스로 얻은 작은 이익까지도 놓치게 마련이다. 그만큼 지나친 욕심을 내면 도리어 손해를 보게 된다는 말이다.

참고 : 만족할 줄 모르는 인간의 욕심을 비유해서 득롱망촉(得隴望蜀)이니 망촉지탄(望蜀之嘆)이니 하고 말한다.

후한서《(後漢書)》의 잠팽전(岑彭傳)에 다음과 같은 이야기가 있다.

잠팽이 건무(建武) 8년에 군사를 거느리고 광무제(光武帝)를 따라 천수(天水)를 점령한 다음 외효(隗囂)를 서성(西城)에서 포위했다. 이 때 공손술(公孫述)은 외효를 구원하기 위해 부장 이육(李育)을 시켜 천수 서쪽 60리 떨어진 상규성을 지키게 했다.

그래서 광무제는 다시 군대를 나누어 이를 포위하게 했으나 자신은 일단 낙양으로 돌아가기로 하고 떠날 때 잠팽에게 편지

를 보내,

"두 성이 만일 함락되거든 곧 군사를 거느리고 남쪽 촉나라
오랑캐를 쳐라. 사람은 만족할 줄 모르기 때문에 고통스러운 것
이다. 이미 농(隴)을 점령했는데 또 촉(蜀)을 바라게 되는구나
(人苦不知足 旣平隴復望蜀). 매양 한 번 군사를 출발시킬 때마다
그로 인해 머리털이 희어진다."

여기서는 득롱망촉(得隴望蜀)이 아닌 평롱망촉(平隴望蜀)으
로 되어 있는데 《후한서》 헌제기(獻帝紀)에는 득롱망촉으로 바
뀌어 다음과 같이 실려 있다.

삼국(三國)의 대립이 뚜렷해지고 있던 헌제 건안 20년의 일이
다. 촉나라의 유비와 오나라의 손권이 대립하고 있는 틈을 타서
위나라 조조는 한중(漢中)으로 쳐들어 갔다.

이때 조조의 부하였던 사마의가,

"이 기회에 익주(益州; 촉나라 땅)의 유비를 치면 틀림없이
우리가 승리를 거두게 될 것입니다."

하고 의견을 말했다. 그러나 조조는 머리를 옆으로 저으며,

"사람은 만족할 줄 모르기 때문에 괴로운 것이다. 이미 농을
얻었는데 촉을 바랄 수야 있겠느냐(人苦無知足 旣得隴後望蜀)."

하고 그의 의견을 듣지 않았다.

妻妾之戰 石佛反面 / 처첩지전 석불반면

[意義] 시앗을 보면 길가의 돌부처도 돌아앉는다는 뜻인데 남편이
첩을 거느리게 되면 아무리 부처같이 어질고 무던한 부인이라도
시기하고 미워하게 된다는 말이다.

[出典] 열상방언(洌上方言)

解義 이담속찬에 '妻妾之戰 石佛反面 言雖無情之物 不能無妬心'
이란 말이 있다. '처첩간의 싸움에 돌부처도 돌아앉는다는 말은
비록 무정(無情)한 물건일지라도 질투심을 갖지 않을 수 없다'
는 의미이다.

하루가 상쾌하길 바라면 일찍 기상을 하고 일생이 편안하길
바라면 두 여자를 거느리지 말라는 말이 있다. '계집 둘 가진 놈
의 창자는 호랑이도 안 먹는다'라는 속담과도 같이 처첩을 거느
리고 살다 보면 속썩는 일이 많기 때문이다. 옛날부터 첩을 거느
린 남자 치고 가정이 단란하고 평화로웠던 적은 없었다.

우리의 고대소설을 보더라도 조선시대 봉건적 가정 생활의 비
극과 갈등을 작품 속에 형상화시키려 한 가정소설(家庭小說)류
의 작품들이 많았다. 이것은 크게 두 가지의 맥락에서 기술되었
다고 볼 수 있는데 하나는 계모와 전처 소생의 자식들과의 갈등
을 그린 계모형 소설이요, 또 하나는 본처와 첩 사이에서 한 남
자의 사랑을 쟁취하기 위해 일어나는 비극과 갈등을 묘사한 쟁
총형(爭寵型) 소설이 바로 그것이다.

단지 이런 이야기들을 그저 흥미 위주로 단순하게 묘사하려
한 것만이 아니고 한 가정의 문제를 사회적 차원으로까지 끌어
올려 도덕적 규범을 강조하는 것이 그 당시 고대소설의 특색이
라고 하겠다.

그렇듯 일부다처제(一夫多妻制) 사회였던 조선시대에도 처첩
간의 갈등만은 어찌할 수 없는 것으로 인식하고 있었고 또한 그
점을 수긍해 온 것 같다.

'아주까릿대에 개똥참외 달리듯'이란 속담이 있는데 이는 아
무런 능력도 없는 자가 분에 넘칠 정도로 계집만 많이 거느리고
사는 걸 풍자한 말이다.

아무리 심성(心性)이 무던한 여인라도 시앗싸움만은 용납하
지 못하는 법이다. 그래서 우리 속담에 이런 것들이 있다. '시앗
싸움엔 돌부처도 돌아앉는다', '시앗을 보면 길가의 돌부처도 돌

아 앉는다', '돌부처도 꿈쩍인다'

이는 부처님같이 무던한 사람도 남편이 첩을 두게 되면 격분하지 않을 수 없다는 뜻이다.

'첩 살림은 밑빠진 독에 물 붓기'란 속담이 있듯이 첩살림엔 돈만 한없이 들 뿐 뒤에 득(得)이 되는 건 하나도 없다. 참외를 버리고 호박을 먹는 격이라고나 할까? 알뜰한 조강지처를 버리고 간사한 첩을 취하는 것의 득이 없음을 빗대어서 첩 정은 삼년이요, 본처 정은 백년이라는 속언도 생겨났다.

자고로 두 집 살림을 하는 집에는 까마귀도 앉지 말랬다. 그만큼 두 집 살림하는 집과 가까이 사귀면 말만 많을 뿐 이로운 것은 하나도 없다는 말이다.

陟屺之情 / 척기지정

意義 민둥산에 오르고자 하는 마음이라는 뜻이니, 곧 고향을 몹시 그리워하는 심정을 의미한다.

出典 구운몽(九雲夢)

解義 날이 밝자 양생이 정십삼의 집으로 가니 정생은 밖에 나가고 없었다. 그리하여 3일을 가서 찾았으나 끝내 한번도 만나질 못했다. 여랑의 그림자와 소리가 더욱 아득하고 막막하여 자각정(紫閣亭)으로 가려 하나 정령(精靈)이 이미 돌아가 버리고 남쪽 뜰에 있는 묘(墓)에서 찾고자 하나 여랑의 소리와 얼굴을 접하기가 어려우니 가히 물을 만한 곳도 없고 내볼 만한 꾀도 없이 마음이 억눌려 답답하고 우울한즉 침식이 점차 감해졌다.

하루는 장사도 부처가 술과 음식을 마련하고 한림을 불러 조용히 얘기하며 잔을 돌리다가 사도가 말하기를,

"양랑의 신관(神觀)이 근래에 어찌 그다지도 초췌한가?"

한림이 이르되,

"십삼형과 더불어 연일 과음을 하였더니 이로 인한 것인가 하옵니다."

그때 마침 정생이 홀연히 나타나니 한림이 성난 눈으로 흘겨보며 서로 말을 않거늘 정생이 먼저 물었다.

"형께서 근래에 벼슬 일에 바쁘십니까? 마음이 좋지 않으십니까? 고향 생각에 괴로워하십니까? 지나치게 술을 마셔 병이 나셨습니까? 얼굴이 어찌 그리 초췌하여 신관도 어찌 그리 삭막하나이까?(兄近來職事控傯耶 心緖不佳耶 陟屺之情苦耶 濫酒之疾作耶 貌何憔悴耶 神何蕭索也)"

한림이 마지못해 대답하기를,

"부평초같은 사람이 어찌 그렇지 않겠소?"……(후략)

이 이야기 중에 억색우진(抑塞紆軫)이란 말이 원래 한문본(漢文本)에 나오는데 '억색'이란 '억눌려 마음이 우울한 상태'를 말하고 '우진'이란 '마음이 우울하고 비통함'을 뜻한다.

또 척기지정(陟屺之情)이란 말이 나오는데 이는 수구초심(首丘初心)이란 성어와 마찬가지로 고향을 그리는 간절한 마음을 의미하는 것이다.

草綠同色 / 초록동색

意義 초록은 같은 색깔이란 말로 모양과 처지가 비슷하고 인연이 있는 것끼리는 한편이 된다는 뜻이다.

出典 이담속찬(耳談續纂)

解義 이담속찬에 '綠雖異織終是一色 言同類必相附'라는 말이 있

다. 그만큼 동류(同類)끼리는 잘 어울린다는 뜻이다.

우리 속담에 '가재는 게 편이다', '축은 축대로 붙는다', '솔개는 매 편이다', '검정 개 돼지 편이다'는 말이 있다. 이는 모두 겉모양이 비슷한 것끼리 한편이 된다는 뜻이다.

또 우리 속담에 '무는 말 있는데 차는 말 있다'는 말이 있는데 이는 나쁜 사람이 있는 곳에는 그와 비슷한 패거리가 있다는 뜻이요, '아이를 예뻐하면 옷에 똥칠을 한다', '개를 따라 가면 칙간으로 간다'는 말이 있는데 이는 어리석은 사람과 친하게 지내면 자기 자신에게 손해되는 일만 생긴다는 뜻이다.

그렇기에 새도 가지를 가려 앉듯이 친구를 사귈 때 사람을 잘 골라야 함은 물론이다.

일찍이 공자(孔子)는 '군자는 학문으로 벗과 사귀며 그 벗이 있음으로써 인덕(人德)을 닦아야 한다(君子以文會友 以友輔仁)'고 말하고 또 '충고하여 벗을 선도(善導)하되 듣지 아니하면 곧 중지하여 스스로 욕됨이 없게 하라(忠告而善導之 不可則止 毋自辱焉)'고 말했다.

또 공자는 이렇게 말했다.

"도움이 되는 벗이 셋, 해로운 벗이 셋 있다. 정직한 벗, 성실한 벗, 박학(博學)한 벗은 도움이 되며 편벽한 벗, 알랑거리기 잘하는 벗, 밉밉 앞세우는 벗은 해롭다(益者三友 損者三友 友直友諒友多聞益矣 友便辟友善柔友佞傳損矣)."

벗을 사귈 때 유익한 벗이 세 사람 있고 손해 보는 벗이 세 사람 있다는 말이다.

정직한 사람을 친구로 사귀면 마음이 곧은 친구는 직언(直言)으로 충고해 주므로 과실을 범하기가 어렵고, 때로 잘못이 있으면 바른 길로 선도해 준다.

성실하고 표리(表裏)가 없는 벗을 사귀면 자신도 그를 닮아서 성실을 배우게 되고 허위와 위선을 멀리하게 된다.

견문이 넓고 아는 게 많은 친구를 사귀면 내 자신의 지식도 역

190

시 저절로 배워 알게 된다.

반대로 편벽한 친구는 체면 세우기에만 급급하여 겉과 속이 일치되지 못하고 부정직한 까닭에 만일 이런 사람을 친구로 사귀면 수도(修道)에 방해가 많을 것이다.

알랑거리기 좋아하는 사람은 겉으로는 아첨하나 신의가 없으므로 이런 사람과 사귀면 자신도 그런 좋지 못한 영향만 받게 된다.

편녕(便佞)한 사람은 말만을 앞세워서 자연히 속은 부실하므로 그를 사귀어서 얻을 것은 교언(巧言)뿐이니 해롭게 마련이다.

또 공자는 다음과 같은 말도 했다.

"길이 같지 않은 사람과는 더불어 의논하지 말라(道不同 不相爲謀)"

능력에 차이가 있고, 가는 길이 다르면 의견이 서로 맞지 않을 것이니 서로 의논하거나 함께 일을 도모하지 말라는 말이다. 이를 뒤집어서 해석해 보면 결국은 비슷한 생각이나 비슷한 처지에 있는 사람끼리 서로 모여서 사귀게 된다는 뜻이라고 할 수 있겠다.

친구를 옳게 사귀어야 한다는 것은 아무리 강조해도 지나친 말이 아니다. 자신에 대한 판단의 척도는 바로 자신의 친구에 의해 알 수 있다.

椎輕釘聳 / 추경정용

意義 망치가 가벼우면 못이 솟아오른다는 뜻인데, 윗사람이 엄격하지 않으면 아랫사람이 순종하지 않고 오히려 반항한다는 말이다.

出典 순오지(旬五志)

解義 순오지에 '椎輕釘聳 比於在上者 不嚴則 在下者反模'이라고 기록되어 있는데, 이것은 '망치가 가벼우면 못이 솟아른다는 것은 윗사람이 엄하지 않으면 아랫사람이 제멋대로 한다'는 뜻이다.

인간에게는 순종하려는 것보다는 반항하고 싶은 본능이 있다. 그러다 보니 자신의 힘으로는 뻔히 안될 줄 알면서도 의기를 앞세우는 어리석음을 어쩌지 못하는 것이 인간이기도 하다.

'참새가 방앗공이에 치어 죽어도 짹하고 죽는다', '지렁이도 밟으면 꿈틀한다'는 속담이 있다.

이는 비록 아무리 힘이 없는 존재일지라도 막다른 경우에 이르면 반항하게 되고, 너무 미약하여 업신여김을 당하면 참지 못한다는 뜻이다.

그렇듯이 자신이 도전 받는다 싶으면 버마재비가 지나가는 수레바퀴의 앞을 가로막는 것처럼(螳螂拒轍), 쫓기는 쥐가 고양이 문다는 식으로 자신이 힘에 겨운 것을 깨닫기 이전에 결사적으로 자신보다 더 큰 세력에 대항하여 덤비는 법이다.

모든 것이 그 도를 벗어나서 이로울 것은 없다. 통치자가 너무 유약하면 사회의 기강이 문란해지고 또 너무 엄격하여도 사회가 혼란스러워지는 법이다. 임금을 심기되 과잉 충성을 하면 미움을 사고 벗과 사귀되 정이 지나쳐도 귀찮게 여기게 마련이다. 이는 다 그 적절함을 넘어섰기 때문일 것이다.

'윗물이 맑아야 아랫물이 맑다'는 속담도 있듯이 사실 윗사람으로서 처신하기란 무척 어려운 것이다. 아랫사람에 대해 너무 엄격하면 거리감을 느껴 멀어지게 되고 또 너무 가까이하면 존경심을 상실하게 되기가 쉽다.

위의 추경정용(椎輕釘聳)이란 말도 바로 이런 경우를 두고 한 말이다.

192

참고 : 螳螂拒轍(당랑거철)—《회남자(淮南子)》 인간훈편(人間訓篇)에 다음과 같은 이야기가 있다.

제(齊)나라 장공(莊公)이 사냥을 나갔을 때 벌레 한 마리가 장공이 타고 가는 수레바퀴에 발을 들어 치려 했다(有一虫 擧足 將搏其輪). 장공이 말을 모는 사람에게 물었다.

"저게 무슨 벌레인가?"

"저 놈이 이른바 버마재비란 놈입니다. 저 놈은 원래 앞으로 나아갈 줄만 알고 뒤로 물러날 줄을 모르며 제 힘도 헤아리지 않고 상대에게 대항하는 놈입니다."

"그래, 그 놈이 만일 사람이라면 천하의 용사(勇士)가 될 것이다."

하고 장공은 수레를 돌려 그 버마재비를 피해 갔다는 것이다.

버마재비란 놈은 본디 피할 줄을 모르는 어리석다면 어리석고 용감하다면 용감한 그런 성질의 벌레다. '당랑거철'이란 말은 바로 이 버마재비가 겁도 없이 수레바퀴가 지나가는 앞을 가로막는다는 말인즉 어마어마한 힘의 차이를 지닌 강적 앞에 분수없이 날뛰는 것을 의미한다.

春塘春色古今同 / 춘당춘색고금동

意義 춘당대(春塘臺)는 창덕궁에 있는 과거 보던 곳이다. 춘당대의 봄빛이 예나 지금이나 한결같다는 이 말은 곧 시절이 태평스럽고 무사함을 뜻한다고 할 수 있겠다.

또 태평성대를 뜻하는 말로 만리동풍(萬里東風)이란 성어가 있는데, 만리나 되는 나라 안이 온통 봄바람이니 나라가 태평스런 상태를 가리키는 말이라고 하겠다.

出典 춘향전(春香傳)

解義 조선 숙종대왕 즉위 초에 전라도 남원부사의 아들 이몽룡(李夢龍)이 광한루(廣寒樓)에서 그네 뛰고 놀던, 퇴기(退妓) 월매(月梅)의 딸인 성춘향(成春香)과 만나서 사랑을 속삭이고 백년가약을 맺는다.

그러나 몽룡의 아버지 이부사(李府使)가 한양의 내직(內職)으로 영전하게 되자 이도령과 춘향은 후일을 기약하고 이별하게 되었다.

그후의 신임부사로 온 변학도(卞學道)는 주색(酒色)을 무척 좋아하는 인물이었는데 춘향의 미모를 전해 듣고는 춘향을 불러들여 수청들기를 강요하였다.

그러나 춘향은 죽음을 무릅쓰고서라도 이도령과의 약속을 지키기 위해 이를 거절하여 마침내 변학도의 미움을 사게 되고 옥에 갇히는 신세가 된다는 것이 다음에 인용될 원문(原文)의 바로 앞 부분까지의 줄거리이다.

이때 한양성(漢陽城) 도련님은 주야로 시서(詩書) 백가어(百家語)를 숙독(熟讀)하였으니 글로는 이백(李白)이요 글씨는 왕희지(王羲之)라.

국가에 경사가 있어서 태평과(太平科)를 보이실새 서책(書冊)을 품에 품고 장(場)에 들어가 좌우를 둘러보니 억조창생(億兆蒼生) 허나 선비 일시에 숙배(肅拜)힌다. 어악풍류(御樂風流) 청아성(清雅聲)에 앵무새가 춤을 춘다.

대제학(大提學) 택출(擇出)하여 어제(御題)를 내리시니 도승지(都承旨) 모셔 내어 홍장(紅帳) 위에 걸어 놓으니 글제에 하였으되, 춘당춘색(春塘春色)이 고금동(古今同)이라 뚜렷이 걸렸거늘, 이도령 글제를 살펴보니 익히 보던 배라.

시제(詩題)를 펼쳐 놓고 해제(解題)를 생각하여 용지연(龍池硯)에 먹을 갈아 당황모(唐黃毛) 무심필(無心筆)을 반중둥 덤뻑 풀어 왕희지 필법으로 조맹부(趙孟頫)체를 받아 일필휘지(一筆揮之) 선장(先場)하니 상시관(上試官)이 글을 보고 자자(字字)

이 비점(批點)이요, 구구(句句)이 관주(貫珠)로다. 용사비등(龍蛇飛騰)하고 평사낙안(平沙落雁)이라. 금세(今世)의 대재(大才)로다. 금방(金榜)에 이름을 불러 어주 삼배(御酒三杯) 권하신 후 장원급제(壯元及第) 휘장(揮場)이라.

신래(新來) 진퇴(進退) 나올 적에 머리에는 어사화(御賜花)요, 몸에는 앵삼(鶯杉)이요, 허리에는 학대(鶴帶)로다. 삼일유가(三日遊街)한 연후에 산소에 소분(掃墳)하고 전하(殿下)께 숙배하니, 전하께옵서 친히 불러 보신 후에,

'경(卿)의 재주 조정(朝廷)에 으뜸이라'하시고 도승지 입시(入侍)하사 전라도어사(全羅道御使)를 제수(除授)하시니 평생의 소원이라. 수의(繡衣)·마패(馬牌)·유척(鍮尺)을 내주시니, 전하께 하직하고 본댁(本宅)으로 나아갈 제 철관 풍채(鐵冠風采)는 심산 맹호(深山猛虎) 같은지라.

위에서 인용한 부분은 춘향전의 전체 구조상 전개에 해당되는 부분으로 완판본(完版本)의 열녀춘향수절가(烈女春香守節歌)에서 발췌하였다.

이 이후에 전개되는 춘향전의 내용은 금준미주천인혈(金樽美酒千人血)이란 성어편을 보면 될 것이다.

春夢虛事 / 춘몽허사

[意義] 봄꿈이란 헛된 것이라는 말로 어떤 사실을 인지(認知)하는 데에 착각을 일으켜 과오를 범하였을 때에 쓰이는 성어이다.

[出典] 파수록(破睡錄)

[解義] 기생과 함께 살림살이를 하는 자가 있었다.
어느 날 밤이 깊어서 장차 취침하려는 찰나에 관가(官家)에서

기생을 부르는 것이었다. 사내가,

"이다지도 깊은 밤에 관가에 들면 반드시 또 하나의 사내를 얻는 것이겠지."

하고 농담을 붙이자 기생은,

"관가에 들 때마다 서방을 얻는다면 온 세상 사내가 다 내 서방이 되오리까."

하고는 이내 속옷 한 벌을 내어 입으면서,

"이걸 보셔요. 이것이 곧 면(免)하는 방법이랍니다."

하는 것이었다. 사내는 웃으면서,

"옳아! 옳아!"

하였으나 끝내 의심이 가시지 않아서 남몰래 그 뒤를 밟았다. 기생이 관가 문 앞에 이르자 속옷을 벗은 후 접어서 기왓장 밑에 넣어 두고 들어가는 것이었다. 그 속임수에 분개한 사내는 속옷을 갖고 돌아와 홀로 촛불을 밝히고 기생이 돌아올 것을 기다렸다. 그러나 밤은 길고 피로는 가중되었다.

드디어 그 사내는 잠에 빠지게 되고 새벽이 되었다. 기생이 관청문을 나서면서 숨겨 두었던 속옷을 찾았으나 간 곳이 없었다. 이미 제 사내의 짓인 줄을 알고서 집으로 돌아와 문 앞에 이르렀다. 문 소리가 날까 보아서 가만가만 열었더니 사내는 과연 그 속옷을 껴안은 채 잠이 깊게 들어 있었다.

가만히 모자(帽子)를 손아귀에 바꿔 쥐어 주고는 속옷을 빼앗아 도로 입고서 사내를 발로 차서 깨웠다. 기생의 발에 차인 사내는 벌떡 일어나서 앉으면서,

"너의 속옷이 내 손아귀 속에 쥐어 있는데도 넌 간부(姦夫)가 없었단 말야."

하고 분기탱천 호통을 치는 것이었다. 기생은,

"밤이 아무리 캄캄했다손 어찌 속옷과 모자를 구별 못하셨나요?"

하고 공교로운 말과 아리따운 웃음으로써 아양을 부리는 것이었

다. 사내는 그 말을 듣고 다시금 살펴보니 껴안고 있는 것은 과연 모자였다. 그제서야 하는 말이,

"봄꿈이란 실로 허황한 것이로군(春夢誠虛事)."
하고 부끄러운 얼굴빛을 지었다.

春雨數來 / 춘우삭래

意義 봄비가 자주 온다는 뜻으로 아무런 유익함도 없고 그저 해롭기만 한 것을 지칭하는 말이다.

出典 순오지(旬五志)

解義 봄비 자주 온다(春雨數來)
　　　돌담이 배부르다(石墻飽腹)
　　　사발이 귀 떨어졌다(沙鉢缺耳)
　　　노인 뱃가죽 두껍다(老人澬皮)
　　　어린아기 말 빨리한다(小兒捷口)
　　　중 술 취하기(僧人醉酒)
　　　흙부처님 내 건너기(泥佛渡川)
　　　맏며느리 손 크다(家母手鉅)
　이상 여덟 가지는 쓸데없이 해롭기만 하다는 것을 비유한 말이다.

E

他人之宴 日梨曰柿 / 타인지연 왈리왈시

[意義] 남의 잔치에 감 놓아라 배 놓아라 한다는 뜻으로서, 쓸데 없이 남의 일에 간섭하는 것을 말한다.

[出典] 이담속찬(耳談續纂)

[解義] 이담속찬에 '他人之宴 日莉曰柿 言不在其位 枉有干涉'이라 는 어구가 있는데 이는 '남의 잔치에 배 놓아라 감 놓아라 하는 말은 그런 말을 할 만한 처지에 놓여 있지도 않으면서 공연스레 간섭을 하는 것을 뜻한다'는 말이다.

이와 유사한 속언으로 '사돈 집 잔치에 감 놓아라 배 놓아라 (姻家宴姉梨擅)'라는 말도 있고 이외에도 어떤 일에 전혀 관계가 없는 자가 끼여들어 공연히 소란스레 수다를 떨 때에 쓰는 속담 들이 많다.

'치마기 열두 폭인가', '사돈의 잔치에 중이 참여한다(査頓宴僧 客)', '남의 친환(親患)에 단지(斷指)', '뒷집 마당 벌어진데 솔뿌 리 걱정한다', '남의 싸움에 칼빼기', '봉치에 포도군사'라는 말들 이 바로 그것이다. 여기서 봉치란 봉채(封采)에서 온 말로 혼인 전에 신랑집에서 신부집으로 채단과 예장(禮狀)을 보내는 일을 일컫는 말이다.

본디 어떤 일을 하는 데 참견하는 사람이 많으면 그 일이 제대 로 될 리가 없다.

누군가 길가에 집을 지으면 오가는 사람마다 참견을 하여 결 국에는 집을 못 짓고 말 것이다. 여기서 '길가에 집짓기'란 속담

이 나왔으며 '사공 많은 배가 산으로 올라간다', '상좌(上佐) 중이
많으면 가마솥 깨뜨린다'는 말들이 또한 이와 같은 의미를 내포
하고 있는 것들이다.

사실 자신과 전혀 관계없는 남의 일에 이래라 저래라 할 필요
는 없다. '굿이나 보고 떡이나 먹지'란 속담처럼 되어 가는 형세
나 볼 것이지 남의 일에 쓸데없이 간섭할 필요는 없을 것이다.

그만큼 남의 일에 나설 때에는 용기와 결단, 그리고 명확한 판
단력을 필요로 한다. 자신이 필요하지 않는 일에는 공연히 얼굴
을 드러낼 필요가 없으며 자신이 꼭 소용되는 일이라면 주저없
이 자신의 직함을 내미는 것 역시 그에 못지 않게 중요한 일임에
는 틀림이 없을 것이다.

貪花狂蝶 / 탐화광접

意義 꽃을 탐하여 미쳐 버린 나비라는 말로 꽃에 완전히 홀린
나비의 마음을 뜻하는데, 자색(姿色)이 뛰어난 여인에게 완전히
마음을 빼앗겨 버린 남자를 비유한 말이 되었다.

出典 성수패설(醒睡稗說)

解義 어떤 젊은이가 길에서 양반집 여종을 만났는데 나이가 열
대여섯쯤 되었고 푸른 치마 붉은 소매에 몸맵시는 몹시 날씬했
다.

복숭아처럼 붉은 뺨에 박씨처럼 아름다운 이가 참으로 절색
(絕色)이었다.

그는 불같이 이는 정념(情念)을 걷잡지 못하여 곧 그 뒤를 따
랐다. 혹은 앞서기도 하고 더러는 그 뒤의 자태를 살피기도 하였
다.

그녀는 마침내 어느 재상(宰相)집으로 들어갔는데 그도 역시 서슴지 않고 따라 들어가려는 순간이었다. 그는 그녀의 소매를 잡고 희롱을 붙이려 하였으나 그녀는 소매를 뿌리치고 안으로 들어가 버리는 것이었다. 그도 따라 들어가 안뜰에까지 이르자 그녀는 고함을 치는 것이었다.

재상이 마침 그 젊은이가 안뜰로 들어오는 것을 보고는 그를 잡아 결박하여 그 죄를 다스리려 했다.

"넌 뉘 집 아들이기에 감히 재상가(宰相家)의 안뜰에까지 들어오느냐?"

하고 꾸짖는 것이었다. 그는 태연스러이,

"저는 사대부(士大夫)의 자제로서 우연히 귀댁 여종의 자색(姿色)을 보고 차마 놓치고 가기가 어려워 이렇게 안뜰에까지 들어왔으니 원컨대 널리 용서하소서."

하고 대답하였다. 재상은,

"그럼, 네가 사대부집 자제라고 하니 글을 잘 아느냐?

하고 묻는 것이었다. 그는,

"약간 알고 있습니다."

하고 대답을 하였다. 재상은,

"그럼, 내가 운자(韻子)를 부를 테니 네가 능히 응구첩대(應口輒對)를 한다면 놓아 줄 것이요, 그렇지 않다면 마땅히 죄로 다스리겠도다!"

하고 다짐을 받는 것이었다. 그는 곧 응낙을 했다. 재상(宰相)은 곧 홍(薨)·승(升)·등(滕)의 세 운자(韻字)를 잇달아 불렀다. 그는 역시 이에 응구첩대(應口輒對)하였다.

들건대 동군(東君)이
아흔 살에 돌아가니
봄빛이 안타까워
어린 아가씨 눈물짓네

꽃에 미친 이 나비를
탐해서 무엇하리!
대감의 그 풍류(風流)는
등(滕)나라보다 작단 말인가
　　聞道東君九十耆　　惜春兒女淚盈升
　　貪花狂蝶何須責　　相國風流小似滕

　그 시를 본 재상은 곧 묶은 줄을 끌러 대청에 올려 앉히고 그
등을 어루만지면서,
　"기특한지고! 너의 재주를 보니 뒷날에 반드시 크게 귀하게
될 재주로다."
하고 칭찬하며 곧 그 여종을 그의 애인으로 삼는 것을 쾌히 승낙
하였다.

太虛 / 태허

[意義] 하늘이란 뜻을 지닌 대공(大空)과 같은 말이다.

[出典] 삼국유사(三國遺事) 권삼(卷三) 남백월이성(南白月二聖)

[解義] 각기 암자에 살아서 부득은 부지런히 미륵불을 찾고 박박
은 아미타불을 염송하였다.
　이런 지 3년이 못되어 경룡(景龍) 3년 기유 4월 8일은 즉 성덕
왕 8년이었다.
　어느날 해질 무렵에 나이는 스물쯤 됨직하고 용모가 유난히
예쁘며 화장 냄새가 코를 찌르는 듯한 한 낭자가 북쪽 암자(향
전에는 남쪽암자라 함)에 이르러 유숙하길 청하며 노래를 지어
바치며 말했다.

"걸음은 더디고 해 저문 산중에 길은 설고 마을은 멀어 이웃도 없네. 오늘밤 이 암자에서 자려 하니 자비로우신 화상님 꾸짖지 마소."

박박이 말하기를,

"절이란 청정(淸淨)을 지키는 것을 근본으로 삼으니 당신이 가까이 할 곳은 못 됩니다. 지체말고 가십시오."

하고 문을 닫고 들어가 버렸다.

낭자는 다시 남쪽 암자(향전에는 북쪽 암자로 되어 있다)로 가서 또한 전과 같이 여전히 청하니 부득이 말하기를,

"당신은 어디서 이 밤에 여기를 오셨소?"

하자 낭자가 답하였다.

"맑기가 태허(太虛)와 같으니 어찌 가고 옴이 있사오리까? 다만 현자(賢者)께서 뜻이 심중(深重)하시고 덕행이 높음을 듣고 장차 보리(菩提)를 도와 드릴까 할 뿐입니다(湛然與太虛同體何有往來 但聞賢士志願深重 德行高堅 將欲助成菩提)."

하고 게(偈)를 지어 불렀다……(후략)

여기에 나오는 태허(太虛)는 바로 대공(大空)과 같은 뜻이다.

$$\boxed{\text{Ⅱ}}$$

판소리

意義 전통적인 민속 음악의 한 갈래로서, 이야기를 노래로 부르는 형식을 취하여 음악으로서의 특질과 문학으로서의 특질을 공유(共有)하고 있는 예술을 일컫는 용어이다.

出典 구비전승(口碑傳承)되어 오는 말

解義 '판소리'란 말의 뜻은 여러 가지로 풀이되고 있다.

'판'을 '놀이판'의 뜻으로 이해하면 이 말은 '놀이판을 벌이고 부르는 소리'로 이해된다. 또 '판'을 '판에 박힌다'는 뜻으로 이해하면 이 말은 '판에 박힌 듯이 정해 놓고 부르는 소리'로 풀이된다.

또 '판'을 악조(樂調)를 의미하는 '판(板)'으로 이해하면 이 말은 판창(板唱), 즉 '일정한 장단을 가진 악조로 부르는 소리'로 풀이된다.

판소리를 한자어(漢字語)로 지칭할 경우에는 흔히 창악(唱樂)·극가(劇歌)·창극(唱劇) 등의 용어를 사용한다.

창악이라는 말은 기악이 아닌 성악이라는 뜻이지만 관습상 판소리 이외의 성악에는 통용되지 않는다. 극가라는 말은 극적인 성격을 지닌 노래라는 뜻이며 판소리와 창극을 함께 지칭한다. 창극은 판소리를 연극으로 바꾸어 놓은 것을 일컫는 말이면서 때로는 판소리까지도 함께 포괄하는 총칭이기도 하다.

이와 같은 여러 가지 이름이 있지만 이 중에서도 가장 널리 쓰이는 명칭이 판소리이다.

판소리는 사설과 창(唱)을 섞어서 부른다. 판소리는 민요·잡가·시조·가곡 등에 비해서 길이가 월등히 길기 때문에 창으로만 계속 부르는 것은 무리이다.

그러므로 말로 하는 대목인 사설을 섞어서 광대가 숨을 돌릴 수 있는 여유를 가지게 한다. 하지만 어디까지나 사설은 부수적인 부분에 지나지 않고 창이 주(主)가 되는 것 또한 사실이다.

판소리창에는 진양조·중머리·중중머리 등의 장단(長短) 변화가 있는 것이 특징인데 진양조는 느린 장단, 중머리는 중간 장단, 중중머리는 빠른 장단을 일컫는 말이다.

판소리는 원래 열두 마당이었다고 한다. '마당'이라는 말은 판소리 한 편을 뜻하며 공통적인 줄거리를 지닌 작품군(作品群)이라고 정의할 수도 있다. 그런데 열두 마당이 19세기에 이미 여섯 마당으로 줄어 들었고 오늘날에는 그 중에서 다섯 마당만 전한다. 춘향가·심청가·흥보가(박타령)·수궁가(토별가)·적벽가(화용도) 등이 바로 그것이다.

모든 구비문학이 그렇듯이 판소리도 공동작(共同作)으로 창조된다. 그래서 판소리는 민중 전체의 입장을 대변하기도 하고 때때로 양반의 생각을 반영하기도 한다.

판소리는 조선 후기의 새로운 사회에서 자라난 문학이요, 음악을 통해 새로운 사회상을 사실적으로 반영했다. 또한 기록문학으로의 선환이 활발하게 진행되어 고전소설(古典小說)의 가장 큰 업적이라고 할 수 있는 판소리계 소설을 탄생시키기도 하였다.

蝙蝠之役 / 편복지역

意義 박쥐의 구실이란 뜻으로 자기의 이익만을 위해 이랬다 저랬다 하는 자나 이런저런 핑계를 대어 교묘하게 자기의 책임을

회피하는 자, 또는 한 몸으로 두 가지 구실을 하면서 이중생활을
하는 것 등을 일컫는 말이다.

出典 순오지(旬五志)

解義 봉황새를 축하하는 새들끼리의 자리에 유독 박쥐만이 오지
않았다. 봉황이 박쥐를 불러다 놓고 꾸짖었다.

"네가 내 밑에 있으면서 어찌 그리 거만할 수 있느냐?"

박쥐가 대답하기를,

"나는 네 발 가진 짐승의 족속인데 너 같은 새와 무슨 관계가
있단 말이냐?"

고 했다. 그 뒤에 또 기린을 축수(祝壽)하는 짐승들의 잔치가 벌
어졌다. 온갖 짐승들이 이 잔치에 모두 모였지만 오직 박쥐만은
오지 않았다. 기린이 박쥐를 불러놓고 꾸짖었다.

"네가 내 밑에 있으면서 어찌해서 나를 축수하는 연회에 참석
하지 않느냐?"

그러자 박쥐는 대답했다.

"나는 이렇게 날개가 있는데 너희와 같은 짐승들의 잔치와 무
슨 관계가 있단 말이냐?"

그러면서 박쥐는 날개를 펼쳐 보이는 것이었다.

이것은 요리조리 책임을 회피하는 자를 경계하기 위한 이야기
이다.

筆札 / 필찰

意義 중국의 《사기(史記)》나 《한서(漢書)》에서는 붓과 종이 또
는 필적(筆跡)·수적(手跡)의 뜻으로 쓰였으나 삼국유사에서는
서화(書畫)의 뜻으로 썼다.

出典 삼국유사(三國遺事) 권사(卷四) 양지사석(良志使錫)

解義 중 양지(良志)는 조상이나 고향은 알 수 없고 오직 선덕왕(善德王) 때의 그 행적만이 남아 있을 뿐이다. 석장(錫杖; 중이 짚는 지팡이) 끝에 베주머니를 걸어놓으면 그 석장이 저절로 시주하는 집으로 날아가서 흔들어 소리를 내면 그 집에서 알고 공양미를 넣어서 자루가 다 차면 석장이 날아 절로 돌아왔으므로 그가 있던 곳을 석장사(錫杖寺)라 했으나 신기함이 보통 이 정도여서 감을 잡을 수가 없었다.

그 밖에도 여러 가지 재주에 능통하여 신묘하기 비할 데 없으며 또한 서화(書畵)에도 능숙하였다(旁通雜譽 神妙絶此 又善筆札).

영묘사의 장육삼존(丈六三尊), 천왕상(天王像)과 전탑을 덮은 기와, 천왕사탑(天王寺塔)의 팔부신장(八部神將), 법림사(法林寺)의 주불삼존(主佛三尊)과 좌우금강신(左右金剛神)이 모두 그가 만든 것이고 또 그는 영묘사·법림사의 액자도 썼다.

또한 일찍이 벽돌을 새겨 조그마한 탑을 만들고 거기에 불상 3000여 개를 만들어 그 탑 안에 봉안하여 절 안에 두고 예를 올렸다. 그가 영묘사의 장육존상을 만들 때도 스스로 선정(禪定)에서의 정수(正受)의 데도로 법식을 삼았다.

그러자 장안의 남녀들이 다투어 진흙을 운반해 주며 노래를 불렀는데 그 노래가 바로 풍요(風謠)이다.

ㅎ

閒中眞味 / 한중진미

意義 한가한 가운데의 참된 맛이란 뜻으로 때때로 빈곤이나 고독 속의 즐거움이나 여유를 일컫는다.

出典 불우헌음(不憂軒吟), 상춘곡(賞春曲)

解義 조선초의 문인이며 학자였던 불우헌(不憂軒) 정극인(丁克仁)의 한시인 불우헌음(不憂軒吟)에 다음과 같은 구절이 있다.

배 고프면 먹고 목마르면 마시는 한가한 가운데 있는 맛은
명월 청풍과 더불어 이를 만하구나
飢餐渴飮閒中味 明月淸風可與云

우리나라 최초의 가사(歌辭)문학이라고 일컬어지며 그가 만년에 전북 태인(泰仁)에 은거하면서 지었다는 〈상춘곡(賞春曲)〉에도 다음과 같은 부분이 있다.
"엇그제 겨울 지나 새봄이 도라오니 桃花杏花(도화행화)는 夕陽裏(석양리)예 퓌여 잇고 綠楊芳草(녹양방초)는 細雨中(세우중)에 프르도다. 칼로 몰아 낸가 붓으로 그려 낸가 造化神功(조화신공)이 物物(물물)마다 헌스룹다 수풀에 우는 새는 春氣(춘기)를 뭇내 계워 소리마다 嬌態(교태)로다 物我一體(물아일체)어니 興(흥)이 이이 다룰소냐 柴扉(시비)에 거러 보고 亭子(정자)에 안자 보니 逍遙吟詠(소요음영)ᄒ야 山日(산일)이 寂寂(적적)ᄒ듸 閒中眞味(한중진미)를 알 니 업시 호재로다."

위의 글을 현대어로 옮겨 보면 다음과 같다.

"엊그제 겨울이 지나고 새봄이 돌아오니 복숭아꽃 살구꽃은 저녁 햇빛 속에 피어 있고 푸른 버드나무와 아름다운 풀은 가랑비 내리는 속에 더욱 푸르구나. 칼로 재단해 냈는가? 붓으로 그려냈는가? 조물주의 신령스러운 솜씨가 물건마다 야단스럽게 나타나 있구나. 수풀에서 지저귀는 새는 봄의 흥겨움을 끝내 이기지 못하여 지저귀는 소리마다 아양부리는 자태로구나! 자연 속에 내가 몰입하여 한 몸이 되었으니 저 우는 새의 흥이야 나의 흥과 다를 수 있으랴. 사립문을 나와 거닐어도 보고 정자에 앉아보기도 하고 또 슬슬 거닐면서 시를 나직히 읊조리며 산 속에서 지내는 하루하루가 고요하고 적적한데, 한가한 가운데 참된 자연의 맛을 아는 사람 없이 나 혼자 즐기는구나."

아름다운 강호(江湖)에서 초가삼간에 정자(亭子)를 지어 놓고 소요음영(逍遙吟詠)하며 석조(夕釣)와 취흥으로 세상을 즐기는 삶을 노래한 것이 바로 상춘곡이다.

상춘곡은 전원(田園)에서의 생활을 노래한 것이기 때문에 강호가사(江湖歌辭)라고 흔히 불려지는데 이러한 작품들이 우리 문학사에서 가사문학의 주류를 형성하고 있다고 하겠다.

이런 강호가사의 작자들은 대개 당시의 사대부(士大夫)로서 깊은 학문으로써 치국(治國)에 이바지하여야 할 지도자들이었으나 그 뜻을 제대로 펼치지 못하고 강호에 머물며 사연의 아름다움을 찾고 은자(隱者)의 이상을 노래하였던 것이다.

咸興差使 / 함흥차사

[意義] 함흥으로 보낸 사신이란 뜻으로 한번 심부름을 떠난 자가 소식이 없음을 의미한다. 조선의 태조 이성계가 함흥에 은퇴하여 있을 때, 태종이 보낸 사신을 죽이거나 잡아두고는 돌려보내

지 않은 고사에서 나온 말이다.

出典 시수편(逐睡篇)

解義 조선(朝鮮)을 건국한 태조 이성계는 이방원이 왕자(王子)의 난(亂)을 일으키고 세자 방석을 죽이자 왕위를 내놓고 고향인 함흥(咸興)으로 내려갔다.

태종은 왕이 된 후 부자간이 상극하면 불효라 하여 여러 번 사신을 이성계가 있는 함흥으로 보내어 태조를 모셔오도록 하였다.

그러나 이성계는 노여움이 가시지 않아 함흥으로 사신이 오기만 하면 즉시 죽여 버렸기 때문에 함흥으로 간 사신 중에 다시 한양으로 돌아간 사람은 아무도 없었다.

예전에 태조와 같이 고생을 했었던 교분이 두터운 성석린(成石璘)이 내려갔으나 성공하지 못하고, 박순(朴淳)도 내려갔으나 그도 성공하지 못하여 나중에는 무학대사가 내려가 태조 이성계와 같이 유숙(留宿)하면서,

"그동안 고생하며 만든 나라를 남에게 주는 것보다는 같이 간난 신고(艱難辛苦)를 두루 겪은 태종 이방원에게 주는 것이 오히려 낫지 않겠소?"

하고 설득하여 마침내 태조가 다시 한양으로 돌아오게 되었다. 풍양(豊壤)까지 왔을 때 부자간의 예의상 태종이 마중을 나갔다. 차일을 치고 맞이할 때 신하 하윤(河崙)이 권하여 차일의 가운데에 큰 나무로 기둥을 세웠다.

이때 태조는 불현듯 방석의 생각도 나고 태종에 대한 증오심이 갑자기 폭발하여 태종을 겨냥하여 활을 쏘았다. 태종이 큰 차일 기둥 뒤로 피하자 화살은 바로 그 기둥에 박혔다. 여기서 태조는 비로소 국새를 태종에게 내주었다고 한다.

또 연회를 열어 술잔을 올릴 때 하윤은 태종의 술잔을 중관

(中官 : 內侍)을 시켜 바치게 하였다. 왜냐하면 이성계가 태종에 대한 살의(殺意)가 완전히 가시지 않았음을 알았기 때문이었다.

이때부터 태조는 술을 마시고 몸에 지닌 철여의(鐵如意)를 내던지며 태종이 왕위에 오른 것은 하늘이 시킨 일이라 하고 다시는 태종에 대한 불만을 품지 않았다고 한다.

참고 : 일을 보러 밖에 나간 사람이 오래도록 아무런 소식도 없이 돌아오지 않을 때 쓰는 말로 이런 속담도 있다.

'의붓아비 소 팔러 보낸 것 같다', '지리산 포수(砲手)', '강원도 포수'라는 말 등이 바로 그것이다.

특히 '강원도 포수'라는 말은 옛날부터 강원도는 산이 깊고 험한데다 맹수가 많아 사냥간 포수가 살아서 돌아오기 어려웠다는 이야기에서 나온 속담이다.

鄕歌 / 향가

意義 신라시대에 불려진 노래로서 향찰(鄕札)로 표기되었던 문학의 명칭을 뜻한다.

出典 삼국유사(三國遺事) 권오(卷五) 월명사 도솔가

解義 삼국유사 권오의 〈월명사 도솔가(兜率歌)〉 조(條)에,

"…때마침 월명사가 남쪽 길 언덕을 걷고 있는 것을 보고 왕이 사람을 시켜 불러들여 '단(壇)을 열고 축원(祝願)하라'고 명했다. 월명사가 이르되 '신은 중이지만 국선(國仙)의 무리로서, 향가(鄕歌)는 알지만 불교 노래에는 능하지 못합니다.' 하니 왕이 이르되 '이미 연승(緣僧)으로 뽑혔으니 향가라도 좋다.' 하시므로 월명사가 왕명에 따라 도솔가를 지어 바쳤다(…時有月明師 行于阡陌時之南路 王使召之 命開壇作啓 明奏云 臣僧但屬於國仙之

徒 只解鄉歌 不閑聲梵 王曰 旣卜綠僧 雖用鄉歌可也 明乃作兜率
歌賦之)."

또한,

"월명사가 일찍이 죽은 누이의 재(齋)를 올릴 때 향가를 지어
제사하였다(明又嘗爲亡妹營齋 作鄉歌祭之)."란 구절이 있으며,
균여전(均如傳) 역가(譯歌) 현덕분(現德分)에서 최행귀(崔行
歸)가 말하기를,

"11수의 향가는 글이 맑고 아름답다. 그것을 일컬어 사뇌(詞
腦)라고 한다(十一首之鄉歌 詞淸句麗 其爲作也 號稱詞腦)."란 부
분이 있다.

여기에서 향가(鄉歌)라는 용어 이외에 도솔가(兜率歌)·사뇌
가(詞腦歌)란 명칭이 있었음을 알 수 있다.

그후 이 도솔가와 사뇌가는 곧 향가(鄉歌)의 다른 명칭일 것
이라고 인식되어 왔다.

사뇌(詞腦)는 곧 음가가 '시닉'로 동토(東土)라는 뜻을 지닌
말로 보고 향(鄉)의 훈(訓)도 '시닉'로 추정했기 때문에 향가나
사뇌가는 '시닉 노래', 즉 '신라(新羅)의 노래'라는 뜻을 지닌 동
일어로 인지(認知)되어 왔던 것이다.

또한 《삼국유사》나 《삼국사기》같은 문헌에서 신라 말을 향언
(鄉言), 신라 음악을 향악(鄉樂), 신라 악기를 향삼죽(鄉三竹),
신라 사람 자신을 향인(鄉人)이라고 이름한 것을 지적하여 삼국
통일 이후 당(唐)의 문화가 들어옴으로써 고유문화가 억압되고
주체사상이 박약해지기 시작하여 모화(慕華) 사상이 움트기 시
작했다고 보고 향가 역시 다분히 자기 폄시적(自己 貶視的)인
용어라고 규정짓기도 하였다.

그러나 최근 이것들은 잘못된 견해라는 설이 유력하다.

"도솔가나 사뇌가는 향가(鄉歌)의 이칭이라기보다는 하위적
(下位的) 쟝르이며 향가라는 말 또한 자기 비하적인 용어라기보
다는 이국(異國)의 시가(詩歌)에 대해 자기의 것을 비교 구별하

는 주체의식에서 사용된 말이다"라는 설이 바로 그것이다.

아무튼 향가란 신라시대의 시형(詩型)이라 할 수 있는 4구체, 8구체, 그리고 낙구(落句)가 있는 10구체에 담겨져 있으면서 그 당시의 고유 문자라 할 수 있는 향찰(鄕札)로써 표기된 신라시대에 불려진 노래를 뜻한다고 할 수 있겠다.

海東眞文章 / 해동진문장

[意義] 해동이란 우리나라가 발해(渤海)의 동쪽에 있어서 붙여진 이름으로 청구(靑丘), 근역(槿域) 등과 함께 우리나라를 지칭하는 말이다. 그래서 '해동진문장'이란 말은 우리나라에서 나온 참다운 문장이란 말인즉 우리 문학작품 중 진정으로 높은 가치를 부여할 수 있는 뛰어난 작품이라는 뜻이다.

[出典] 서포만필(西浦漫筆)

[解義] 서포(西浦) 김만중(金萬重)은 당시 조선조 사회에서 그토록 천대해 오던 소설(小說) 작품을 실제로 창작하였을 뿐 아니라 문학관에 있어서도 누구보다 일가견을 지니고 있었던 인물이었다.

김만중의 시가관(詩歌觀)을 들어보면, 백사(白沙) 이항복(李恒福)의 철령숙운사(鐵嶺宿雲詞)를 논평하는 가운데 백사 이항복이 북청(北靑)으로 귀양가다가 철령을 지날 때에 철령숙운사를 지었는데 하루는 광해군이 뒤뜰에서 놀다가 궁녀가 이 노래를 부르는 것을 듣고 눈물을 흘렸다는 것에 대하여 김만중은 백사(白沙)의 단가(短歌)가 능히 폭군인 광해군에게까지 감동을 주었다고 하여 시가(詩歌)의 감동력을 매우 주시하고 있다.

그리고 김춘택(金春澤)에 의하면 김만중은 정철의 가사(歌

辭)를 애독한 나머지 손수 이들을 베껴 언소(諺騷)라 명명하였다고 한다. 이들 외에도 고려가요 쌍화점(雙花店)을 연의(衍義)로 개장하여 서포악부(西浦樂府)라 명명하였는데 위에서 언급된 철령숙운사·전후미인곡(前後美人曲)·쌍화점 등이 모두 국문시가 임은 두말할 나위도 없다.

이와 같이 김만중은 당시 천시되고 있던 시가에 대해 많은 관심을 기울였고 또한《서포만필》에서 정철의 가사를 논평하는 가운데 다음과 같은 말을 하고 있다.

"송강(松江)의 관동별곡, 전후사미인가(前後思美人歌)는 우리 동방(東方)의 이소(離騷)이다. 그러나 애석한 것은 한자로 표기하지를 못하고 단지 악인(樂人)들이 입으로 서로 주고 받고 혹은 국서(國書)로 써서 전할 뿐인 점이다.

어떤 사람이 칠언시(七言詩)를 가지고 관동곡(關東曲)을 번역한 이가 있지마는 그다지 아름답지를 못하다. 어떤 이들은 택당(澤堂)이 젊었을 적에 지은 것이라 하지마는 그렇지 않다.

구마나즙(鳩摩羅什)이 말하기를 '천축(天竺)의 풍습은 무척 글을 좋아해서 찬불(讚佛)의 글이 무척 우아하고 아름다우나 지금 그것을 중국말로 번역하면 다만 그 뜻은 얻을 수 있겠으나 말은 얻을 수 없다' 하였는데 그것은 당연히 그럴 것이다. 사람의 마음이 입으로 나오면 말이 되고 말에 절주(節奏)가 있으면 가시문부(歌詩文賦)가 되는데 사방의 말이 비록 같지 않으나 진실로 말할 수 있다면 각각 그 말로 절주를 붙인즉 다 족히 천지(天地)를 움직이고 귀신을 감동시킬 수 있음은 다만 중국 만이 아니다.

지금 우리나라 시문(詩文)은 그 말을 버리고 타국의 말을 배워서 쓰니 가령 그것이 약간 비슷하다 하나 이것은 앵무새가 사람의 말을 흉내낸 것과 다를 바가 없다.

그보다는 여항(閭巷)의 초동급부(樵童汲婦)가 흥얼거리고 서로 주고받는 것이 비록 비리(鄙俚)타 하나 그 참과 거짓을 논한

즉 이는 진실로 글하는 선비들의 소위 시부(詩賦)라 하는 것과
는 비교가 안된다.

하물며 이 세 가지의 별곡(別曲)으로 말하자면 천기(天機)의
자연이 있고 이속(夷俗)의 비리(鄙俚)한 데가 없으니 자고로 좌
해 동방의 진문장(眞文章)은 이 세 편 뿐이다. 이 세 편을 또 더
욱 깊이 논한다면 그 중에서도 후미인곡(後美人曲)이 더욱 높으
니 관동별곡과 전미인곡(前美人曲)은 말하자면 문자어(文字語)
를 빌려 그 빛을 꾸미었을 뿐이다(松江關東別曲 前後思美人歌 乃
我東離騷 而惜其不可以文字寫之 故唯樂人輩 口相授受 或傳以國書
而己…況此三別曲者 有天機而自發 而無夷俗鄙俚 自古左海眞文章
只三篇然又就三篇而論之 則後美人尤高 關東前美人 猶借之字語 以
飾其色耳)."

이렇듯 서포는 국문시가의 중요성을 충분히 인정하고 국민문
학론을 강조하고 있다.

한국인은 한국 고유어로 작품을 써야 한다는 국민문학론의 제
기는 당시 한자문화에 꽁꽁 묶여 있는 우리의 중국문화적 경색
(硬塞) 현상을 생각할 때 한국 문학사상 획을 긋는 혁명적인 제
언(提言)이 아닐 수 없다.

탁월한 국민문학론의 제창이 당시 싹트기 시작한 실학(實學)
과 결부되어 보다 너 일찍 꽃피었더라면 조선 후기 문학은 보다
더 급속도로 근대화되었으리라 본다.

하여간 김만중이 모처럼 터뜨린 국민문학론은 그후 이를 받아
들일 만한 후계자가 없어 불발(不發)로 끝나고 말아서 아쉽기
그지 없지만 한편으론 김만중 자신도 한국인은 한국어로 글을
써야 한다고 이론적으로 제창하고서도 실제에 있어서는 그도 많
은 시문(詩文)을 한문으로 써야 했던 당시의 시대적 배경을 감
안한다면 우리는 그의 탁월한 국민문학론이 구호로만 끝나지 않
으면 안되었던 이유를 조금이나마 이해할 수 있겠다.

그렇지만 앞에서 언급한 바와 같이 위의 국민문학론이 한국

문학사상 한 지평선을 열어놓은 탁월한 제언(提言)임에 대해 이의를 품는 자는 아무도 없을 것이다.

海尺之母 / 해척지모

意義 해척(海尺)이란 해변에서 물고기를 잡는 것을 업(業)으로 하는 사람, 곧 어민(漁民)을 뜻하며 해척지모(海尺之母)란 고기잡이를 생계수단으로 삼는 여인네를 일컫는 말이다.

出典 삼국유사(三國遺事) 권일(卷一) 탈해왕(脫解王)

解義 탈해임금(脫解齒叱今 혹은 吐解尼師今이라고도 한다)은 남해왕(南解王) (옛 책에 임인년에 즉위했다 함은 잘못이다. 가까운 임인이라면 노례왕이 즉위하였던 것보다 약간 뒤가 되니 왕위를 다툰 일이 없었을 것이고 그 앞이라면 혁거세의 때가 되니 임인이 아닌 것 같다)

이때에 가락국(駕洛國) 바다 가운데에 어떤 배가 와서 닿았다. 이것을 보고 그 나라 수로왕(首靈王)이 백성들과 함께 북을 치고 법석이면서 그들을 맞아 멎게 하려 하자 배가 날듯이 달아나서 계림의 동쪽 하서지촌(下西知村) 아진포(阿珍浦)까지 갔다. (지금도 상서지, 하서지라 하는 마을 이름이 있다)

그때 갯가에 아진의선(阿珍義先)이라는 한 늙은 할머니가 있었으니 이 이가 바로 혁거세왕의 해척(海尺)의 어머니였다(時浦邊有一嫗 名阿珍義先 乃赫居世王之海尺之母).

그녀는 이 배를 바라보고 말했다.

"이 바다에는 원래 바위가 없는데 왜 까치가 모여서 우느냐." 하고 배를 타고 찾아가니 까치들이 배 위에 모여 있었다.

그 배 안에는 궤 하나가 있었는데 길이가 스무 자이고 넓이가

열세 자였다. 그 배를 끌어다 나무 밑에 매어 두고는 길흉을 알
지 못하여 하늘에 고하였다……

赫居世 / 혁거세

[意義] 밝게 세상을 다스린다는 뜻으로 신라(新羅) 시조(始祖)의
이름이기도 하다.

[出典] 삼국유사(三國遺事) 권일(卷一) 신라 시조 혁거세왕편

[解義] 전한지절(前漢地節) 원년(元年) 임자(任子) 3월 초하루에
육부(六部)의 조상(祖上)들은 각각 자기들의 자제를 거느리고
알천(閼川) 언덕 위에 모여서 논의했다.

 "우리들은 위로 임금이 없어서 백성들을 다스리지 못하기 때
문에 백성들은 모두 방자하여 저하고자 하는 대로 하고 있다. 그
런즉 어찌 덕이 있는 사람을 찾아서 임금으로 삼아 나라를 세우
고 도읍(都邑)을 정하지 않는단 말이냐?"

 이에 그들이 높은 곳에 올라 남쪽을 바라보니 양산(楊山) 밑
의 나정(蘿井)이라는 우물가에 번개처럼 이상한 기운이 땅에 닿
도록 비치고 있었다. 그리고 백마(白馬) 한 마리가 땅에 꿇어 앉
아서 절하는 형상을 하고 있었다. 그래서 그곳을 찾아가 조사해
보았더니 거기에는 자줏빛 알 한 개(혹은 푸르고도 큰 알이라고
도 한다)가 있었다. 말이 사람들을 보더니 길게 울고는 하늘로
올라가 버렸다.

 그 알을 깨고서 어린 사내아이를 얻었다. 그는 모양이 단정하
고 아름다웠다. 모두들 깜짝 놀라고 이상하게 여겨 그 아이를 동
천(東泉 : 동천사는 사뇌야(詞腦野) 북쪽에 있다)에 목욕시켰더
니 몸에서 광채(光彩)가 나고 새와 짐승들이 따라 춤을 추었다.

이내 하늘과 땅이 진동하고 해와 달이 청명(淸明)해졌다. 이에 그 아이를 혁거세왕(赫居世王)이라고 이름했다[剖其卵得童男 形儀端美 驚異之 浴於東泉(東泉寺在詞腦野北) 身生光彩 鳥獸率舞 天地振動 日月淸明 因名赫居世王].

赫世紫纓 / 혁세자영

意義 혁세(赫世)는 대대로 이름이 빛나거나 크게 나타나는 모양을, 자영(紫纓)은 잠영(簪纓)과 같은 뜻으로 벼슬이 높은 사람을 뜻하는 말이다. 그리하여 이 혁세자영이란 성어는 대대로 이름이 크게 빛나거나 드러나는 것을 의미한다.

出典 삼국유사(三國遺事) 권일(卷一) 미추왕(未鄒王)

解義 제13대 미추임금(未鄒尼今 혹은 未祖 또는 未古라고도 한다)은 김알지의 7대 손(孫)이다.
　대대로 현달(顯達)하고 또 성덕(聖德)이 있었다. 첨해(沾解)에게서 왕위를 물려받고 비로소 왕위에 올랐다.(지금 세속에서 이 왕의 능을 시조당(始祖堂)이라 하는 것은 김씨로는 처음 왕위에 올랐기 때문에 훗날 김씨의 모든 왕들이 미추를 시조라 한 것이다) 23년 동안 왕위에 있다가 죽었으며 능은 흥륜사(興輪寺) 동쪽에 있다[赫世紫纓 仍有聖德 受禪于理(沾)解 始登王位(今俗稱王之陵爲始祖堂 盖以金氏始登王位故 後代金氏諸王 皆以未鄒爲始祖宜矣) 在位二十三年而崩 陵在興輪寺東].
　제14대 유리왕(儒理王) 때 이서국(伊西國) 사람들이 금성(金城)을 내습하자 우리도 군사를 일으켜 힘껏 방어했으나 오래도록 항거할 수는 없었다. 그러더니 홀연 이상한 군대가 와서 돕는데 모두 댓잎을 귀에 꽂고 우리 군사와 힘을 합하여 적을 격파하고는 어디로 갔는지 종적을 알 수 없이 물러갔다.

다만 미추왕의 능 앞에 댓잎이 쌓여 있는 것으로 보아 선왕(先王)이 음부(陰府)에서 도운 공(功)인 줄 알고 이곳을 죽현능(竹現陵)이라고 하였다.

縣解之明 / 현해지명

[意義] 일이 일어나기 전에 미리 앞을 내다보는 것. 즉 일이 생기기 전에 미리 아는 바른 슬기란 뜻으로 선견지명(先見之明)과 같은 의미이다.

[出典] 삼국유사(三國遺事) 권일(卷一) 선덕왕 지기삼사(知幾三事)

[解義] 제27대 덕만(德曼 혹은 萬자로도 쓴다)의 시호는 선덕여대왕(善德女大王)이니 성은 김씨요, 아버지는 진평대왕이다.

정관(貞觀) 6년 임진에 즉위하여 16년 동안 다스렸다. 왕의 기미를 미리 알아차린 세 가지 일이 있었다.

하나는 당나라 태종(太宗)이 진홍·자색·흰색의 3색으로 그린 모란과 그 씨 석 되를 보내니 왕이 그 그림을 보고,

"이 꽃은 필시 향기가 없을 것이다."

하고 곧 뜰에 심게 했다. 꽃이 펴서 질 때까지 과연 그 말과 같이 향기가 없었다.

둘째는 영묘사(靈廟寺) 옥문지(玉門池)에 겨울에 많은 개구리가 모여 3, 4일 동안 울고 있어 사람들이 이상히 여겨 왕에게 알렸다. 왕은 급히 각간 알천(閼川) 필탄(弼呑)에게 명하여,

"훈련된 정병 2000명을 데리고 속히 서쪽으로 나가서 여근곡(女根谷)이란 곳을 찾아가면 반드시 적병이 있을 것이니 이들을

218

습격하여 격퇴시키라."

하였다. 두 각간들이 명령을 받들어 각기 1000명씩을 거느리고 서쪽으로 가서 여근곡을 물어 찾으니 부산(富山) 밑에 과연 여근곡이 있었다. 백제 군사 500명이 거기에 숨어 있었으므로 모두 잡아 사살했고 또 백제 장군 오소(汚召)가 남산 고개 위에 숨었으므로 에워싸서 이를 또한 사살했다. 또 후속부대 1300명이 오는 것도 사살하여 하나도 남기지 않았다.

셋째는 왕이 건강할 때에,

"내가 아무 해 아무 달 아무 날에 죽을 것이니 나를 도리천(忉利川)에 장사하라."

하였다. 신하들이 그곳을 알지 못하여,

"어느 곳입니까."

하고 물으니,

"낭산(狼山) 남쪽이다."

하였는데 과연 그달 그날에 죽으니 낭산 남쪽에 장사지냈다.

그후 10여년이 지나서 문호대왕(文虎大王)이 사천왕사(四天王寺)를 왕의 무덤 아래에 세웠다. 불경에 사천왕천(四天王天)의 위에 도리천이 있다 하였으니 비로소 이에 대왕이 신령스런 성인이었음을 알았다. 당시에 군신들이 왕에게,

"어떻게 꽃과 개구리의 기미가 그러할 줄을 알았습니까?"

하니 왕은,

"꽃을 그렸는데 나비가 없으니 향기가 없는 것을 알았다. 이 것은 당나라 임금이 내게 배우자가 없음을 희롱한 것이고, 개구리의 성난 형상은 군사의 형상이고 옥문이란 즉 여근(女根)이요, 여자는 음(陰)인데 그 색은 희고 흰 것은 서쪽이다. 그러므로 서쪽에 군사가 있을 것을 알았고 남근(男根)은 여근에 들어가면 반드시 죽는 것이므로 쉽게 잡을 것을 알았다."

하니 군신들이 모두 그 성스런 지혜에 탄복하였다.

세 가지 색으로 그린 꽃을 보낸 것은 신라에 여왕 셋이 있는

줄을 알고서 그런 것인가? 선덕·진덕·진성 이 세 여왕이 바로 그 사람들이니 당나라 임금도 미리 짐작하여 아는 밝은 지혜가 있었단 말인가(唐帝以有 懸解光明)?

好古破産 / 호고파산

意義 옛것을 지나칠 정도로 좋아하면 재산을 다 날린다는 뜻으로 별로 필요하지도 중요하지도 않은 일에 지나친 신경을 기울이면 결국 신세만 망치게 된다는 의미가 담긴 성어이다.

出典 명엽지해(蓂葉之諧)

解義 옛것을 무척 사랑하는 장자(長者) 한 사람이 있었다. 그는 누구라도 고물(古物)을 지니고 있다는 소문만 들으면 반드시 가산(家産)을 기울여 사곤 하는 것이었다.

어떤 이가 깨어진 표주박 하나를 들고 와서,

"이건 옛날 허유(許由)라는 은사(隱士)가 귀를 씻던 표주박이랍니다."

하면 그는 곧 백금(百金)을 주어 사 버리고 또 어떤 이가 해진 자리 하나를 메고 와서,

"이 물건은 옛날 공자(孔子)께서 행단(杏壇)에서 제자(弟子)들에게 강연(講演)하던 자리랍니다."

하면 그는 또 백금을 치르고 사 버렸다. 어떤 이가 대지팡이 하나를 갖고 와서,

"옛날 비장방(費長房)이 갈피(葛陂)에서 던진 지팡이랍니다."

하면 그는 또 백금을 주고 사는 것이었다. 그러는 동안 그의 가산(家産)은 이미 탕진되었다. 그러나 그는 자신의 고물(古物)을

220

사랑하는 마음에 크게 만족을 느꼈다.

어느 날 그는 자신만만하게 일어서서 왼손에는 표주박을 갖고 오른손에는 지팡이를 짚고 해진 자리를 겨드랑이에 낀 채 절름발이 걸음으로 동네를 거닐고 있는 보니 이는 완전히 비렁뱅이 꼴이었다.

이 모양을 본 사람들은 모두 웃음을 금치 못하며 옛것을 지나치게 좋아하다가 가산을 모두 탕진해 버렸노라고 손가락질을 하였다.

虎前乞肉 / 호전걸육

意義 호랑이에게 고기를 달란다는 말로 전혀 기대할 수 없는 것을 기대하는 어리석은 행동, 즉 전혀 경우에 맞지 않는 행동을 하는 것을 뜻한다.

出典 순오지(旬五志), 송남잡지(松南雜識)

解義 순오지에 '虎前乞肉 를 難圖者 不可圖'란 말이 있는데 이는 안 될 일을 한다는 뜻이다.

우리 속담에 가당치 않은 일을 주책없이 행하려 할 때, 이를 희롱하는 말들이 꽤 많다.

'한강에 돌 던지기(漢江投石)'란 말은 아무리 해도 헛일을 하는 어리석은 행동을 일컬음이요, '강아지 메주 멍석 맡긴 것 같다(莫以狗子 監此麴跂)', '개에게 된장 지키게 하는 격', '고양이한테 생선 가게 지켜 달란다', '호랑이에게 강아지 꾀어 준다', '도둑에게 열쇠 준다'는 말은 소중한 물건을 믿지 못할 사람에게 맡기고서 지켜 달라고 하면 도리어 이것을 잃게 될 뿐 뒤에 얻는 것은 아무것도 없다는 뜻이다.

또 '뒤웅박 차고 바람 잡는다(佩圓瓠捕風)'라는 속담이 있는데 이는 주둥이가 좁은 뒤웅박으로 바람을 잡겠다는 말이니 허무맹랑한 말이나 행동을 하고 다니는 것을 비웃는 말이라고 할 수 있겠다.

세상에는 때와 장소를 분별치 못하고 행동하는 자들이 무척 많다. 초상(初喪) 술을 얻어 먹고 권주가(勸酒歌)를 부르는 격이라고나 할까?

안타깝게도 쥐구멍에 홍살문을 세우는 격으로 전혀 사리나 경우에 맞지 않는 행동들이 오늘날에는 너무 많이 눈에 띈다.

紅裳敎妻 / 홍상교처

[意義] 색시 그루는 다홍치마 적에 앉혀야 한다는 속담으로, 아내의 버릇은 다홍치마를 입은 새색시 적에 바로잡아 길들여야 한다는 말이다.

[出典] 송남잡지(松南雜識), 이담속찬(耳談續纂)

[解義] 송남잡지에는 '홍상교처(紅裳敎妻)'로 되어 있으나 이담속찬(耳談續纂)에는 '욕제세군 수급홍군(欲制細裙 須及紅裙)'이라 씌어 있다. 여기서 세군(細君)이란 처의 뜻이며 군(裙)이란 치마의 뜻인즉 홍군(紅裙)이란 곧 홍상(紅裳)과 같은 의미라고 할 수 있겠다. 이 말 역시 아내를 교육시키려면 새색시 적에 이를 다스려야 한다는 뜻이다.

'암탉이 울면 집안이 망한다'는 속담이 있는데 이는 집안에서 여자가 남자보다 활달하여 안팎 일을 간섭하면 집안 일이 잘 안 된다는 뜻이다.

우리 선인들은 그만큼 여자의 중요성을 인정하면서도 또 한편으로는 나름대로 여자에게 어떤 한계성을 부여해 왔다.

'물과 불과 악처(惡妻)는 삼대재액(三大災厄)', '아내 못된 것은 천년 원수, 된장 신 것은 일년 원수'라는 말이 있다. 그만큼 아내를 잘못 만나게 되면 이는 인생에서의 큰 불행으로 일평생을 망치게 된다는 뜻이다.

성현이 지은 《용재총화(慵齋叢話)》에 다음과 같은 말이 있다. "하루의 걱정은 아침 술에서 생기고 일년 근심은 볼 좁은 신에서 생기고 일생의 근심은 성질이 나쁜 아내로 인해서 생긴다(一日之患 卯時酒 一年之患 狹窄靴 一生之患 性惡妻)." 그만큼 아내라는 존재가 한 남자의 평생을 좌우할 만큼 중요한 것으로 인식되고 있는 것이다.

하지만 '여편네 팔자는 뒤웅박 팔자라'는 말과 같이 뒤웅박의 끈이 떨어지면 어쩔 수 없듯이 여자의 팔자는 역시 그만큼 남편에게 매어 있게 마련이다. 아무리 여자가 날개를 친다고 해도 어디까지나 남자의 깃 아래밖에 안된다는 남성 우월 의식이 다분히 깔려 있다고 할 수 있겠다.

집안끼리의 불화는 대개 여자들의 말에서 생기는 법이다. 집안 어른이 부녀자의 잔소리를 듣고 그대로 행동하면 안된다는 의식이 우리 선인들에겐 짙게 자리잡고 있었다. '집안이 화합하려면 배갯 밑 송사(訟事)는 듣지 말라'는 속담도 나왔던 것이다.

'쇠말뚝은 꾸미기 탓'이듯이 확실히 '집과 계집은 가꾸기 탓'인 듯하다. 아무리 허술한 집과 변변찮은 계집도 평소에 잘 가꾸면 훌륭하게 될 것이니 말이다.

이런 점에서 볼 때 '색시 그루는 다홍치마 적에 앉혀야 한다'는 말은 극히 지당한 말이라고 할 수 있겠다.

弘益人間 / 홍익인간

意義 널리 인간세계를 이롭게 한다는 뜻으로 우리 국조(國祖) 단군(檀君)의 건국 이념이며 오늘날 정치·교육의 기본정신이다.

出典 삼국유사(三國遺事) 권일(卷一) 고조선(古朝鮮)

解義 옛날 환인(桓因)의 서자 환웅(桓雄)이 항상 천하에 뜻을 두고 인간 세상을 탐내므로 아버지가 아들의 뜻을 알고서 삼위(三危) 태백(太伯)을 내려다 보니 인간 세상을 널리 이롭게 할 만하므로 천부인(天符印) 세 개를 주어 세상 사람을 다스리게 하였다(昔有桓因謂帝釋也 庶子桓雄 數意天下 貪求人世 父知子意 下視三危太伯可以弘益人間 乃授天符印三箇 遣往理之).

　환웅은 그의 무리 삼천명을 거느리고 태백산(太伯山) 꼭대기(즉 지금의 묘향산이다) 신단(神壇) 나무 밑에 내려왔다. 이곳이 곧 신시(神市)요 이 분을 환웅천왕이라 한다.

　그는 풍백(風伯)·우사(雨師)·운사(雲師)를 거느리고 주곡(主穀)·주명(主命)·주병(主病)·주형(主刑)·주선악(主善惡) 등 인간 세상의 360여 가지 일을 주로 맡아서 세상을 다스리며 교화하였다.

　그때 곰 하나와 범 하나가 같은 굴에서 살면서 항상 신웅(神雄)에게 빌되 사람이 되기를 원하매 신웅이 약쑥 한 자래와 마늘 20개를 주고,

　"너희들이 이것을 먹고 백일 동안 햇빛을 보지 아니하면 곧 사람이 되리라."

하였다. 곰과 범이 그것을 받아서 먹고 금기하여 곰은 여자가 되었으나 범은 참지를 못하여 사람이 되지 못하였다.

　곰이 여자로 되기는 했으나 서로 혼인할 사람이 없어 항상 신

단 나무 밑에서 수태하기를 빌었다. 그래서 환웅이 잠깐 사람으로 변하여 결혼하여 아들을 낳으니 이 아이가 곧 단군 왕검이다.

당나라 요 임금이 즉위한 지 50년인 경인년에(庚寅 : 당요가 즉위한 해가 무진이니 50년은 정사요, 경인이 아니니 사실이 의심스럽다) 평양성(平壤城 : 西京)에 도읍하고 비로소 조선이라 했다.

다시 백악산(白岳山) 아사달로 도읍을 옮겼으니 아사달은 또한 궁홀산(弓忽山 : 弓은 方字로도 되었음)이라고도 하며 금며달(今彌達)이라고도 한다.

1500년 동안 다스리다가 주나라 호왕(虎王 : 武王)이 기묘년에 기자(箕子)를 조선에 봉하매 단군은 장당경(藏唐京)으로 옮겼다가 뒤에 다시 아사달에 돌아와 숨어서 산신이 되었으니 나이 1908세였다 한다.

活狗子 勝於 死政丞 / 활구자 승어 사정승

意義 살아 있는 개가 죽은 정승보다 낫다는 말로 아무리 천하게 살더라도 죽는 것보다는 낫다는 뜻이다.

出典 순오지(旬五志), 이담속찬(耳談續纂)

解義 순오지에 보면 다음과 같이 씌어 있다.

"항간에서 쓰고 있는 방언이 무려 수백 가지나 된다. 그리고 이 방언은 부인들이나 어린아이들까지도 모두 알아서 사용하고 있다."

그러고 보니 비록 속담이라 할지라도 역시 사리에 맞는 것이 많기 때문에 선배들이 혹 이것을 소장(疏章)이나 척독(尺牘)에 많이 이용한 것이 있다.

 '산 개가 죽은 정승보다 낫다(活狗子 勝於 死政丞)'는 말은 노소재(盧蘇齋)가 자신의 사직을 청하는 상소에 이용했고,
 '외 손바닥 소리 안 난다(獨掌不鳴)'는 말은 양제호(楊霽湖)가 편지에 인용한 구절이다.
 '급히 먹으면 목이 멘다(忙食噎喉)', '열번 찍어서 넘어지지 않는 나무 없다(十斫木 無不顚)', '나는 놈 위에는 타는 놈 있다(飛者上 有跨者)'는 말은 허균(許筠)이 그의 편지에 인용한 말이다. 이 글들은 모두 그의 문집 속에 기록되어 있다.
 또 이담속찬에는,
 '말똥에 굴러도 이승이 좋다.'는 '비록 아무리 고생스럽고 욕되게 살더라도 죽는 것보다는 낫다는 뜻이다(雖臥馬糞 此生可願 言雖苦辱 猶善於死也)'라고 되어 있는데, 이는 개똥밭에서 굴러도 이승이 좋고 거꾸로 매달려도 사는 것이 낫고 죽은 석숭(石崇)보다도 산 돼지가 더 나으며 땡감을 따 먹어도 이승이 더 좋다는 말인즉 얼마나 우리 조상들의 삶에 대한 애착이 강하였는지를 알 수 있겠다. 석숭은 진(晉)나라 때 돈 많기로 이름난 사람이다.

活人之嗓 蛛不布綱 / 활인지상 주불포강

意義 산 사람의 목구멍에 거미줄 치랴는 말로 사람은 아무리 가난하여도 죽을 정도는 아니라는 뜻이다.

出典 이담속찬(耳談續纂)

解義 이담속찬에 다음과 같은 말이 있다.
 '活人之嗓 蛛不布綱 言人雖貧亦或得食' 산 사람의 목구멍에 거미줄이야 치겠느냐는 말은 사람이 비록 아무리 가난할지언정

먹고 살 것은 구할 수 있다는 뜻이다.

가난이나 굶주림만큼 사람에게 고통스러운 것은 없을 것이다. 부(富)나 빈(貧)의 척도는 사람에 따라 상대적이긴 하나 의식주에 압박을 받을 정도라면 그건 빈곤한 상태임에 분명하다. 식생활에 곤란을 느낄 정도라면 더욱더 그렇다.

'이 설움 저 설움 해도 배고픈 설움이 제일'이란 말이 있다. 굶주림이 가장 참기 어려운 것이라는 뜻이다. 색욕이나 재물욕이나 명예욕 등은 인내로써 참고 감당해 낼 수 있는 것들이지만 식욕만은 인간으로서 어쩔 수 없는 것이다.

그래서 사흘 굶으면 아니 나는 생각이 없는 법이다. 그렇듯 굶주림에 시달리다 보면 아무리 성현(聖賢) 군자(君子)라 할지라도 옳지 못한 생각이 떠오르게 마련인 것이다.

'목구멍이 포도청(捕盜廳)'이란 말이 있다. 굶주림을 면하기 위해선 범죄도 불가피하다는 말이다. 그만큼 식욕이란 인간에게 있어서 가장 근본적이고 또 제일차적인 욕구인 것이다.

그러나 인간에겐 어떤 위기에 처하면 그에 대응할 줄 아는 융통성과 슬기가 있다. 그러다 보니 아무리 최악의 상태일지언정 여간해서 굶어 죽지는 않는다.

그래서 '굶어죽기는 정승하기보다 어렵다', '가난이 질기다', '사흘 굶으면 양식 지고 오는 놈 있다'는 속담들이 유행되었던 것이다.

'가난 구제는 나라도 못한다'는 속담이 있듯이 가난한 살림을 구제하기란 그리 쉬운 일은 아니다. 하지만 적어도 민생안정(民生安定)을 경국제민(經國濟民)의 근본으로 삼는 현대에 있어선 부(富)의 균등 분배란 것이 결코 허울좋은 구호로만 끝나서는 안될 것이다.

배가 고픈 생활에서는 아무리 그럴듯한 이념과 사상도 무지개처럼 허황된 것으로만 보이기 때문이다.

恢恢遊刀 / 회회유도

[意義] 자유로이 칼을 놀린다는 말이니 곧 모든 사리를 명쾌하게 별 어려움없이 그 이치를 분별하는 모양을 일컫는다.

[出典] 삼국유사(三國遺事) 권사(卷四) 현유가 해화엄(賢瑜伽 海華嚴)

[解義] 유가(瑜伽)의 조상 대덕(大德)·대현(大賢)은 남산(南山) 용장사(茸長寺)에 살았다. 그 절에 미륵장육석상(彌勒丈六石像)이 있었는데 대현이 그 상을 돌면 상도 역시 대현을 따라 얼굴을 돌렸다. 대현은 지혜롭고 명석하고 정민(精敏)하며 결단력이 분명하였다.

  대개 상종(相宗)의 전량(銓量)은 그 뜻과 이치가 심오하여 해부하고 분석하기 어려우므로 중국의 거사 백거이(白居易)도 일찍이 궁구(窮究)하지 못하고 말하기를,

  "유식(唯識)은 깊어서 깨닫기 어렵고 인명(因明)은 분석해도 풀리지 않는다."
고 하였다. 그러므로 학자들이 감당할 수 없다 하였다.

  그러나 대현은 홀로 그릇된 것을 판단하고 오묘한 것을 밝혀서 회회하게 칼날을 놀렸으므로 우리 나라 후진들이 모두 그의 훈석(訓釋)을 따랐다. 중국 학자들도 가끔 이것을 얻어 안목으로 삼았다(賢獨刊定邪謬 暫開幽奧 恢恢遊刀 東國後進 咸遵其訓 中華學士 往往得此爲眼目).

後生角高 / 후생각고

[意義] 나중 난 뿔이 더 우뚝하다는 뜻으로서, 후배나 제자가 선

배나 스승보다 더 나을 때에 쓰는 말이다.

出典 열상방언(洌上方言)

解義 열상방언에 보면 '後生角高何特 言後生可畏 後生之角 突然而高與前生之角 同其高也'란 말이 있다. '후배들을 두려워하게 되는 것은 뒤에 난 뿔이 앞에 난 뿔보다 더 우뚝 솟아 있기 때문이다'라는 뜻이다.

공자도 이렇게 말하고 있다.

"젊은 후진들을 두려워해야 할지니 그들의 장래 학문이 오늘의 우리보다 장차 못할 것이라고 어찌 알겠느냐? 만약 그들의 나이 사십이나 오십이 되어도 이름을 듣지 못하면 그대는 두려워할 것이 없다(後生可畏 焉知來者之不如今也 四十五十而無聞焉 斯亦不足畏也己)."

인간이란 진보의 과정에 있는 존재이다. 그러므로 후진들을 두려워해야 한다. 앞으로 올 사람이 오늘의 선배들보다 더 못할 것이라 어찌 장담할 수 있겠는가? 미래가 있다는 것은 가능성을 말하는 것이고 노력만 따르면 얼마든지 발전할 수 있다는 뜻이기 때문이다.

그런데도 사십, 오십이 될 때까지 그 명성을 드러내지 못하는 사람은 두려워할 것이 못 된다. 후배가 두려운 것은 사십, 오십까지 발전할 수 있는 가능의 시간이 있기 때문이다.

또 《순자(荀子)》 권학편(勸學篇)의 첫머리에 보면 이렇게 씌어 있다.

"학문은 잠시도 쉬어서는 안된다. 청색(靑色)은 쪽풀에서 뽑아낸 것이나 쪽빛(藍色)보다 오히려 더 푸르고, 얼음은 물이 만들지만 물보다 더 차다(靑出於藍 而靑於藍 冰水爲之而寒於水)."

학문에 뜻을 둔 사람은 잠시도 게을리해서는 안된다. 그 예로 쪽이란 풀은 푸른색을 내지만 사람의 노력이 가해짐으로 해서 그 쪽 자체보다 더 아름답고 진한 색깔을 낼 수 있다.

얼음은 물이 얼어서 되지만 물에서 얼음이 되는 과정을 거치기 때문에 물보다 더 차가운 성질의 것이 된다.

그러므로 스승에게서 배우기는 하지만 그것을 더욱 익히고 행함으로써 스승보다 더 훌륭한 사람이 될 수 있고 더 깊고 높은 학문과 덕을 쌓을 수 있는 것이다.

분명 제자는 스승이 지닌 한계점을 넘고 후배는 선배가 부딪쳤던 벽을 깨뜨려야 한다. 그래야 발전할 수가 있는 것이다.

후배나 제자에게는 선배나 스승보다 더 많은 가능의 기회, 노력의 시간이 주어져 있다. 이를 충실히 채워야만 푸른빛이 쪽에서 나왔지만 쪽보다도 더 푸르고, 뒤에 난 뿔이 앞에 난 뿔보다 더 높이 우뚝 솟을 수가 있는 것이다.

興伊恒伊 / 흥이항이

意義 누가 흥(興)이야 항(恒)이야 하랴는 말로 자신과는 전혀 관계없는 남의 일에 이래라 저래라 할 수는 없다는 의미이다.

出典 송남잡지(松南雜識)

解義 송남잡지(松南雜識) 방언류(方言類)에 다음과 같은 이야기가 전하고 있다.

조선조 때의 민씨 가문에 민백흥(閔百興)과 민백항(閔百恒)이라는 형제가 있었다. 그런데 이 두 형제가 나란히 강원감사(江原監司)를 지냈다. 이렇듯 그 두 형제가 강원감사를 지낼 적에 보기 드문 선정(善政)을 베풀었으므로 "형인 민백흥이 더 낫다" "아우인 민백항이 더 낫다"고 하는 등 지금에 이르기까지 세론이 분분하였다. "흥이 낫다, 아니 항이 더 낫다"고 하여 "흥이야! 아니다 항이다"라는 말이 마치 그 당시의 유행어처럼 될 정도였다.

홍이항이(興伊恒伊)라는 말은 바로 여기서부터 유래되었다고 한다(興伊恒伊 諺傳 我朝 閔百興 閔百恒 兄弟相繼爲江原監司 有善政 至今稱 興伊恒伊 而惑以爲是非之說).

또 숙종(肅宗) 때에 김수흥(金壽興)과 김수항(金壽恒) 형제가 모두 대신의 자리에 올라 대권(大權)을 쥐고 국사(國事)를 마치 떡주무르듯 하자 이때 세상의 평판이 그다지 좋지 못하였다.

그러자 그 두 형제는,

"우리들이 힘써서 잡은 권세를 남이 감히 뭐라고 흥(興)이야 항(恒)이야 하겠느냐?"

고 말했다고 한다. 여기서 흥이항이(興伊恒伊)란 말이 유래되었다고 전해지기도 한다.

속담편(俗談篇)

속담에 대하여

속담은 우리의 생활과 매우 밀접한 관련을 맺고 있어서 우리들에게 퍽 친밀한 말임에 틀림없다. 그러나 그 정의(定義)는 간단하지가 않다.

격언(格言)과의 한계도 분명하지가 않고 관용어(貫用語)와의 차이도 그러하다. 그렇지만 속담에 관한 일반적인 정의는 이렇게 내려볼 수가 있겠다.

'민중(民衆) 속에서 생성(生成)된 관용적(貫用的) 표현으로서, 보편적 의미를 강조하기 위해 쓰여지는 일정한 기능(機能)을 갖는 세련된 말이다.'라는 견해가 바로 그것이다.

다음으로 속담의 특징을 간단히 살펴보면,

첫째, 속담은 사회적 소산(所産)이라는 점이다.

속담의 작자는 알려지지 않은 것이 보통이다. 설혹 한 개인의 창의(創意)에 의하여 생겼다 하더라도 그것이 민중들의 공감(共感)을 얻을 수 없다면 그것은 아무런 가치가 없게 된다. 왜냐하면 속담은 민중의 산물이기 때문에 민중들이 공감하고 애용(愛用)할 때에 비로소 그 생명이 있기 때문이다.

둘째, 속담은 향토성(鄕土性)을 반영한다는 것이다.

지방에 따라 방언(方言)이 다르듯이 속담 또한 지방에 따라 특유한 것이 많다. 즉 지역에 따라 생활 방식이 다르고 가치관도 다르기 때문에 속담도 달라질 수 있는 것이다.

셋째, 속담에는 민중들의 생활의 지혜가 담겨 있다.

속담에는 처세(處世)의 교훈이 있고 민중의 신념이 있으며 세태(世態)의 풍자가 있고 인생관이 담겨져 있다. 그러나 그것들은 모두 일상생활의 주변에서 항상 보고 느끼는 소박한 소재들로써 표현되어 있다.

넷째, 속담은 시대상(時代相)을 반영한다.

각 시대에 따라 풍조(風潮)가 다르고 제도(制度)가 변하듯이 속담 또한 시대적 산물로서 끊임없이 생성(生成)되고 사멸(死滅)한다.

다섯째, 속담의 형식은 간결한 것이 특징이다.

속담은 꽉 째여져 있는 토막말로서 한 음절이나 한 단어를 더할 수도 덜할 수도 없는 말이다. 곧 그만큼 속담은 군더더기가 없이 세련된 말이라 할 수 있는 것이다.

여섯째, 속담은 언어 생활을 윤택하게 한다.

속담은 비유(比喩)와 상징(象徵)으로 씌어져서 천 마디 만 마디의 긴 설명보다도 더욱 큰 효과를 낸다. 우리의 언어 생활에 만일 속담이 없다면 무척 무미건조해질 것이다.

또 속담의 내용을 살펴보면, 일상생활에서 터득한 진리로써 예리한 풍자와 엄숙한 교훈과 실제적인 비유를 통해 민중의 번득이는 기지(機智)를 엿볼 수 있다. 이들의 표현은 고상하기보다는 비속(卑俗)한 것이 많고 교훈보다는 풍자가 더 많다.

이러한 속담은 화려한 문구나 장황한 설명보다도 더욱 박진감과 실감을 주며 달변(達辯)보다도 더욱 큰 효과를 내는 민중의 시(詩)인 것이다. 그 속에는 생활 상태와 풍속·관습(慣習)·신앙 등이 반영되어 있다.

따라서 우리의 언어 생활의 멋을 알기 위해서 뿐만 아니라 우리 민족의 생활 감정이나 민족성의 일면을 이해하기 위해서도 속담은 알아둘 필요가 있다.

㉠

가난 구제는 나라도 못한다

가난한 사람을 구제하는 일은 아무리 해도 한이 없고 매우 어렵기 때문에 아무도 못한다는 말 /貧家之賑 天下其憂(耳談續纂)

가는 년이 물 길어다 놓고 갈까

이미 일이 다 틀어져서 그만두는 터에 뒷일을 위하여 무엇을 준비해 둘 필요가 없다는 말∥나가는 년이 세간 사랴. 가는 년이 보리방아 찧어 놓고 가랴.

가는 말에 채찍질

부지런히 하느라고 하는데 자꾸 더 빨리 하라고 독촉한다는 뜻⇨성어편의 주마가편(走馬加鞭) 참조

가는 말이 고와야 오는 말이 곱다

내가 남에게 좋게 해야 남도 나에게 좋게 한다는 말 /來語不美去語何美 (旬五志), (松南雜識). 去言美 來言美(東言考略)

가는 방망이 오는 홍두깨

내가 남에게 조금이라도 잘못하면 더 큰 해가 돌아온다는 뜻

가는 손님은 뒤꼭지가 이쁘다

가난하여 손님을 대접하기가 어려운데 속을 알아 주어 곧 돌아가는 손님은 무척 고맙게 여겨진다는 말

가던 날이 장날이다.

뜻하지 아니한 일이 공교롭게도 잘 들어맞을 때 하는 말

가랑비에 옷 젖는 줄 모른다

옷이 가랑비에 조금씩 젖는 줄도 모르게 젖어 가듯이, 어떤 일

이 은연중에 한참이나 진행되었을 때 쓰는 말로서 재산이 없어
지는 줄도 모르게 조금씩 없어져 갈 때도 쓰는 말

가랑잎이 솔잎더러 바스락거린다고 한다

　제 허물 큰 줄은 모르고 남의 작은 허물을 들어 나무라는 어리
석은 행동을 일컬음⇨성어편 부저소정저(釜底笑鼎底) 참조

가루는 칠수록 고와지고 말은 할수록 거칠어진다

　말이 많으면 좋은 말보다 해로운 일이 더 많이 생기는 법인즉
말을 삼가라는 뜻 // 말이 많으면 쓸 말이 적다. 말이 말을 만든
다.

가르친 사위

　아주 못나서 제 일을 혼자 처리할 줄도 모르고 또 융통성이 없
는 사람을 조롱할 때 쓰는 말⇨성어편 노목궤(櫨木櫃) 참조

가마 밑이 노구솥 밑을 검다 한다

　제 흉은 모르고 남의 흉보기는 쉽다고 남의 흉허물을 웃고 욕
할 때 쓰는 말 // 숯이 검정 나무란다⇨성어편 부저소정저(釜底笑
鼎底) 참조

가물에 콩 나듯

　어떤 일이나 물건이 드문드문 있을 때 쓰는 말 /旱時太出(東
言考略)

가을에 제 아비 제사 못 지낸 놈이 봄에 의붓아비 제사 지낼까

　형편이 넉넉할 때 꼭 치러야 한 일도 못했는데 하물며 어려운
때에 체면을 차리기 위해 힘든 일을 하겠느냐는 뜻

가을볕에는 딸을 쬐이고 봄볕에는 며느리를 쬐인다

　며느리보다는 딸을 더 생각한다는 말

가자니 태산(泰山)이요, 돌아서자니 숭산(嵩山)이라

　태산(泰山)이나 숭산(嵩山)은 모두 중국에서 높고 험하기로
유명하다. 그래서 앞으로 나아가지도 못하고 뒤로 되돌아가지도
못한다는 뜻이니, 이럴 수도 저럴 수도 없는 난처한 경우에 빠졌
을 때 쓰는 말

가재는 게 편이요, 초록(草綠)은 한빛이라

모양이 비슷하고 인연이 있는 것끼리 서로 편되어 붙는다는 뜻. 유유상종(類類相從)⇨성어편 초록동색(草綠同色) 참조

가지 많은 나무 바람 잘 날 없다

자식을 많이 둔 부모는 자식을 위하는 걱정으로 마음 편할 날이 없다는 말 // 새끼 아홉 둔 소 길마 벗을 날 없다.

간다 간다 하면서 아이 셋 낳고 간다

어떤 일을 실행함에 있어서 말로만 계속 되내일 뿐 실천하지 못하고 지체하는 모양을 일컫는 말

간에 기별도 안 갔다

음식이 부족해서 전혀 양에 차지 않는다는 뜻

갈모 형제라

아우가 형보다 더 나을 때 쓰는 말 / 笠帽兄弟(東言考略)

갑작 사랑 영 이별

갑자기 이루어진 사랑은 이내 식어서 아주 헤어져 버리기 쉽다는 말 / 急歎歎 離別端(洌上方言)

갓 마흔에 첫 버선

오래 기다리던 일을 마침내 이루게 되었을 때 쓰는 말⇨성어편의 사십초말(四十初襪) 참조

갓방 인두 달듯

갓 만드는 곳의 인두가 언제나 뜨겁게 달아 있는 것처럼 저 혼자 애태우고 어쩔 줄 몰라 할 때 쓰는 말

강물이 돌 굴리나

좀처럼 움직이지 않는다는 뜻

강아지 똥은 똥 아닌가

아주 적고 희미하다 해서 본색을 감출 수는 없다는 말로, 나쁜 일을 조금 했다고 해서 안 한 것은 아니라는 뜻

개가 똥을 마다한다

평소 좋아하던 것을 싫다고 거절할 때 비꼬아서 쓰는 말 // 고

양이가 쥐를 마다한다. 까마귀가 오디를 마다한다.

개가 콩엿 사먹고 버드나무에 올라가게

어리석고 못난 자가 감히 할 수 없는 일을 하겠다고 큰소리 치는 것을 비웃는 말

개같이 벌어서 정승같이 쓴다

돈을 벌 때는 천한 일을 가리지 않고 벌어서 떳떳하고 가치 있게 쓴다는 말

개 꼬라지 미워서 낙지 산다

고기를 사서 먹고 남는 뼈다귀는 개를 주게 되므로, 개가 뼈다귀 먹는 꼴이 미워서 뼈 없는 낙지를 산다는 말이다. 자기가 미워하는 자가 좋아할 일은 하지 않는다는 말

개꼬리 삼년 두어도 황모(黃毛) 못된다

족제비 털을 황모라고 하는데 붓의 재료로 사용된다. 그러니 아무 소용도 없는 개꼬리를 아무리 오래 두어도 족제비 꼬리가 되지 못하듯이 본래부터 타고난 제 천성은 오랜 시간이 걸려도 고치기 어렵다는 뜻

개구리도 움츠려야 뛴다

아무리 급해도 일을 성사시키려면 어느 정도의 준비와 주선할 시간이 있어야 한다는 말 // 나는 새도 깃을 쳐야 난다 / 蛙惟跼矣乃能躍矣(耳談續纂)

개구리 올챙이 적 생각 못한다

전날 미천하던 사람이 높은 지위에 올랐을 때, 과거를 생각하지 않고 잘난 척할 때, 또 일을 배워서 익숙하게 되면, 그 전의 서툴던 때 생각을 않는다는 말

개도 무는 개를 돌아본다

영악하고 사나운 사람에게는 혹시 그 화를 입을까 하여 도리어 잘 대하여 준다는 뜻 // 보채는 아이 젖 준다.

개도 주인 알아본다

남의 은혜를 입고도 배은망덕한 사람에게 개만도 못하다고 하

는 말

개똥도 약에 쓰려면 없다

보통 때 흔하던 물건도 필요하여 찾으면 드물고 귀하다는 뜻

개를 따라 가면 칙간으로 간다

품성(品性)이 좋지 못한 사람과 사귀면 결국 좋지 못한 데로 가게 된다는 뜻 / 較狗如厠(東言考略)

개 머루 먹듯

개가 머루를 먹기는 하나 겉만 핥는 것인데 그 참맛을 모른다는 뜻이다. 무슨 일이나 그 내용을 잘 모르고 아는 체한다는 말 ⇨성어편 서과피지(西瓜皮舐) 참조

개 못된 것은 들에 가서 짖는다

집을 지켜야 할 개가 집은 지키지 않고 들에 나가 짖는 것처럼 제가 마땅히 해야 할 일은 하지 않고 아무 소용도 없는 곳에 가서 되지 못하게 나서는 것을 말한다.

개미 금탑(金塔) 모으듯 한다

애써 게으름 피우지 않고 개미처럼 부지런히 벌어서 재산을 늘려 나가는 사람을 두고 하는 말 / 如蟻輸垤(旬五志)

개미에게 불알 물렸다

보잘것 없는 상대에게 피해를 당했다는 말

개밥에 도토리

여러 사람에게 따돌림을 당하여 어울리지 못하는 사람을 말함 / 狗飯橡實(東言考略)

개발에 주석 편자

개발에는 편자가 필요치 않은데 하물며 주석으로 만든 편자가 격에 맞을 리가 없다는 말이니, 대개 옷차림이나 물건이 과분해서 격에 맞지 않을 때 쓰는 말⇨거적문에 돌쩌귀

개 보름 쇠듯 한다

굶어서 배고프다는 말⇨성어편 상원견(上元犬) 참조

개 ×에 덧게비

관계없는 일에 덧게비(다른 것 위에 다시 덧엎어 대는 것)처럼 덩달아 덤벼 나서는 것을 말함

개 ×에 보리알 끼이듯

좁은 곳에 무엇이 총총 수많이 끼여 있음을 비유한 말

개 입에 벼룩 씹듯

한 번 한 소리를 두고두고 되풀이하는 것

개천아 네 그르냐, 눈 먼 봉사 내 그르다

제가 실수한 것은 제 잘못이지 남을 원망하거나 탓하여도 소용없다는 말 // 봉사 개천 나무란다.

개천에 나도 제 날 탓이라

아무리 미천한 집안에서 태어나도 본인만 잘나면 얼마든지 훌륭하게 될 수 있다는 말

개천에 든 소

개천에 든 소는 양편 언덕의 풀을 마음껏 뜯어 먹을 수 있다는 말이니 먹을 것 많아 유복한 처지에 있음을 뜻함

개천에서 용 난다

변변찮은 집안에서 훌륭한 인물이 나왔을 때 하는 말 / 未有窪溝 而産神蚪(耳談續纂)

개 팔자가 상 팔자라

일이 분주하고 고생스러울 때나 자신의 처지가 너무나 나빠 차라리 개 신세만도 못하다고 생각될 때 쓰는 말

개하고 똥 다투랴

사납고 모진 사람과는 시비를 가릴 필요가 없다는 말

개 핥은 죽사발 같다

아무것도 남기지 않아 깨끗하다는 뜻. 매우 인색해서 다른 사람이 아무것도 얻어 갈 것이 없다는 뜻

거동에 망아지 새끼 따라다니듯 한다

어미 말을 따라 망아지가 따라다니듯이 필요없는 사람이 귀찮게 따라다님을 말함⇨성어편 수사지주(髓絲蜘蛛) 참조

거문고 인 놈이 춤을 추면 칼쓴놈도 춤을 춘다

자기는 할 수 없는 처지인데도 남이 한다고 덩달아 흉내를 낸다는 말⇨성어편 비파자무 가자역무(琵琶者舞 枷者亦舞) 참조

거북이 잔등의 털을 긁는다

털이 나지 않은 거북의 잔등에서 털을 긁을 수 없는 것처럼 아무리 해도 구할 수 없는 데서 구하려 한다는 말／龜背上刮毛(旬五志). 연목구어(緣木求魚)

거적문에 돌쩌귀

거적문은 새끼로 얽어매는 것이 상식인데 돌쩌귀를 달아서 격에 맞지 않고 오히려 우습다는 말∥개발에 주석 편자, 가게 기둥에 입춘방, 짚신에 구슬, 짚신에 정분(丁粉) 칠, 짚신에 국화 그리기, 사모(紗帽)에 영자(纓子), 개에게 호패(號牌), 삿갓에 쇄자질, 조리에 옷칠, 돼지우리에 자물쇠, 홑중의에 겹말, 방갓에 쇄자질, 초헌에 채찍질, 재(齊)에 호(胡)춤

거지끼리 자루 찢는다

서로 도와야 할 처지에 있으면서 서로가 더 가지겠다고 싸운다는 뜻

거지 발싸개 같다

더럽고 지저분한 것을 말함

거짓말이 외삼촌보다 낫다

거짓말도 잘만 하면 경우에 따라서는 큰 도움이 된다는 말

거짓말 하고 뺨 맞는 것보다 낫다

사실을 사실대로 정직하게 말해야 자기에게 이롭다는 말

걱정도 팔자

자기와 관계도 없는 남의 일에 참견하는 사람을 비웃는 말

건넛 술막 꾸짖기

직접 그 사람의 잘못을 꾸짖지 않고 다른 사람의 잘못을 끌어다가 그것을 꾸짖는 것

건들 팔월(八月)

음력 팔월은 추수 때이므로 바삐 지내다 보면 어느새 지나간
다 하여 쓰는 말∥동동 팔월(八月)

건시(乾柿)나 감이나

　대동소이(大同小異)하다는 뜻

검불 밭에 수은(水銀) 찾기

　막연하여 도저히 찾을 가망이 없는 경우

겉보리 서말만 있으면 처가살이하랴

　처가살이는 할 것이 못된다는 뜻이기도 하고, 오죽 하면 처가
살이를 하겠느냐는 뜻

게 눈 감추듯 한다

　음식을 몹시 빠르게 먹어 치울 때를 이르는 말∥두꺼비 파리
잡아 먹듯. 마파람에 게 눈 감추듯

게으른 선비 책장 넘기기

　글 읽는 데 몰두하지 않고 얼마나 읽었나 책장만 헤아린다는
말로서, 하는 일에는 정신을 쏟지 않고 그 일에서 벗어날 궁리만
한다는 뜻∥게으른 여편네 밭고랑 세듯. 풀 베기 싫은 놈 단수만
센다. / 如懶儒翻冊丈(東言考略)

게으른 여편네 아이 핑계한다

　일하기 싫어서 아이 젖먹인다는 핑계를 한다는 말로 꾀를 부
리고 일은 하시 않는다는 뜻

겨 묻은 개가 똥 묻은 개 흉본다

　저도 변변찮은 주제에 남의 흉을 가지고 떠들 때 둘다 변변치
못하다고 지적하는 말⇨성어편 부저소정저(釜底笑鼎底) 참조

겨 주고 겨 바꾼다

　아무리 한들 효과도 없고 소용없는 짓을 할 때 쓰는 말

계란에도 뼈가 있다

　운수가 나쁜 사람은 무슨 일을 해도 안된다는 말⇨성어편 계
란유골(鷄卵有骨) 참조

계수번(界首番)을 다녔나 말도 잘 만든다

계수번이란 옛날 서울에 있으면서 각도 감영(監營)의 일을 보던 관원인데, 말만 번지르르하게 잘 꾸며서 하는 사람을 일컬을 때 쓰는 말

계집 때린 날 장모 온다

일이 공교롭게도 잘 안 되어서 난처한 일이 겹친다는 뜻

계집 둘 가진 놈의 창자는 호랑이도 안 먹는다

처첩(妻妾)을 여럿 거느리고 살면 속썩는 일이 많다는 뜻

계집 바뀐 건 모르면서 젓가락 바뀐 건 아나

큰 변화는 모르면서 작은 변화에 열을 올리며 떠들 때

계집은 상을 들고 문지방을 넘으며 열두 가지 생각을 한다

여자는 언제나 복잡한 딴 생각을 하고 있다는 뜻도 되며, 아내가 남편에게 말할 기회가 없다가 상을 들고 들어가면서는 여러 가지 말할 것을 생각한다는 뜻

계집의 독한 마음 오뉴월에 서리 친다

여자들의 원한과 저주는 오뉴월에 서리가 내릴 만큼 매섭고 독하다는 뜻

계집의 매도 너무 맞으면 아프다

아무리 서로 친한 사이라도 여러 번 지나친 장난을 하면 불쾌하다는 말이니 비록 친한 사이라도 예의는 잃지 말라는 뜻

고기는 씹어야 맛이요, 말은 해야 맛이다

무엇이나 바로 알려면 실제로 겪어 보아야 한다는 말. 또 할 말이 있으면 마음속으로 꿍꿍 앓지 말고 속시원히 해야 한다는 뜻

고기도 먹어 본 놈이 많이 먹는다

무슨 일이든지 늘 하던 사람이 더 잘하게 된다는 말

고기도 저 놀던 물이 좋다

평소에 자기가 살던 낯익은 곳이 좋고 정든 사람들과 같이 지내는 것이 좋다는 뜻

고래 싸움에 새우 등 터진다

강자끼리 다투는 사이에서 아무 관계가 없는 약자가 피해를 입는다는 말⇨성어편 경전하사(鯨戰鰕死) 참조

고리 백정(白丁) 내일 모레

고리를 만드는 백정이 늘 약속한 기한을 안 지키고 자꾸 미루어서 생긴 말인데 약속한 것을 차일피일 미루는 것을 뜻한다.

고수관(高守寬)의 딴전이라

고수관은 조선 말기의 명창으로 노래를 하다가 음조(音調)를 바꿔서 하는 것을 장기로 했다는데, 전에 말한 바와는 전혀 다른 말을 시치미 떼고 한다는 뜻

고슴도치도 제 새끼는 함함하다고 한다

부모의 눈에는 제 자식이 다 잘나 보이며 자식의 허물은 모르고 무조건 자랑한다는 뜻

고슴도치 외 걸머지듯

참외밭에 들어간 고슴도치가 입으로 참외 꼭지를 베어 놓고 한 번 뒹굴면 몸에 참외가 저절로 꿰어져서 주렁주렁 매달리는데, 남에게 진 빚이 많을 때 쓰는 말

고양(高陽)밥 먹고 양주(楊州) 구실한다

자기가 당한 일은 해결하지 못하고 남의 일을 하는 것

고양이가 발톱을 감춘다

재주 있는 사람이 능력을 깊이 감추고 드러내지 않는다는 뜻

고양이 목에 방울달기

실행하지 못할 것을 공연히 의논하는 것을 말함⇨성어편 묘항현령(猫項縣鈴) 참조

고양이 쥐 생각

마음속으로는 전혀 생각지도 않으면서 겉으로는 생각해 주는 척할 때 쓰는 말

고자 처가집 가듯

분주하게 왔다 갔다 하지만 아무 실속도 없다는 뜻

고쟁이를 열두 벌 입어도 보일 것은 다 보인다

　아무리 여러 번 감싸도 정작 가릴 것은 못 가렸다는 말로서, 중요한 것을 얻지 못했다는 뜻이기도 하고, 일을 서투르게 하면 하지 않은 것만도 못하다는 뜻도 됨

고추장 단지가 열둘이라도 서방님 비위를 못 맞춘다
　성미가 까다로워서 비위맞추기가 어렵다는 말

곡식은 될수록 준다
　무엇이든지 이리저리 옮겨놓으면 조금이라도 줄어들지언정 늘지는 않는다는 말 // 새가 앉는 곳마다 깃털 빠진다.

곤 대추 삼년 간다
　아주 약한 사람이 얼마 못 살듯 하면서도 오래 살아가는 모양

골난 며느리 보리방아 찧는다
　골이 나면 기분 풀이를 하게 되고 기가 더 오른다는 말

공든 탑이 무너지랴
　공을 들이고 정성을 들여서 한 일은 그렇게 쉽사리 실패하지 않는다는 뜻

공(公)은 공이고 사(私)는 사라고
　공사(公事)와 사사(私事)는 반드시 가려서 분명히 해야 할 때 쓰는 말

공중을 쏘아도 알관만 맞춘다
　힘들이지 않고 한 일이 아주 큰 성과를 거둘 때 하는 말 / 射空中鵠(旬五志), 仰射空 貫革中(洌上方言)

곶감 꼬치에서 곶감 빼먹듯
　애써 모아 둔 것을 하나하나 먹어 없앤다는 뜻

과물전 망신은 모과가 시킨다
　못난 것은 그가 속해 있는 단체의 여러 사람을 망신시키는 일만 저지른다는 뜻 // 어물전 망신은 꼴뚜기가 시킨다. 친구 망신은 곱사등이 시킨다.

과부는 은이 서 말이다
　과부는 생활을 알뜰히 하기 때문에 혼자서도 잘 산다는 말

과부 사정은 과부가 안다

같은 사정에 있는 사람이 그 사정을 헤아릴 수 있다는 말 // 과부 설움은 과부가 안다.

관가 돼지 배앓기

관가의 돼지는 배를 앓아도 누가 맡아서 고쳐 줄 사람이 없다는 말로서, 그 사정을 알아주고 걱정해 주는 사람이 없으니 아무런 상관이 없는 일이라는 뜻

광에서 인심이 난다

쌀 독에 쌀이 많아야 남을 돕기도 하고 인심도 얻는다는 말

구관(舊官)이 명관(名官)이다

그 전에 일을 하던 이가 숙달되어 더 잘한다는 뜻도 되고 사람은 언제나 지나간 것을 더 좋게 여긴다는 뜻도 됨

구더기 무서워 장 못 담글까

반드시 해야 할 일은 사소한 방해에 두려워하지 말고 할 일은 해야 한다는 뜻

구르는 돌에는 이끼가 끼지 않는 법이다

사람이 활동하지 않으면 폐인이 된다는 말이기도 하고, 이리저리 자꾸 위치를 옮기거나 직업을 자주 바꾸면 재산이 모이지 않는다는 뜻도 있다.

구멍 보아 가며 쐐기 박는다

형편에 맞추어 그에 알맞도록 일을 잘 처리해야 한다는 뜻

구멍은 깎을수록 커진다

잘못된 일을 수습하려다가 더 악화되는 경우를 말함

구슬이 서 말이라도 꿰어야 보배다

아무리 좋은 재료라도 끝맺음을 잘하고 쓸모있는 것으로 만들어야 가치가 있다는 뜻 // 부뚜막의 소금도 집어넣어야 짜다.

국수 잘하는 솜씨가 수제비 못하랴

어떤 한 가지 일을 잘하는 사람은 그와 비슷한 다른 일도 잘한다는 뜻

국 쏟고 ××덴다

　불운한 가운데에서 더욱더 큰일을 당한다는 뜻 // 엎친 데 덮치기.

국이 끓는지 장이 끓는지

　일이 어떻게 되어 가는지 영문을 모른다는 말

군자 말년에 배추씨 장사

　남을 위하여 어질게 살아온 사람이 말년에 가서는 매우 곤란하게 살게 되었다는 말

굳은 땅에 물이 괸다

　헤프게 쓰지 않고 절약하면 재산을 모은다는 말

굴뚝에 바람 들었나

　굴뚝에 바람이 들면 아궁이로 연기가 나와서, 볼 때는 사람의 눈에서 눈물이 나오므로 왜 우느냐는 뜻으로 하는 말

굴러온 돌이 박힌 돌 뺀다

　새로이 나타난 사람이 본래부터 있던 사람을 내쫓는다는 말

굶어죽기는 정승하기보다 어렵다

　여간해서 굶어 죽지는 않는다는 말

굼벵이도 구부리는 재주가 있다

　아무리 미련하고 못난 사람도 한 가지 재주는 가지고 있다는 뜻 // 굼벵이도 떨어지는 재주는 있다.

굽은 나무가 선산(先山)을 지킨다

　사람이나 물건이 못난 듯 보이는 게 오히려 쓸모가 있다는 말 // 나간 며느리 효도한다. 병신 자식이 효도한다.

굽은 지팡이는 그림자도 굽어 보인다

　좋이 않은 본성은 아무리 해도 숨길 수 없다는 말

굿 뒤에 날장구 친다

　일이 다 지나간 다음에 쓸데없는 것을 가지고 떠들어대는 것을 비유한 말

굿이나 보고 떡이나 먹지

남의 일에 쓸데없이 참견 말고 형편이나 보다가 이득이나 얻겠다는 뜻

궁하면 통한다

아무리 곤란하고 위험한 처지에 놓여도 극복할 길은 있다는 뜻∥곤궁이통(困窮而通)

궁한 쥐가 고양이를 문다

아무리 약한 놈이라도 막다른 곳에 몰리게 되면 강자에게 용기를 내어 덤벼든다는 뜻

권불십년(權不十年)

권세가 십년을 넘기지 못한다는 뜻∥봄꽃도 한 때. 열흘 붉은 꽃 없다(花無十日紅).

귀가 도자전(刀子廛)이다

도자전이란 창·칼·보석 등의 장식품을 파는 가게를 말하는데, 학식은 없으나 들은 것이 많아서 상식이 좋으며 말을 잘 알아듣는다는 뜻

귀가 보배다

배운 것은 없으나 들어서 아는 것이 있음을 이르는 말

귀 막고 방울 도둑질한다

그 순간만 모면하고자 하는 얕은 계교를 말함∥낫으로 눈 가리기. 눈 가리고 아웅하기.

귀머거리 삼년이요 벙어리 삼년이라

옛날 시집온 여자에게 모든 일에 함부로 간섭하지 말고 조심하여, 듣고도 못 들은 체, 보고도 못 본 체하라는 말인즉 시집살이하기가 매우 어렵다는 뜻

귀신 듣는 데 떡 소리한다

늘 좋아하는 것을 얘기하면 그것을 꼭 가지고 싶어한다는 말

귀신 씨나락 까먹는 소리를 한다

알아듣지도 못하게 중얼중얼 할 때 쓰는 말

귀신이 곡(哭)할 노릇

일이 매우 이상하여 도무지 알 수가 없다는 뜻

귀에 걸면 귀걸이, 코에 걸면 코걸이

한 가지 사물을 보는 시각에 따라 이렇게도 보이고 저렇게도 보인다는 뜻인데, 자기의 일정한 주관이 없이 이랬다 저랬다 하는 사람을 두고 한 말 / 이현령 비현령(耳懸鈴 鼻懸鈴)

귀한 그릇 쉬 깨진다

귀하게 태어난 사람이나 비상한 재주를 지니고 있는 사람이 더 일찍 죽는다는 뜻

귀한 자식 매 한 대 더 때리고 미운 자식 떡 한 개 더 준다

귀할수록 버릇을 잘 들여야 한다는 뜻 // 귀한 자식 매로 키워라.

그림의 떡

형체는 있으나 실지로는 아무 실속이 없는 것을 말함 // 보고도 못 먹는 것은 화중지병(畵中之餠) / 畵餠(旬五志), (松南雜識)

그물 코가 삼천이면 걸릴 날이 있다

자기가 목적한 것에 대해 준비를 해 두면 언젠가는 이루어진다는 말

그믐밤에 홍두깨

생각지도 않던 일을 갑자기 당하게 되었다는 말

그 아비에 그 아들

잘난 어버이에게선 잘난 자식이, 못난 어버이에게서는 못난 자식이 태어난다는 말 // 그 밥에 그 나물. 개가 개를 낳지. 콩 심은 데 콩 나고 팥 심은 데 팥 난다.

글 못한 놈 붓 고른다

제 학식이나 기술이 서투른 자일수록 공연히 딴 것을 탓한다는 말 // 서투른 무당이 장고 나무란다.

글 잘하는 자식 낳지 말고 말 잘하는 자식 낳으랬다

학문에 능한 사람보다는 구변이 좋은 사람이 처세에 유리하다는 뜻

글 속에 글 있고 말 속에 말 있다

말이나 글이 가지고 있는 뜻이 무궁무진함을 일컬음

긁어 부스럼

쓸데없는 짓을 하여 화를 자초한다는 말 // 곤장 메고 매 맞으러 간다.

금강산(金剛山)도 식후경(食後景)

아무리 좋고 재미있는 것이라도 배가 부르고 난 뒤라야 좋은 것을 안다는 뜻 ⇨ 성어편 삼척염 식령감(三尺髥 食令監) 참조

금관자(金貫子) 서슬에 큰 기침한다

금관자란 정이품, 종이품의 벼슬아치가 다는 금으로 만든 관자(貫子)인데 나쁜 짓을 하고서도 벼슬 높다는 유세로 오히려 큰소리를 친다는 뜻 // 사모 바람에 거드럭거린다.

금일 충청도 명일 경상도

정처없이 떠돌아다닌다는 뜻

급하다고 바늘 허리에 실 매어 쓸까

어떤 일이든 일정한 절차와 순서가 있는 것이니, 아무리 급하더라도 순서를 좇아 해야 한다는 말

급히 먹는 밥에 목이 멘다

바쁘다고 일을 너무 급히 서두르면 잘못되고 실패하기 쉽다는 말 / 忙食噎喉(旬五志), (松南雜識)

기는 놈 위에 나는 놈 있다

잘난 사람 위에는 그보다 더 잘난 사람이 있다는 말

기둥을 치면 봇장이 울린다

간접적으로 말하여도 능히 영향이 미칠 수 있다는 말

기름 먹인 가죽이 부드럽다

뇌물(賂物)을 써서 통해 놓으면 일하기가 수월하다는 말

기린이 늙으면 노마만 못하다

탁월한 사람도 늙게 되면 기력이 쇠진하여 그 재능을 발휘하지 못한다는 말

기생 죽은 넋인가

일에는 게으르고 모양만 내려는 사람을 가리키는 말인데, 다 낡아 못 쓰게 되어도 아직은 볼품 있다는 뜻

기와집이면 다 사창(社倉)인가

겉이 훌륭하다고 하여 그 내용도 다 훌륭하지는 못하다는 말

기와 한 장 아끼다가 대들보 썩인다

조그마한 것을 아끼다가 큰 손해를 본다는 말 // 닭 잡아 겪을 나그네 소 잡아 겪는다. 호미로 막을 데 가래로 막는다.

기운이 세면 소가 왕 노릇 할까

지략(智略)이 없는 사람은 지도적 위치에 설 수 없다는 말

긴 병(病)에 효자 없다

아무리 효심(孝心)이 지극해도 오랜 병구완을 하다보면 자연히 정성이 한결같지 않게 된다는 말이니, 무슨 일이거나 시일이 너무 오래 걸리게 되면 그 일에 대한 성의가 줄어들게 된다는 말

길가에 집짓기

길가에 집을 지으면 오가는 사람마다 참견하여 집을 못 짓고 만다. 간섭하는 이가 많으면 일을 이루지 못한다는 뜻 // 작사도 방(作舍道傍)에 삼년불성(三年不成)

길고 짧은 것은 대 보아야 안다

잘하고 못하는 것은 겨루어 보아야 안다는 말

길 닦아 놓으니까 미친년이 먼저 지나간다

정성껏 공들여 놓은 일이 그만 보람없이 되었음을 이르는 말

길로 가라니까 메로 간다

유익한 길을 가르쳐 주어도 제 고집만을 부리고 불리한 데로 간다는 뜻

길마 무거워 소 드러누울까

일을 앞두고 힘이 부족할까 겁을 낼 때 용기를 복돋우려고 쓰는 말

길쌈 잘하는 첩

있을 수 없는 희망사항이기는 하나 전연 반대되는 사실을 뜻
함

길은 갈 탓 말은 할 탓

같은 말이라도 말하기에 따라서 상대편에게 주는 영향이 다르
다는 뜻

길을 두고 메로 갈까

쉽게 할 수 있는 것을 구태여 어렵게 할 리 없다는 말

길이 아니면 가지를 말고 말이 아니면 하지를 마라

사리(事理)에 어긋나는 말과 행동은 하지 말라는 뜻

김 안 나는 숭늉이 더 뜨겁다

말을 떠벌리는 사람보다 가만히 있는 사람이 더 무섭다는 말

깊던 물도 얕아지면 오던 고기도 아니 온다

사람이 늙거나 형세가 기울어지면 사람들의 발걸음이 멀어지
고 관심조차 보이지 않는 세상 인심을 비꼬는 말 // 꼴이라도 십
일홍 되면 오던 봉접도 아니 온다.

까마귀 고기를 먹었나

잘 잊어버리거나 건망증이 있는 사람을 조롱하는 말

까마귀 날자 배 떨어진다

어떤 일이 공교롭게도 다른 어떤 일과 같은 때에 일어나서 무
슨 관계라도 있는 듯한 혐의를 받는 것을 말한다 // 烏飛梨落(旬
五志, 松南雜識)

깐깐 오월 미끈 유월

오월은 해가 길어서 더디 간다는 말이며 유월은 해가 짧고 해
야 할 일이 많아 어느 틈에 휙 지나가 버린다는 뜻

꼬부랑 자지 제 발등에 오줌 눈다

어리석은 사람은 자신에게 해로운 일만 한다는 뜻. 또, 자신이
받는 벌이나 재난은 결국 자신에게 원인이 있다는 뜻이다.

꼬챙이는 타고 고기는 설었다

겉은 그럴듯하게 보이나 실속은 없다는 말인데, 꼭 되어야 할

것은 안되고 안될 것은 된다는 말도 된다.

꼭뒤에 부은 물이 발뒤꿈치로 내린다.

　조상이 남긴 유품은 반드시 자손이 물려받는다는 말이나, 윗사람의 잘못은 아랫사람에게 영향을 준다는 뜻 /灌頭之水 流下足底(旬五志), 灌頂之水 必流干趾(耳談續纂), 灌頂水 流至趾(洌上方言)

꼴에 수캐라고 다리들고 오줌 눈다

　되지 못한 자가 나서서 젠체하고 거들먹거릴 때 비꼬는 말

꽃 본 나비 불을 헤아리냐

　남녀 간에 정(情)이 깊이 들면 어떠한 위험이 따르더라도 찾아가서 만나 애정을 속삭인다는 뜻

꽃이 좋아야 나비가 모인다

　가지고 있는 내 물건이 좋아야 살 사람도 많다는 뜻 // 내 딸이 고와야 사위를 고른다.

꾸어다 놓은 보릿자루

　여럿이 모여 웃고 이야기하는 가운데, 혼자 가만히 앉아 어울리지 못하는 사람을 가리킬 때 쓴다 // 볼모로 앉았다. 꾸어 온 빗자루. 언수닭.

꿀 먹은 벙어리

　어떤 일에 대하여 잘 알면서도 아무 말을 않는 이를 두고 하는 말 /食蜜啞(東言考略)

꿈보다 해몽이 좋다

　좋지 않은 일이라도 생각하기 나름이라는 말

꿩 구워 먹은 자리

　무슨 짓을 하고도 아무 흔적이 남지 않았을 때 쓰는 말

꿩 대신 닭

　그와 비슷한 것으로 대신해서 쓸 수도 있다는 말 /雉之未捕鷄可備數(耳談續纂)

꿩 먹고 알 먹는다

　일거양득(一擧兩得), 즉 한 번의 수고로 두 가지의 이익을 본다는 말

꿩 잡는 것이 매다

　꿩을 잡지 않으면 매라고 할 수가 없으니 실지로 제 구실을 해야 명실상부(名實相符)하다는 말

끈 떨어진 뒤웅박 신세

　의지할 곳이 없는 처지를 말함

254

나가는 년이 세간 사랴

이미 일이 다 틀어져 버렸는데 뒷일을 생각할 수 없다는 뜻

나간 머슴이 일 잘했다

현재 가지고 있는 것보다 지난 것이 더 낫다고 생각한다는 뜻
// 구관이 명관. 놓친 고기가 더 크다.

나귀는 샌님만 섬긴다

하찮은 사람도 제 지조는 지킨다는 뜻

나귀 샌님 쳐다보듯

눈을 말똥말똥 쳐다본다는 뜻

나그네 보내고 점심한다

겉으로 말만 번지르하게 대접하는 체하는 것

나는 놈마다 장군 난다

어떤 집안에 계속해서 큰 인물이 날 때 하는 말

나는 놈 위에 타는 놈 있다

아무리 재주가 있다고 해도 그보다 더 나은 사람이 있다는 말
/ 飛者上有跨者(旬五志), 飛者上有乘者(東言考略)

나는 바담 풍(風) 해도 너는 바람 풍 해라

자기는 잘못하면서도 남은 잘 하라고 요구하는 사람을 비꼬는 말

나는 새도 깃을 쳐야 날아간다

무슨 일이든지 순서가 있는 것이니 순서를 따라야 한다는 말
// 개구리도 움츠려야 뛴다.

나라 상감님도 늙은이는 윗자리에 모신다

　노인을 우대하여야 한다는 말

나라 상감님 망건 살 돈도 쓴다

　매우 급한 경우를 당하면 뒷일은 생각할 여유도 없이 당장 급한 일부터 먼저 해 놓고 본다는 말

나루 건너 배 타기

　무슨 일이든 순서가 있으니 건너 뛰어서는 할 수 없다는 말⇨성어편 월진승선(越津乘船) 참조

나룻이 석 자라도 먹어야 샌님

　사람은 먹지 않고는 아무 일도 못한다는 뜻/三尺髥 食令監(洌上方言), 髥三尺 食令監(東言考略)

나 많은 말이 콩 마다 할까

　자기가 그것을 매우 좋아한다는 뜻으로 하는 말

나 먹자니 싫고 개 주자니 아깝다

　자기에게는 별 소용없는 것도 막상 남에게 주기는 아깝다는 뜻

나 못 먹는 밥에 재나 넣지

　자기가 가지지 못할 바에는 남도 사용하지 못하도록 망쳐버린다는 뜻으로 아주 심술이 사나운 것을 말한다.

나무는 큰나무 덕을 못 보아도 사람은 큰사람의 덕을 본다

　큰 나무 밑에 있는 나무는 그 그늘 때문에 잘 자라시 못하지만 권세 있는 사람 밑에 있으면 그 덕을 본다는 뜻

나무에 오르라 하고 흔드는 격

　처음에 달콤한 말로 꾀어서는 나중에 불행한 처지에 빠뜨리고 만다는 말⇨성어편 등루거제(登樓去梯) 참조

나무에 잘 오르는 놈이 떨어지고 헤엄 잘 치는 놈이 빠져 죽는다

　자기가 가진 재주로 인해 오히려 실수하게 된다는 말

나무접시 놋접시 될까

　본성이 좋지 못한 자가 특출하게 될 수가 없다는 말∥닭의 새

끼 봉이 되랴. 각관 기생 열녀(烈女)되랴. 나무 뚝배기 쇠양푼 될까.

나물 밭에 똥 한번 눈 개는 장 저개 저개 한다

　한번 실수하면 그로 인해 항상 남의 지목을 받는다는 말

나 부를 노래 사돈이 부른다

　자기가 하려고 하는 말을 상대편이 먼저 할 때 쓰는 말 / 我歌 査唱(東言考略), 我歌將放婚家先唱(耳談續纂) // 내 할 말을 사돈 이 한다. 시어미 부를 노래 며느리가 먼저 부른다.

나올 적에 봤더라면 짚신짝으로 틀어 막을걸

　사람이 지지리도 못났음을 보고 하는 말 // 저런 걸 낳지 말고 호박이나 낳았더라면 국이나 끓여 먹지. 똥물에 튀겨 죽이려 해 도 똥이 아까워 못하겠다.

나이 차 미운 계집 없다

　무엇이나 한창일 때는 좋게 보인다는 말

나중 보자는 양반 무섭지 않다

　나중에 어떻게 하겠다고 미리 위협하는 사람은 무섭지 않으니 아무 소용이 없다는 말

나중에 난 뿔이 우뚝하다

　후배가 선배보다 나을 때 쓰는 말⇨성어편 후생각고(後生角 高) 참조

나한(羅漢)에도 모래 먹는 나한 있다

　부처님의 제자로 높이 받들어지는 나한 중에도 공양을 받지 못하고 모래만 먹는 나한이 있다는 말인데, 높은 지위나 명성이 있는 사람 중에도 고생하고 있는 사람이 있다는 뜻

낙숫물은 떨어지던 데 또 떨어진다

　한번 버릇이 들면 고치기 힘들다는 말 // 제 버릇 개 줄까. 어릴 때 굽은 길맛가지.

낙숫물이 댓돌을 뚫는다

　꾸준히 노력하면 아무리 어려운 일이라도 이룰 수 있다는 말

낙태한 고양이 상(相)

얼굴을 잔뜩 찌푸리고 있음을 비유한 말 // 저녁 굶은 시어미 상.

난 거지 든 부자

밖으로는 거지처럼 모양새가 초라하고 보잘것 없으나 안으로는 살림이 부자인 사람을 말함

난(亂) 나는 해 과거했다

오래 애썼던 일이 공교롭게도 방해가 들어서 아무 소용이 없게 됨을 말함

난봉자식이 마음 잡아야 사흘

마음 먹은 것이 오래가지 못함을 말함 // 작심삼일(作心三日)

난쟁이 허리춤 추킨다

남을 자꾸 추어올린다는 뜻

날 궂은날 개 사귄 것 같다

귀찮은 일을 당할 때나 달갑지 않은 사람이 귀찮게 따라다니는 것을 뜻한다.

날 잡아 잡수 한다

마음대로 하라고 상대편에게 몸을 내어놓는다는 뜻

날 잡은 놈이 자루 잡은 놈을 당하랴

월등하게 유리한 조건에 있는 사람을 이겨내기는 힘들다는 말

날 장비 같다

우악스럽고 거센 사람을 말함

남 눈 똥에 주저앉고, 애매한 두꺼비 떡돌에 치인다

남이 저지른 잘못에 죄없는 사람이 애매하게 피해를 입는다는 말

남대문 입납(南大門入納)

입납(入納)이란, 편지 겉봉에 쓰는 '……앞'이라는 말과 같은 말이다. 주소가 불분명하여 도무지 찾을 수 없는 것을 말함

남산 소나무를 다 주어도 서캐조롱 장사를 하겠다

남산의 그 많은 소나무를 다 주어도 고작해야 서캐조롱 장사 밖에 못할 만큼 소견이 좁고 옹졸하다는 말

남산골 생원이 망하여도 걸음 걷는 보수는 남는다

남산골 샌님이 망하여 보잘것 없이 되어도 그 특유한 걸음걸이만 남는다는 말로서, 사람의 습관이란 없어지지 않는다는 말 // 놀던 계집이 결딴이 나도 엉덩이 짓은 남는다.

남을 물에 넣으려면 제가 먼저 물에 들어간다

남을 해치려고 하면 제가 먼저 어려움을 당한다는 말 // 남잡이가 제잡이.

남의 고기 한 점 먹고 내 고기 열 점 준다

남으로부터 적은 이득을 보려다가 더 큰 손해를 본다는 말 / 他肉一點飯食 己肉十點下(東言考略)

남의 눈에 눈물 내면 제 눈에는 피가 난다

남에게 악행(惡行)을 가하면 반드시 그보다 더 큰 벌을 받게 된다는 뜻

남의 다리에 행전 친다

제 일인 줄 알고 한 일이 결국 남의 이익이 되게 했다는 뜻

남의 떡에 설 쇤다

남의 힘을 입어 일을 이루었다는 뜻

남의 말 다 들으면 목에 칼 벗을 날 없다

남의 말을 다 따라 하려고 하면 낭패 보는 일이 많으니 자기가 들어야 할 말만 가려서 들으라는 뜻

남의 말도 석달

떠들썩한 소문도 시일이 지나면 흐지부지 없어진다는 뜻

남의 말 하기는 식은 죽 먹기

남의 잘못을 말하기는 매우 쉽다는 말 / 言他事 食冷粥(旬五志)

남의 밥 보고 장 떠먹는다

남의 것을 턱없이 바란다는 뜻도 있고, 아무 상관도 없는 남의

일에 공연히 미리부터 좋아한다는 뜻

남의 밥에 든 콩이 더 크다

　제가 가진 것보다 남이 가진 것이 더 좋아 보인다는 말

남의 사위가 나갔다 들어갔다

　남이 무슨 일을 하거나 자기와는 아무 상관이 없다는 말

남의 사정 보다가 갈보 난다

　남의 사정 보고 동정하다가 내 신세 망친다는 말

남의 사정 보다가 동네 시아비가 열둘이다

　남의 사정을 보고 동정해 주다가 제 몸을 망친다는 말로서 너무 남의 일에 나서서는 안 된다는 말

남의 싸움에 칼 빼기

　자기와는 아무 관계도 없는 일에 공연히 흥분하고 나선다는 뜻

남의 아이 한번 때리나 열번 때리나 때렸단 소리 듣기는 마찬가지라

　좋지 않은 일을 조금 하나 많이 하나 꾸중듣기는 마찬가지란 말

남의 일은 오뉴월에도 손이 시리다

　이득 없는 남의 일이란 하기 싫다는 말

남의 잔치에 감 놓아라 배 놓아라 한다

　자기와는 아무 상관노 없는 일에 공연히 간섭하고 참견히는 것⇒성어편 타인지연 왈리왈시(他人之宴 曰梨曰柿) 참조

남이 장 간다고 하니 거름 지고 나선다

　아무 주견없이 남이 하는 그대로 따라서 행동하는 것 // 남이 은장도 차고 나서니 나는 식칼 낀다.

남자는 배짱, 여자는 절개

　남자는 두려워할 줄 모르는 담력, 여자는 자신을 지키는 올곧은 절개가 으뜸이라는 말

낫 놓고 기역 자도 모른다

무식한 사람을 두고 하는 말 // 목불식정(目不識丁). 어로불변(魚魯不辨)

낫으로 눈 가리기

자신의 흔적을 가리려고 하다가 가리지 못한다는 뜻 / 以鎌遮眼(旬五志), (松南雜識)

낮 말은 새가 듣고 밤 말은 쥐가 듣는다

아무리 비밀스럽게 한 말이라도 자신이 한 말은 반드시 남의 귀에 들어간다는 뜻으로 말조심하라는 말

내가 중이 되니 고기가 천하다

무엇이든 필요하여 구할 때는 귀하더니 필요가 없어지자 흔하고 천하다는 말

내뛰기는 주막집 강아지라

무슨 일이나 경솔하여 곧 튀어나와서 참견하는 사람을 두고 하는 말

내리 사랑은 있어도 치사랑은 없다

윗사람이 아랫사람을 사랑하는 일은 있어도 그 반대되는 일을 하기는 어렵다는 말 / 下愛有 上愛無(東言考略)

내 발등의 불을 꺼야 아들 발등의 불을 끈다

사람이 급한 일을 당하면 자기 일부터 먼저 처리한다는 말 ⇨ 성어편 아상지화 아상지화(我上之火 兒上之火) 참조

내 밥 준 개가 내 발등 문다

나에게 도움을 받은 자가 오히려 배신한다는 말 // 믿는 도끼에 발등 찍힌다. 내 밥 먹은 개가 발 뒤축 문다.

내 배가 부르니 평안감사가 족하(足下) 같다

내 배가 부르고 풍족하면 아무리 좋은 것도 부럽지 않다는 뜻

내 손톱에 장을 지져라

되지도 않는 일을 가지고 장담하는 사람에게 절대로 불가능하다고 단정하는 말

내외간 싸움은 칼로 물베기

부부싸움은 중재가 필요없이 내버려두면 자연히 화합한다는 뜻

내 일 바빠 한댁 방아

자기 일이 바빠서 그 일을 하기 위해 부득이 다른 사람 일부터 먼저 한다는 뜻⇨성어편 기사지망 대가지용촉(己事之忙 大家之舂促) 참조

내일은 삼수갑산(三水甲山)을 가더라도

삼수갑산은 옛날부터 교통도 나쁘고 특유의 풍토병도 있어서 죄를 지은 자들이 귀양을 가던 곳이다. 그래서 최악의 경우를 당할 각오로 어떤 일에 대처하는 것

내 칼도 남의 칼 집에 들면 찾기 어렵다

자기 물건도 남의 수중으로 들어가면 제 마음대로 할 수 없다는 말 / 吾刀入他鞘 難拔(旬五志), (松南雜識)

내 코가 석자

내 사정이 급해서 남의 사정까지 돌볼 여유가 없다는 말 / 吾鼻涕垂三尺(旬五志), (松南雜識), 我涕三尺 何知爾感(耳談續纂)

냉수 먹고 이쑤시기

실속없이 허세를 부린다는 뜻 // 냉수 먹고 갈비 트림한다. 비짓국 먹고 용트림한다.

너구리 굴 보고 피물(皮物) 돈 내어 쓴다

너구리를 잡기도 전에 가죽 팔아 생길 돈을 미리 빚내어 쓴다는 말이니, 확실하지 않은 일을 가지고 그로부터 나올 이익을 미리 앞당겨 쓰는 것을 비웃는 말이며, 일을 너무 급히 서둘러 한다는 뜻

네 것이 내 것이요 내 것이 내 것이다

무엇이건 다 자기 것이라는 뜻

노는 입에 염불(念佛)하기

그저 노는 것보다는 무엇이나 하는 것이 낫다는 뜻

노닥노닥 해도 비단일세

본 바탕이 좋은 것은 낡고 헐어도 그 본성을 잃지 않는다는 뜻
／襤樓襤樓 猶然錦樓(耳談續纂)

노루 꼬리가 길면 얼마나 될까

재주가 있으면 얼마나 있겠느냐는 뜻으로 보잘것 없는 재주를
과신하는 사람을 비웃는 말

노루 때리던 막대

어쩌다가 우연히 노루를 때려잡은 막대를 가지고 이것만 가지
면 언제나 노루를 잡으려니 하고 터무니없는 생각을 한다는 말
로서, 요행을 바라는 어리석음, 지난날의 방식을 무조건 지금도
적용하려는 어리석음을 뜻한다. ／打獐杖(東言考略)

노루를 피하니 범이 나온다

작은 해(害)를 피하려다 도리어 큰 화를 당할 때 쓰는 말이며,
또 일이 점점 더 험하고 어려워질 때를 일컫는다.

노루 제 방귀에 놀란다.

경솔하고 침착하지 못한 자를 말한다.

노여움은 호구별성(戶口別星)인가

호구별성이란, 집집이 찾아다니며 천연두를 앓게 한다는 여신
(女神)인데, 늘 화만 내는 사람을 두고 하는 말

노적가리에 불 붙여 놓고 박상 주워 먹는다

큰것을 잃고 작은것을 얻을 때를 말함

노처녀가 시집 가려니 등창이 난다

벼르고 벼르던 일을 하려 할 때 마가 붙고 방해물이 끼여서 못
한다는 말

녹피(鹿皮)에 갈 왈(曰)자라

사슴가죽에 쓴 갈 왈(曰)자는 당기는 대로 날 일(日)자도 되
고 갈 왈(曰)자도 된다는 말이니 이랬다 저랬다 풀이하기에 달
렸다는 말 ／熟鹿皮大典(旬五志), (松南雜識)∥귀에 달면 귀엣고
리 코에 걸면 코엣고리

논 팔아 굿하니 맏며느리 춤추더라

당면한 어려운 일을 가장 뼈 아프게 알아야 할 사람이 도리어 반대 방향으로 나갈 때 비유하여 이르는 말

놀란 토기 벼락 바위 쳐다보듯

말은 못하고 눈만 껌벅거리며 쳐다본다는 말

높은 가지가 부러지기 쉽다

높은 지위일수록 그 자리를 보전하기가 어렵다는 말

누가 흥(興)이야 항(恒)이야 하랴

관계없이 남이 이래라 저래라 할 수 없다는 뜻 ⇨성어편 홍이항이(興伊恒伊) 참조

누울 자리 봐 가며 발 뻗친다

모든 일은 결과를 생각해 가면서 미리 살피고 시작해야 한다는 뜻

누워서 떡 먹기

일하기가 매우 쉽다는 뜻 // 땅 짚고 헤엄치기. 누운 소 타기. 식은 죽 먹기. 무른 땅에 말뚝박기. 수양딸 며느리 삼기

누워서 침 뱉기

자기에게 오히려 해(害)가 된다는 뜻

누이 좋고 매부 좋다

피차 서로 좋다는 말

눈 가리고 아웅한다

얕은 수를 써서 남을 속이려 하는 수작을 말함 // 귀 막고 방울 도둑질한다. 머리카락 뒤에서 숨바꼭질한다.

눈 감고 언덕 뛰기

아주 위태로운 일을 모험적으로 한다는 말

눈 감으면 코 베어 간다

인심이 험악하고 사나워서 조금도 마음을 놓을 수 없다는 뜻

눈 구석에 쌍가래톳 선다

너무나 기가 막혀서 할 말이 없다는 뜻

눈 먹던 토끼 다르고 얼음 먹던 토끼 다르다

　사람은 자기가 겪어 온 환경에 따라서 그 능력과 생각도 다르다는 말

눈 먼 구렁이 꿩알 굴리듯 한다

　제게 매우 소중한 줄 알고 애지중지함을 말함

눈 먼 놈이 앞장 선다

　못난 놈이 껍적거리고 남보다 먼저 나선다는 말

눈 먼 망아지 방울소리 듣고 따라간다

　무식한 사람이 남이 시키는 대로 무조건 따라 한다는 말

눈 먼 중 갈밭에 든 것 같다

　어디가 어딘지 방향을 가리지 못하여 갈팡질팡한다는 말

눈 먼 탓이라 하지 개천 나무래 무엇 하나

　자기의 부족은 생각지도 않고 남을 원망하는 것을 보고 이르는 말 // 봉사 개천 나무란다.

눈 벌리고 에비야 한다

　뻔한 수작으로 남을 위협하려 드는 것을 말함

눈썹에 떨어진 액(厄)이라

　뜻밖의 걱정거리가 갑자기 생김

눈 어둡다 하더니 다홍고추만 잘 딴다

　속마음이 음흉한 사람을 일컫는 말로서, 제 일만 알고 남의 일은 돕지 않으려는 사람을 비꼬는 말

눈은 있어도 망울이 없다

　사물을 정확히 분별하는 안목(眼目)과 식견이 없다는 뜻

눈치가 빠르면 절에 가도 새우젓을 얻어 먹는다

　사람이 영리하고 수단만 좋으면 어디를 가도 궁색한 일이 없다는 말

느릿느릿 걸어도 황소 걸음

　속도는 더디지만 착실하고 꾸준히 해나가 믿음직스럽다는 말 / 緩驅緩驅牡牛之步(耳談續纂)

느린 소도 성낼 적이 있다

성미가 느리고 순한 사람도 성내면 무섭다는 뜻

늙은 말이 콩 더 달란다

　사람은 늙어갈수록 욕심이 더 커진다는 뜻

늦게 배운 도둑이 날 새는 줄 모른다

　늦게 시작한 일에 매우 흥미를 느끼고 거기에 빠지는 사람을
두고 하는 말

늦바람이 용마름 벗긴다

　늙어서 바람이 나면 걷잡을 수 없다는 말

늦은 밥 먹고 파장(罷場)간다

　적절한 때를 놓치고 늦게야 행동을 시작한다는 말

ⓒ

다 된 죽에 코 빠졌다

　다 된 일을 망쳐 놓았다는 뜻

다람쥐 쳇바퀴 돌듯

　제자리에서 뱅뱅 맴돌기만 한다는 말로 애는 쓰지만 큰 진전
이 없이 제자리 걸음만 한다는 뜻∥개미 쳇바퀴 돌듯 한다.

다리 아래에서 원을 꾸짖는다

　맞대 놓고는 말 못하고 그 사람이 없는 데서 원망하고 욕한다
는 말 / 橋下叱倅(旬五志), (松南雜識)

·다시 보니 수원 나그네

　모르고 있던 손님 편에서 아는 체하니 그제야 인사한다는 말

단단하기만 하면 벽에 물이 괴나

　단단한 땅에 물이 괸다고 하지만 벽면에야 괼 수 없듯이 한 가
지 조건만 갖추었다 해서 일이 되는 것은 아니라는 뜻

단 솥에 물 붓기

　형세(形勢)가 기울어져 도와주는 보람이 없을 때 하는 말

달걀도 구르다 서는 모가 있다

　모든 일이 지연되다가도 결말이 날 때가 있다는 말

달걀로 바위 치기

　약한 것이 강한 것에 대항하려고 하는 어리석음을 뜻함∥달걀
로 성(城) 치기

달걀 지고 성(城) 밑에 못 가겠다

　너무 의심이 많고 필요 이상으로 걱정을 하는 사람을 말함

달면 삼키고 쓰면 뱉는다
자신에게 이로우면 이용하고 필요하지 않을 때는 배척한다는 뜻 // 감탄고토(甘呑苦吐) / 昔以甘茹 今乃苦吐(耳談續纂)

달밤에 삿갓 쓰고 나온다
미운 사람이 더 밉살스런 짓만 골라 한다는 뜻 // 미운 중이 고깔모 쓰고 이래도 밉소 한다.

달아나는 노루 보고 얻은 토기를 놓쳤다
욕심을 부리다가 결국 손에 가진 것까지 잃었다는 말로서, 너무 큰 이익만 탐하지 말고 가까운 곳에 있는 작은 이익부터 취하라는 뜻 // 멧돝 잡으려다 집돝 잃었다. 혹 떼러 갔다가 혹 붙였다.

닭 소 보듯 소 닭 보듯
서로 별 관심이 없이 모른 척 빤히 바라본다는 뜻

닭이 천(千)이면 봉이 한 마리
여럿이 모이면 반드시 그 가운데 뛰어난 이가 한 사람쯤은 있다는 말

닭 잡아먹고 오리발 내놓는다
나쁜 짓을 하고도 엉뚱한 변명을 한다는 뜻

닭 쫓던 개 지붕만 쳐다본다
한참 애쓰던 일이 실패로 돌아가거나 서로 경쟁하던 상대가 유독 앞서 갈 때의 막막한 상황을 의미함 / 拘逐鷄屋只睇(洌上方言), 逐鷄犬瞻籬(東言考略)

닷 돈 추렴에 두 돈 오 푼 냈나
여러 사람이 모인 자리에서 남에게 업신여김을 당하거나, 제 권리를 제대로 누리지 못하게 할 때 반박하는 말

당장 먹기엔 곶감이 달다
당장 좋은 것은 그때 뿐이지 참으로 좋고 이로운 것이 못 된다는 뜻

대감(大監) 죽은 데는 안 가도 대감 말 죽은 데는 간다

대감이 살고 그 말이 죽으면 대감의 환심을 사기 위하여 조문을 가지만 대감이 죽은 후로는 그에게 갈 필요가 없다는 말로서, 세상인심이 자신의 이익만 차리는 것을 말함

대문 밖이 저승이라

죽음은 멀리 있는 것이 아니라 항상 가까이 있다는 뜻

대문 턱 높은 집에 정강이 높은 며느리 들어온다

일이 우연히 잘 되었을 때를 일컬음

대신댁(大臣宅) 송아지 백정 무서운 줄 모른다

자기 주인의 세력만을 믿고 안하무인(眼下無人) 격으로 행동하는 사람을 두고 하는 말

대장장이 집에 식칼이 논다

마땅히 있음직한 곳에 오히려 없는 경우가 많다는 뜻 / 治家無食刀(東言考略), 鐵冶乏些(耳談續纂)

대천(大川) 바다도 건너 봐야 안다

일이든 사람이든 실제로 겪어 봐야 그 참모습을 알 수 있다는 말 // 길고 짧은 것은 대 봐야 안다. 깊고 얕은 물은 건너 봐야 안다.

대추 나무 방망이다

단단하고 모진 사람을 비유해서 하는 말

대추 나무에 연 걸리듯

여기저기에 빚을 많이 지고 있는 것을 말함

더도 말고 덜도 말고 늘 가윗날만 같아라

추석에는 음식이 풍성하고 즐거운 놀이로 밤낮을 지내므로 잘 먹고 잘 입고 지냈으면 하고 원하는 말

더운 죽에 혀 데기

대단치 않은 일에 낭패를 보아 얼마 동안 쩔쩔 맨다는 뜻

더위 먹은 소 달만 보아도 허덕인다

어떤 일에 한번 혼이 나면 그와 비슷한 것만 보아도 겁을 낸다는 뜻 // 오우천월(吳牛喘月). 자라 보고 놀란 가슴 솥뚜껑 보고

놀란다. 불에 놀란 놈 부지깽이만 보아도 놀란다.

덤불이 커야 도깨비가 난다

　의지할 곳이 든든해야 일이 잘 된다는 뜻 // 물이 깊어야 고기
가 모인다. 산이 깊어야 범이 있다.

도깨비 사귄 셈이라

　귀찮은 자가 늘 따라다녀서 떨쳐 버리려 해도 뜻대로 되지 않
는 것을 가리킴

도끼 가진 놈이 바늘 가진 놈을 못 당한다

　도끼는 한번 잘못 휘두르면 살인까지도 날 것 같아 감히 함부
로 쓰지 못하지만, 바늘로는 찔렀다 해도 치명상을 입히지 못하
므로 결국 바늘 가진 자가 이긴다는 말이다. 즉, 큰 것을 가진 자
가 작긴 하나 적절한 것을 가진 이를 당하지 못한다는 말

도끼 등에 칼날을 붙인다

　서로 맞지 않은 것을 붙이려 하지만 그것은 안 되는 법이라는
말

도끼자루 썩는 줄 모른다

　시간 가는 줄 모른다는 뜻 // 신선 놀음에 도끼자루 썩는 줄 모
른다.

도둑괭이가 살찌랴

　남의 깃을 탐내이 훔쳐 가는 자가 재물을 모으지는 못한다는
말

도둑놈이 제 말에 잡힌다

　나쁜 짓을 하고 숨기려 하지만 자신도 모르는 사이에 죄를 드
러내고 만다는 뜻 // 도둑이 제발 저리다.

도둑 맞고 사립 고친다

　일을 당한 후에 대비를 한다는 말. 너무 늦게 일을 그르친 뒤
에는 뉘우쳐도 소용없다는 말 // 소 잃고 외양간 고친다. 지나간
버스 손 들기

도둑 맞으면 어미 품도 들춰본다

물건을 잃게 되면 모든 사람을 다 의심한다는 뜻

도둑의 때는 벗어도 화냥의 때는 못 벗는다

화냥질은 한번 하면 증거를 댈 흔적이 없지만 도둑의 누명은 증거만 있으면 벗을 수 있는 것이라는 뜻

도둑은 씨가 없다

도둑은 유전성이 있어 하는 것이 아니므로 누구나 악한 마음만 먹으면 도둑이 된다는 뜻

도둑이 매를 든다

잘못한 놈이 도리어 애매한 사람을 꾸짖는다는 뜻⇨성어편 적반하장(賊反荷杖) 참조

도둑이 제발 저리다

죄 지은 자가 폭로될까 두려워 걱정하다가 저도 모르는 사이에 자신이 한 행동이나 말 때문에 꼬리가 잡히게 된다는 뜻

도둑질을 해도 손발이 맞아야 한다

무슨 일이든지 서로 뜻이 맞아야 일을 해낼 수 있다는 말

도마 위에 고기가 칼을 무서워하랴

죽을 처지에 있는 사람이 무엇이 두렵겠느냐는 말 / 俎上肉不畏刀(旬五志), 俎上魚畏刀乎(東言考略)

도포(道袍) 입고 논 썰기

경우에 맞지 않게 어색하다는 뜻

독불장군(獨不將軍)

따돌림을 받는 외로운 사람이나 무슨 일이든 자기 생각대로 혼자 처리하는 사람. 또는 혼자서는 장군이 못 된다는 것으로, 남과 협조하여야 됨을 일컫는 말이다. // 고장난명(孤掌難鳴), 독장불명(獨掌不鳴)

독 틈에 탕관(湯罐)

작은 약탕관이 큰 독 틈에 끼여 어쩔 줄 모른다는 말이니, 약자가 강자 사이에서 고초를 겪는다는 말 // 고래 싸움에 새우등 터진다. 남 눈 똥에 주저앉고, 애매한 두꺼비 떡돌에 치인다.

돈 나는 모퉁이 죽는 모퉁이

돈벌기가 그만큼 어려움을 뜻함

돈만 있으면 개도 멍첨지라

아무리 천한 사람이라도 돈만 있으면 남들이 높이 대우해 준다는 말//돈만 있으면 귀신도 부릴 수 있다. 돈만 있으면 처녀 불알도 산다. 돈이라면 뱃속의 아이도 나온다.

돈 모아 줄 생각 말고 자식에게 글 가르쳐라

막대한 유산(遺產)을 자식에게 남겨 주는 것보다 자식을 훌륭하게 교육시키는 것이 더 낫다는 말//황금 천 냥이 자식 교육만 못하다.

돈 없는 놈이 큰 떡 먼저 든다

자격을 갖추지 못한 이가 먼저 나설 때 하는 말

돈이 없으면 적막강산(寂寞江山)이요 돈이 있으면 금수강산이라

돈이 있으면 모든 것이 다 풍족하게 보이고 돈이 떨어지면 삭막하게 보인다는 뜻도 되고, 경제적으로 풍족해야 삶을 즐길 수 있다는 말도 된다.

돈피(獤皮) 옷 잣죽에 자랐느냐

생활을 매우 호사스럽게만 하려는 사람을 나무라는 말(돈피란 담비 종류 동물의 모피를 일컫는 말)

돌다리도 두들겨 보고 지난다

지나치게 조심스럽고 세심한 사람을 두고 하는 말

돌담 배부른 것

아무 소용이 없고 도리어 해로운 존재라는 뜻//노인 건달짓하는 것. 봄비 잦은 것. 사발 이 빠진 것.

돌도 십년을 보고 있으면 구멍이 뚫린다

무슨 일이든 꾸준히 노력하면 안 되는 일이 없다는 뜻

돌을 차면 내 발부리만 아프다

화난다고 쓸데없이 화풀이를 하면 저만 손해라는 뜻 /岩怒蹴

傷吾足(洌上方言)

돌절구도 밑 빠질 날이 있다

    아무리 튼튼한 것도 오래 쓰면 결딴날 때가 있다는 말이니, 명문거족(名門巨族)이라고 영원히 몰락하지 말란 법은 없다는 뜻을 지닌다. // 쥐구멍에도 볕들 날이 있다.

동냥은 아니 주고 쪽박만 깬다

    남이 원하는 것은 주지 않고 오히려 해로움만 끼친다는 말 // 부조 안 한 나그네 젯상 친다.

동네 개 짖는 소리만 못하게 여긴다

    남의 말을 듣고도 무시한다는 뜻 // 어디 개가 짖느냐 한다.

동네 북인가

    이사람 저사람 모두가 달려들어 친다는 말

동무 따라 강남 간다

    남에게 끌려서 좋아하게 되는 경우를 말함⇨성어편 수사지주(髓絲蜘蛛) 참조

동방삭(東方朔)이는 백지장도 높다고 하였단다

    동방삭이 불로장생(不老長生)한 것은 그만큼 조심스러웠기 때문이니, 매사에 세심한 주의를 해야 한다는 뜻

동상전(東床廛)에 들어갔나

    먼저 말을 해야 할 경우에 말없이 웃기만 할 때 쓰는 말

동지 섣달에 베지기 적삼

    철에 맞지 않는 옷이라는 말이니 격식에서 벗어났다는 뜻

동태냐 북어냐

    이것이나 저것이나 마찬가지라는 뜻

되로 주고 말로 받는다

    주기는 조금 주고 그 대가는 훨씬 많이 받는다는 말

두꺼비 씨름 누가 질지 누가 이길지

    서로 다투지만 승부의 결말이 나기 어렵다는 말

두꺼비 파리 잡아먹듯

아무것이나 닥치는 대로 널름널름 받아 먹는 것을 말함

두더지 혼인

제 분수를 헤아리지 않고 엉뚱한 희망을 가지는 것을 비유하는 말 ⇨성어편 언서혼(鼹鼠婚) 참조

두루 춘풍(春風)

두루두루 봄바람이 분다는 말이니 언제 누구를 만나도 좋게 대해 주는 사람을 가리킴 /四時春風(東言考略)

두부 먹다 이 빠진다

방심하는 데서 실수를 한다는 말이니 항상 주의하라는 뜻

두 손에 떡

상황이 둘다 좋아 어느 것을 해야 할지 모름을 가르키는 말

둘러치나 메치나 일반

이렇게 하나 저렇게 하나 마찬가지라는 말 // 업으나 지나. 열고 보나 닫고 보나. 계란이나 달걀이나.

뒤로 오는 호랑이는 속여도 앞으로 오는 팔자는 못 속인다

사람은 운명을 벗어날 수 없다는 말

뒤에 볼 나무는 그루를 돋우어라

키워서 장래에 덕을 볼 나무는 잘 가꾸라는 뜻 /後見之木 間斫其根(旬五志)

뒤웅박 차고 바람 잡는다

주둥이가 좁은 뒤웅박을 가지고 바람을 잡는다는 말이니 허무맹랑한 말을 떠벌리고 다니는 사람을 비웃는 말

뒷간에 갈 적 맘 다르고 올 적 맘 다르다

사람의 마음은 한결같지 않아서 제가 아쉽고 급할 때는 애써 찾아다니다가 그 일이 끝나면 모르는 체하고 있다는 뜻

뒷집 짓고 앞집 뜯어내란다

자신에게 방해가 되거나 손해가 된다 하여 저보다 먼저 한 사람의 일을 못하게 한다는 말

드는 돌에 낯 붉는다

무거운 돌을 들면 힘이 들어 얼굴이 붉어지는 것과 같이 무슨 일이나 결과에는 그 원인이 있다는 말

든 거지 난 부자

집안 살림은 거지꼴이면서 밖으로는 부자같이 보이는 사람을 말함

들어서 죽 쑨 놈은 나가도 죽 쑨다

집에서 하던 버릇은 나가서도 버리지 못한다는 말

등겨 먹던 개는 들키고 쌀 먹던 개는 안 들킨다

흔히 크게 죄지은 자는 교묘히 빠져 무사하고 그보다 덜한 자가 들켜 애매하게 남의 죄까지 뒤집어쓰고 의심받게 된다는 말

등 시린 절 받기 싫다

자기가 푸대접한 사람에게 후한 대접을 받는 것은 그리 기분 좋은 일이 아니라는 말 / 受背害拜(東言考略)

등잔 밑이 어둡다

가까운 데서 생긴 일이 오히려 먼 곳에서 생긴 일보다 때로는 더 모르기 쉽다는 말 // 등하불명(燈下不明). 도회 소식을 들으려면 시골로 가거라. 법 밑에 법 모른다.

등치고 간 내 먹는다

겉으로는 위해 주는 척하면서 속으로는 해를 끼친다는 뜻

딸의 시앗은 바늘 방석에 앉히고, 며느리 시앗은 꽃방석에 앉힌다

사위가 첩(妾)을 두는 것은 자기 딸이 괴로워할 것인즉 싫어하지만 아들이 시앗 보는 것은 며느리를 괴롭히는 것이기 때문에 고소하게 여긴다는 뜻

딸이 셋이면 문을 열어놓고 잔다

딸 많은 집에서 혼인을 치르고 나면 많은 비용이 들어 가산(家産)이 다 탕진된다는 말 // 딸 셋을 여의면 기둥 뿌리가 패인다.

딸 자식은 도둑년이다

딸은 길러 시집 보낼 때도 많은 혼수를 해 가고 출가한 후에도 친정집에 와서 이것저것 집어가므로 하는 말

땅 짚고 헤엄치기

매우 쉽다는 뜻∥누운 소 타기. 호박에 침 주기. 누워서 떡 먹기.

때리는 시어미보다 말리는 시누이가 더 밉다

겉으로는 위해 주는 척 하면서도 속으로는 해하는 사람이 가장 밉다는 말

떡국이 농간한다

본래 재질은 없더라도 나이가 들면 오랜 경험으로 제법 능숙한 솜씨를 보이게 됨을 이름

떡도 떡이려니와 합이 더 좋다

내용도 중요하지만 형식도 중요한 것인데 이 둘이 다 갖추어져 있음을 말함 /餠固餠矣 盒兮尤美(耳談續纂)

떡방아 소리 듣고 김치국 찾는다

지레 짐작으로 일을 서두른다는 뜻∥떡 줄 놈은 생각도 않는데 김치국부터 마신다.

떡 본 김에 제사 지낸다

필요한 것을 구한 김에 하고자 하던 것을 해치운다는 말∥엎어진 김에 쉬어 간다. 활 당기는 김에 콧물 씻는다.

떡 줄 놈은 생각도 않는데 김치국부터 마신다

줄 사람은 생각지도 않는데 기대가 너무 앞서거나 이루어지지 않을 일을 바랄 때 하는 말

떡해 먹을 세상

떡을 하고 고사를 지내야 할 만큼 뒤숭숭하고 궂은 일이 많다는 뜻

떨어진 주머니에 어패(御牌) 들었다

보기에는 허술하고 시원치 않으나 실속은 뛰어나고 훌륭한 재주를 지녔다는 말

떼 논 당상(堂上)

　　이미 확실하게 결정된 일이니 염려없다는 뜻

똥구멍으로 호박씨 깐다

　　겉으로는 어리석어 보이나 실은 엉큼하고 딴 짓을 하는 것을 말함 // 밑구멍으로 호박씨 깐다. 밑구멍으로 노끈 꼰다.

똥누러 갈 적 마음 다르고 올 적 마음 다르다

　　제가 급할 때는 애를 쓰고 다니다가도 그 일이 끝이 나면 모른 척하는 것으로 사람의 마음이 자주 변하는 것을 말함

똥 마려운 계집 국거리 썰듯 한다

　　자기 일이 급할 때는 일을 아무렇게나 마구해 버린다는 말

똥 묻은 개가 겨 묻은 개 나무란다

　　자기는 더 큰 흉이 있으면서 도리어 남의 작은 흉을 본다는 말 // 똥 묻은 돼지가 겨 묻은 돼지 흉본다. 그슬린 돼지가 달아맨 돼지 타령한다. 허청 기둥이 칙간 기둥 흉본다. 숯이 검정 나무란다. 가랑잎이 솔잎더러 바스락거린다고 한다.

똥벌레가 제 몸 더러운 줄 모른다

　　사람은 자기 자신의 결점을 모른다는 말

똥싼 놈이 성낸다

　　제 잘못은 덮어두고 도리어 큰소리친다는 뜻 // 방귀 뀐 놈이 성낸다.

똥싼 주제에 매화(梅花) 타령한다

　　잘못하고도 부끄러운 줄도 모르고 비위좋게 날뛰는 것을 비꼬는 말

똥이 무서워서 피하나 더러워서 피하지

　　악한 사람을 상대해서 겨루는 것보다 피하는 것이 낫다는 뜻

뚝배기보다 장맛

　　겉모양에 비하여 내용이 좋다는 말

ㅁ

마당 터진 데 솔뿌리 걱정한다

　원래 솔뿌리는 그릇 터진 데를 깁는 데 쓰이는데 마당이 터졌다고 솔뿌리를 걱정한다는 것은, 당치 않은 공론으로 일을 수습하려 한다는 말

마디에 옹이

　나무 마디가 있는데 옹이까지 있다는 말이니 어려운 일이 겹쳤다는 뜻

마른 하늘 벼락 맞는다

　뜻하지 않은 큰 재앙을 당했다는 말

마방(馬房) 집이 망하려면 당나귀만 들어온다

　마방 집에 죽을 먹는 말은 안 들어오고 날 것만 먹는 당나귀만 들어온다는 말이니 사업과는 관계없는 것들이 끼여들어 일을 망친다는 뜻

마소의 새끼는 시골로 보내고, 사람의 새끼는 서울로 보내라

　마소는 먹이가 풍부한 시골로 보내고, 사람은 견문이 많아 배울 것이 많은 도회지로 보내야 잘될 수 있다는 말

마음에나 있어야 꿈을 꾸지

　도무지 생각이 없으면 꿈도 안 꾸어진다는 말

마치가 가벼우면 못이 솟는다

　윗사람이 엄격하지 않으면 아랫사람이 순종하지 않고 도리어 반항한다는 말⇨성어편 추경정용(椎輕釘聳) 참조

마파람에 게 눈 감추듯 한다

음식을 빨리 먹어치워 버린 것을 말함

마파람에 호박 꼭지 떨어진다

무슨 일이 처음부터 그릇되어 방해를 받는다는 말

말 가는 데 소도 간다

재빠른 이가 비록 앞서 가지만 노력하면 느리게 가는 이도 따라갈 수 있다는 말 /馬往處 牛亦往(旬五志), (洌上方言)

말똥에 굴러도 이승이 좋다

아무리 고생을 하고 천하게 살더라도 죽는 것보다 낫다는 말 // 개똥 밭에 굴러도 이승이 좋다. 죽은 정승이 산 개만 못하다.

말로 온 동리를 다 겪는다

음식으로 대접하는 대신 말로 때운다는 뜻도 되고, 말을 잘할 줄 알면 처세에 유리하다는 의미도 된다.

말만 잘 하면 천냥 빚도 가린다

말 잘하는 사람은 처세에 유리하다는 뜻

말 많은 집안은 장맛도 쓰다

말 많은 집안은 살림이 잘 안 된다는 뜻

말 속에 말 들었다

말 속에 다른 뜻의 말이 들었다는 말

말 안하면 귀신도 모른다

혼자 속을 태우지 말고 시원스럽게 말을 하라는 뜻

말은 할수록 늘고 되질은 할수록 준다

같은 내용의 말이라도 사람들의 입을 통해 전해지면 전해질수록 과장되고, 물건은 옮겨갈수록 줄어든다는 뜻

말은 해야 맛이고 고기는 씹어야 맛이다

할 말은 해야 된다는 뜻

말이 고마워서 비지 사러 갔다가 두부 사 온다

말이 고마우면 예정했던 것보다 후하게 해주게 된다는 뜻

말이 많으면 쓸 말이 적다

말이 많으면 실언(失言)하기 쉬워 될수록 적게 하는 것이 좋

다는 말

말이 씨 된다

　늘 말하던 것이 마침내는 어떤 사실을 유발시키게 되는 것을 이름

말 타면 경마 잡히고 싶다

　사람의 욕심은 끝이 없다는 말

말하는 남생이

　말하는 것을 믿을 수 없는 경우에 쓰는 말로 못 알아들을 말을 한다는 뜻도 된다.

말 한 마디로 천냥 빚 갚는다

　말 재주가 좋으면 큰 빚도 지울 수 있다는 뜻이니, 세상살이에서의 언변의 중요성을 나타낸 말

맛없는 국이 뜨겁기만 하다

　사람답지 못한 자가 교만하고 까다롭게 군다는 뜻

망건(網巾) 쓰고 세수한다

　일의 순서가·뒤바뀌었다는 뜻

망건 쓰자 파장(罷場) 된다

　준비를 하다가 때를 놓쳐 목적을 이루지 못하게 될 때 하는 말

매도 먼저 맞는 놈이 낫다

　이왕 겪어야 할 일이라면 먼저 겪고 나면 낫다는 말

매사는 간주인(看主人)이라

　무슨 일이든 주인이 맡아서 재량하는 법이라는 말

매사는 불여 튼튼이라

　무슨 일이나 튼튼히 해 놓는 것이 좋다는 말

맥도 모르고 침통 흔든다

　아무것도 모르면서 아는 척하는 것을 말함

머슴살이 삼년에 주인 성 묻는다

　사람이 무심하여서 응당 알고 있어야 할 것도 모르고 지낸다는 말

먹는 데는 남이요 궂은 일엔 일가다

자기에게 좋은 일이 있을 때는 모른 체 하다가 궂은 일이 생기면 찾아와서 간청한다는 말

먹을 가까이하면 검어진다

못된 사람과 같이 어울려 다니면 그와 같은 좋지 못한 행실이 물든다는 말 / 近墨者黑(松南雜識)

먼저 꼬리 친 개, 나중 먹는다

먼저 일을 서두르는 사람이 뒤떨어지는 것을 말한다.

메뚜기도 오뉴월이 한철

제 때를 만나서 날뛰는 자를 말하고, 모든 것의 전성기는 짧아서 한철밖에 없다는 뜻

며느리가 미우면 발뒤축이 달걀 같다

탈 잡을 것이 없는데도 공연히 트집을 잡아서 미워한다는 말 / 婦無可短 踵如鷄卵(耳談續纂)

며느리 늙어 시어미 된다

시집살이를 심하게 겪은 며느리가 시어머니가 되면 그전 생각은 않고 더 심하게 시어머니 티를 낸다는 뜻

모기 보고 칼 빼기

조그만 일에 공연히 발끈 성내는 소견 좁은 사람을 두고 하는 말 // 견문발검(見蚊拔劍). 중을 보고 칼 뽑는다.

모난 돌이 정 맞는다

성질이 둥글지 못하고 모가 난 사람은 남에게 미움을 받는다는 뜻도 되고, 너무 뛰어난 사람은 남에게 미움을 산다는 뜻

모로 가도 서울만 가면 된다

무슨 수를 쓰더라도 목적만 이루면 된다는 말

모르면 약이요, 아는 게 병

아무것도 모르고 있으면 마음이 편하고 무엇을 좀 알고 있으면 걱정거리만 된다는 말 // 식자우환(識字憂患)

목구멍이 포도청

먹고 살기 위해서는 어떤 짓이나 하게 된다는 뜻 // 가난이 원수. 구복(口腹)이 포도청.

목 마른 놈이 우물 판다

　필요한 사람이 먼저 일을 시작한다는 말

못된 송아지 엉덩이에 뿔 난다

　되지 못한 자가 건방지고 나쁜 짓을 한다는 뜻

무거운 절 떠나라 말고 가벼운 중 떠난다

　보기 싫은 자가 있을 경우 내가 먼저 피한다는 말

무는 개를 돌아본다

　사람도 성미가 사납고 말이 많은 사람을 더 조심한다는 말 // 우는 아이 젖 준다.

무는 말 있는 데 차는 말 있다.

　나쁜 사람들이 있는 데는 그와 비슷한 패거리가 또 모인다는 뜻

무는 호랑이는 뿔이 없다

　모든 것을 다 완전히 갖출 수는 없다는 말

무쇠도 갈면 바늘 된다

　꾸준히 노력하면 아무리 어려운 일도 이룰 수 있다는 말

무자식(無子息)이 상팔자다

　자식이 없는 것이 도리어 걱정이 없어 편하다는 뜻

문둥이 콧구멍에 박힌 마늘씨도 파먹겠다

　욕심이 많아서 너무 심하게 남의 것을 탐하는 것

문(門) 바른 집은 써도 입 바른 집은 못 쓴다

　너무 시비(是非)를 가려서 지나칠 정도로 까다롭게 따지는 사람은 남의 원망과 노여움을 산다는 말

물과 불과 악처(惡妻)는 삼대 재액

　아내를 잘못 만나는 것이 인생의 큰 불행임을 일컫는 말

물에 빠져도 주머니밖에 뜰 것 없다

　몸에 아무것도 지닌 것 없이 가난한 사람이라는 말

물에 빠진 놈 건져 놓으니까 망건 값 달랜다

　남에게 신세를 지고 그것을 갚기는커녕 도리어 그 은인을 원망한다는 뜻

물에 빠지면 지푸라기라도 잡는다

　사람이 위급한 때를 당하면 무엇이나 닥치는 대로 잡고 늘어진다는 말

물은 흘러도 여울은 여울대로 있다

　세상이 변하여도 변하지 않는 것이 있다는 말. 또 무슨 일이 있더라도 제 본심(本心)이야 변할 리 없다는 뜻도 된다.

물은 트는 대로 흐른다

　사람은 가르치는 대로 따라 교화(敎化)되고, 일은 사람이 주선하는 대로 된다는 뜻

물이 깊을수록 소리가 없다

　덕망이 높고 생각이 깊은 사람일수록 잘난 체하거나 아는 체 떠벌리지 않고 겸손하다는 말

미꾸라지 천년(千年)에 용 된다

　아무리 미천하더라도 오랜 세월 동안 갈고 닦는다면 훌륭하게 된다는 말

미련은 먼저 나고 슬기는 나중 난다

　잘못해 놓고서야 더 좋은 방법이 생각난다는 말

미련하기는 곰이다

　아주 미련한 사람을 이르는 말

미련한 놈 가슴에 고드름이 안 녹는다

　미련한 사람이 한번 앙심을 품으면 좀처럼 풀어지지 않는다는 말

미운 놈 떡 하나 더 준다

　자기가 미워하는 사람에게 그로부터 후환이 없도록 술책상 후하게 하라는 말

믿는 도끼에 발등 찍힌다

믿고 있던 일, 또는 믿고 있는 사람에게 도리어 해를 입었을
때 하는 말

미운 중놈이 고깔 모로 쓰고 이래도 밉소 한다

미운 것이 더욱더 미운 짓만 골라 함을 말함

미친년 아이 씻어서 죽인다

쓸데없는 일을 여러 번 되풀이할 때 쓰는 말

미친 체하고 떡 목판에 엎드러진다

사리를 잘 알면서도 모르는 척 제 욕심을 채우려 하는 것

밑 빠진 독에 물 붓기

아무리 노력하고 애써도 보람이 나타나지 않을 경우에 하는
말

ⓑ

바늘 가는 데 실 간다

늘 서로 붙어 다닌다는 뜻 // 녹수 갈 제 원앙간다. 용 가는 데 구름 간다. ⇨ 성어편 수사지주(髓絲蜘蛛) 참조

바늘 구멍으로 황소바람 들어온다.

추울 때는 아무리 작은 구멍으로 들어오는 바람이라도 차다는 뜻

바늘 도둑이 소 도둑 된다

처음에는 작은 잘못을 저지른 사람이 나중에는 점점 더 큰일까지 저지르게 된다는 뜻 / 針賊大牛賊(東言考略) // 바늘 상자에서 도둑 난다.

바다는 메워도 사람의 욕심은 못 메운다

사람의 욕심은 끝이 없어 다 채울 수 없다는 뜻 // 말 타면 종 거느리고 싶다.

바람 따라 돛을 단다

세상 움직이는 대로 따른다는 뜻으로, 뚜렷한 지조없이 세상을 그럭저럭 살아가는 사람을 말함

박쥐 구실

제 편의에 따라 이랬다 저랬다 하며 교묘하게 어떤 일을 피하는 기회주의자를 말함 ⇨ 성어편 편복지역(蝙蝠之役) 참조

반 잔 술에 눈물 나고 한 잔 술에 웃음 난다

남에게 이왕 무엇을 주려면 흡족하게 해야지 그렇지 못하면 도리어 인심을 잃게 된다는 말

반찬 항아리가 열둘이라도 서방님 비위 못 맞추겠다

성미가 까다로워서 비위맞추기가 매우 힘들다는 말

반 풍수(風水) 집안 망친다

무슨 일이든 잘 알지도 못하면서 일을 하다가 크게 그르친다는 말 // 선 무당 사람 죽인다. 반식자우환(半識者憂患)

발 없는 말이 천리 간다

말은 그만큼 퍼지기 쉬운 것이니 말조심하라는 뜻

밤 말은 쥐가 듣고 낮 말은 새가 듣는다

말은 저절로 새어나가 시비거리가 되는 것이니 삼가라는 뜻

밤새도록 물레질만 한다

속셈은 딴 데 있으면서도 그와 관계없는 딴 수작만 하고 있다는 말

밤새도록 울다가 누구 초상이냐고

무슨 영문인지도 모르고 그 일에 참여하고 있는 어리석음을 이르는 말

밤 잔 원수 없고 날 샌 은혜 없다

남에게 원한이나 고마움을 품고 있다가도 때가 지나면 차차 덜해지고 곧 잊혀진다는 말

밥 먹는 것은 개도 안 때린다

아무리 큰 잘못이 있더라도 밥을 먹을 때는 때리지 말고 꾸짖지도 말라는 뜻

방귀가 잦으면 똥 싸기 쉽다

무슨 일에나 전조(前兆)가 잦으면 큰일이 나고야 만다는 뜻 // 번개가 잦으면 천둥을 친다.

방귀 길나자 보리 양식 떨어진다

한참 재미를 보고 있는 터에 공교롭게도 빗나가서 못하게 되었다는 말

방귀 뀐 놈이 성낸다

자기가 잘못하여 놓고도 도리어 성을 낸다는 말

방둥이 부러진 소 사돈 아니면 못 팔아 먹는다

　　흠이 있는 물건을 잘 아는 사람에게 팔면서 하는 말

방망이로 맞고 홍두깨로 때린다

　　제가 당한 것보다 앙갚음은 더 크게 한다는 말

방에 가면 더 먹을까 부엌에 가면 더 먹을까

　　어느 쪽이 더 이익이 많을까 하고 망설이는 상태

배가 앞 남산(南山)만 하다

　　임신부의 배가 만삭일 때의 모양을 일컬음

배꼽에 노송(老松)나무 나거든

　　죽어서 땅 속에 묻혀 배꼽에 소나무가 나고 그것이 늙을 때라
는 뜻으로서, 기약 없음을 일컫는 말

배 먹고 이 닦기

　　배도 먹고 배 속으로 이도 닦았으니 한 가지 일로써 두 가지
이익을 보았을 때 하는 말 // 일거양득(一擧兩得)

배보다 배꼽이 더 크다

　　마땅히 작아야 할 것이 크고, 적어야 할 것이 많을 때 하는 말
인데 주된 것보다 딸린 것이 더 클 때

백년을 다 살아야 삼만 육천일

　　아무리 오래 산다고 해도 사람의 인생이란 짧다는 말

백성의 입 막기는 강(江) 막기보다 어렵다

　　여론이나 소문을 막기가 어렵다는 말

백정이 버들잎 물고 죽는다

　　고리 백정이 늘 쓰는 버들잎을 물고 죽는다는 말이니, 사람은
죽는 날까지 늘 하던 짓을 버리지 못한다는 뜻 // 한량(閑良)이
죽어도 기생집 울타리 밑에서 죽는다.

백지장도 맞들면 낫다

　　아무리 쉬운 일이라도 힘을 합치면 더욱 낫다는 말

밴 아이 사내 아니면 계집이지

　　앞으로 결정될 일이 둘 중의 하나가 틀림없다는 뜻

뱁새가 황새를 따라가려면 다리가 찢어진다
　제 힘에 겨운 일을 억지로 하다가는 도리어 화를 당한다는 뜻

뱁새는 작아도 알만 낳는다
　생김새가 작고 볼품이 없어도 제 구실은 다 한다는 뜻 // 제비
는 작아도 강남(江南) 간다.

뱃놈 배 돌려대듯
　말을 잘 둘러대는 것을 일컬음

번개가 잦으면 천둥을 친다
　어떠한 조짐이 자주 보이면 결국 일은 일어난다는 뜻

번갯불에 콩 볶아 먹겠다
　성질이 몹시 급하여 무엇이든지 당장에 그 일을 처리해 버리
려고 하는 사람을 두고 하는 말

벌거벗은 손님이 더 어렵다
　어린아이나 가난한 사람을 손님으로 접대하기가 더 어렵다는
뜻

범 굴에 들어가야 범을 잡지
　큰 목적을 이루려면 그만한 위험이 따른다는 말

범 무서워 산에 못 가랴
　마음에 걸리는 일이 있더라도 할 일은 해야 한다는 말 // 구더
기 무서워 장 못 담글까.

범 없는 골에는 토끼가 왕이다
　훌륭한 사람이 없는 곳에서 못난 사람이 잘난 체하는 것을 비
웃는 말

범은 그려도 뼈다귀는 못 그린다
　외양은 볼 수 있어도 그 내용은 보지 않고는 모른다는 뜻으로,
사람의 겉모양만으로 그 마음까지 알기는 어렵다는 말

범 잡아 먹는 담비가 있다
　위에는 그 위가 또 있다는 뜻

법은 멀고 주먹은 가깝다

일의 옳고 그름을 따지기 전에 완력부터 쓴다는 말

벙어리 냉가슴 앓듯

남에게 말 못할 사정이 있어 저 혼자 끙끙 앓고 마음속으로 애태우는 것을 두고 하는 말

벙어리 발등 앓는 소리냐

책 읽는 소리나 노랫소리가 분명치 않고 맥없이 계속됨을 비웃는 말 // 내시 이 앓는 소리.

벙어리 차첩(差帖)을 맡았다

마땅히 담판(談判)해야 할 일에 대하여 감히 무엇이라 말하지 못함을 일컬음

베갯머리 송사(訟事)

부부가 같이 밤을 지내는 동안 그 아내가 남편에게 여러 가지 말을 하여 남편의 마음을 제 뜻대로 움직이려는 것을 일컬음

벼락에는 오히려 바가지를 쓴다

제가 당하게 될 재화는 무슨 짓으로도 면하기 어렵다는 말

벼룩도 낯짝이 있다

너무 뻔뻔스러운 사람을 보고 하는 말

벼룩의 간을 내어 먹는다

매우 적은 이익에도 억지 수단을 써서 착취한다는 뜻

벼룩의 등에 육간대청(六間大廳)을 짓겠다

도량이 좁고 하는 짓이 답답한 사람을 두고 하는 말

변죽을 치면 복판이 운다

넌지시 말해도 곧 알아듣는다는 뜻

병든 까마귀 어물전 돈다

마음에 잊지 못하는 것이 있어 공연히 그 주위를 빙빙 돌기만 한다는 뜻

병신 달밤에 체조한다

못난 자가 더욱더 미운 짓만 한다는 말

병신 육갑(六甲)한다

제대로 생기지도 못한 병신이, 되지 못한 자가 엉뚱한 짓을 할 때 쓰는 말

병 주고 약 준다

무슨 일을 망치게 해 놓고 뒤에 도와 준다는 말 // 약 주고 병 준다.

복은 쌍으로 안 오고 화는 홀로 안 온다

기쁜 일은 겹쳐 오지 않고, 화는 연이어 닥쳐온다는 뜻

봄 꿩이 제 바람에 놀란다

제가 한 일에 자기가 놀란다는 뜻

봄 떡은 들어앉은 샌님도 먹는다

해가 긴 봄에는 누구나 군것질이 반갑다는 말

봄 사돈은 꿈에도 보기 무섭다

한창 어려운 봄철에 가장 어려운 손님인 사돈을 대접하기가 어렵다는 뜻

봄에 깐 병아리 가을에 와서 세어 본다

이해타산에 어수룩함을 말함

봇짐 내어 주면서 하룻밤 더 묵으라 한다

속생각은 전혀 다르면서 말로만 그럴 듯하게 인사치레한다는 뜻

봉사 기름값 물어주기

전혀 관계없는 일에 억울하게 비용을 물어 준다는 뜻

봉사 문고리 잡기

재간 없는 자가 우연히 잘했을 때, 무턱대고 한 일이 뜻밖에 꼭 들어맞았을 때 쓰는 말 // 소 뒷걸음치다가 쥐 잡는다.

부뚜막의 소금도 집어넣어야 짜다

아무리 쉬운 일이라도 실천하지 않으면 소용없다는 말 // 구슬이 서말이라도 꿰어야 보배. 가마 속의 콩도 삶아야 먹는다.

부모가 자식을 겉 낳았지 속 낳았나

아무리 제가 낳은 자식이지만 그 자식의 속마음은 알 수 없다

는 말로 자식의 잘못은 부모의 책임이 아니라는 말

부모가 온 효자가 되어야 자식이 반 효자

　자식은 부모가 하는 것을 보고 따라 하게 된다는 말. 또는 비록 좋은 감화(感化)를 받는다 해도 완전하게 되기는 어렵다는 말도 된다.

부모는 차례 걸음이라

　부모의 죽음을 슬퍼하는 자식에게 나이 많은 부모가 으레 먼저 돌아가시는 법이라고 위로하는 말

부모 속에는 부처가 들어 있고 자식 속에는 앙칼이 들어 있다

　부모의 자식 사랑에는 끝이 없으나 자식은 불효만 할 따름이라는 뜻

부스럼 살 될까

　이미 그릇된 것이 다시 좋아질 수가 없다는 말

부앗김에 서방질한다

　참을 수 없는 홧김에 분별없이 행동하여 더욱 큰일을 저지르는 것

부자 망해도 삼년 간다

　부자가 망했다 해도 얼마 동안은 그럭저럭 살아갈 수 있다는 뜻

부처님 마르고 살찌기는 석수(石手)에 달렸다

　일이 잘 되고 못 되는 것은 그 일을 맡은 사람에게 달렸다는 뜻

부처 밑을 기울이면 삼거웃이 드러난다

　삼거웃이란 마(麻)를 삼다가 거기에서 떨어진 부스러기를 말하는데, 외양이 훌륭한 것도 그 내면을 들추면 지저분하고, 남의 허물을 들추다 보면 자기 허물도 드러난다는 말 /刮佛本麻滓出 (旬五志), 佛底刮麻手發(洌上方言)

북은 칠수록 소리난다

　못된 일은 건드릴수록 악화된다는 말

분다 분다 하니 하루 아침에 왕겨 석 섬 분다

　잘한다고 추어올리니까 신이 나서 자꾸 한다는 뜻

불난 데 부채질한다

　남의 안 되는 일이 더 안 되도록 심술을 부리거나 화난 사람을 더 노하게 한다는 뜻

불뚝 성이 살인 낸다

　갑자기 불뚝하고 성을 내게 되면 좋지 않은 큰 사고를 저지른다는 말

비는 데는 무쇠도 녹는다

　자기 잘못을 뉘우치고 사과하면 아무리 완고한 사람도 용서해 준다는 말 // 비는 장수 목 벨 수 없다.

비단 옷 입고 밤길 가기

　애쓰고도 아무도 알아 주는 이가 없다는 뜻 // 금의야행(錦衣夜行). 절 모르고 시주 한다.

비둘기는 콩밭에만 마음이 있다

　먹을 것이 있는 곳에만 마음을 기울이고 애쓴다는 뜻

비렁뱅이가 하늘을 불쌍히 여긴다

　주제넘게 엉뚱한 걱정을 한다는 뜻 / 乞人憐天(旬五志), (松南雜識)

비지에 부른 배가 연약과도 싫다 한다

　비록 좋지 않은 것이나마 배불리 먹은 다음에는 아무리 좋은 음식이라도 먹을 수 없다는 말

빈 수레가 더 요란하다

　자식이 없고 교양이 부족한 사람이 더 아는 체하고 떠든다는 뜻

빚 보증하는 자식 낳지도 마라

　남의 빚에 보증을 서는 것은 매우 위험한 일이니 경계하라는 말

빛 좋은 개살구

　겉모양은 좋으나 실속이 없다는 뜻

뺨 맞는 데 구레나룻이 한 부조

　아무 소용이 없는 듯한 물건도 쓰일 때가 있다는 뜻

뺨을 맞아도 은가락지 낀 손에 맞아라

　이왕 꾸지람을 듣거나 매를 맞아도 지체 높은 사람에게 당하는 것이 낫다는 말

뽕도 따고 임도 보고

　두 가지 일을 동시에 이루는 것

뿌리 깊은 나무는 가뭄 타지 않는다

　무엇이나 근원이 깊고 튼튼하면 오래 견딘다는 말⇨성어편 근심지목(根深之木) 참조

ㅅ

사공이 많으면 배가 산으로 올라간다

　무슨 일을 할 때 간섭하는 사람이 많으면 일이 잘 안 된다는
뜻 // 목수 많은 집이 기울어진다.

사나운 개 콧등 아물 날 없다

　사나운 사람은 항상 상처를 입고 있어 온전한 날이 없다는 말
/ 可憎之犬 鼻不離癖(耳談續纂)

사돈네 남의 말한다

　자기를 빗대어 말하는 것인 줄도 모르고 맞장구를 치는 것을
일컬음

사돈의 팔촌

　남이나 다름없는 먼 친척이라는 뜻인데 자기와 아무 상관없음
을 일컬음 / 査頓八寸(東言考略)

사돈집과 뒷긴은 멀수록 좋다

　사돈집과의 사이에는 서로 말이 많고, 뒷간은 고약한 냄새가
나므로 멀수록 좋다는 뜻

사람과 쪽박은 있는 대로 쓴다

　살림살이를 하는 데 있어 쪽박이 있는 대로 다 쓰이듯이 사람
도 제각기 다 쓸모가 있다는 말

사람은 구하면 원(怨)을 품고 짐승은 구하면 은혜를 안다

　사람은 은혜를 잊는 수가 많은데 그런 사람은 짐승만도 못하
다는 뜻

사람은 죽어서 이름을 남기고 범은 죽어서 가죽을 남긴다

사람은 생전에 좋은 일을 하여 후세에 명예로운 이름을 남겨야 한다는 뜻 / 豹死留皮 人死留名(五代史記 王彦章傳)

사랑은 내리 사랑

윗사람이 아랫사람을 사랑하긴 쉬우나 그 반대 현상은 드물다는 뜻

사모에 갓끈이라

서로 격이 맞지 아니하여 어울리지 않고 어색하다는 말 ⇨성어편 사모영자(紗帽纓子) 참조

사위가 무던하면 개 구유를 씻는다

처가에 가면 극진한 대우를 받는 사위지만 개 밥통까지 씻을 만큼 무던한 사위란 말

사위는 백 년 손이요 며느리는 종신(終身) 식구다

사위와 며느리는 남의 자식으로서 제 자식이 되었지만 사위는 영원히 남이지만 며느리는 제집 식구란 말⇨성어편 백년지객(百年之客) 참조

사위도 반 자식이다

사위도 때로는 자식 구실을 할 때가 있다는 말

사위 사랑은 장모, 며느리 사랑은 시아버지

장모는 사위를 아끼고 시아버지는 며느리를 귀여워한다는 말

사위 자식 개 자식

사위는 결국 장인·장모에겐 남의 자식과 다를 바 없다는 뜻

사잣밥 싸 가지고 다닌다

사람은 언제 어디서 죽을지 모른다는 말

사정이 많으면 한 동리 시아비가 아홉

지나치게 남의 사정만 보아 주다가는 도리어 자기 신세만 망친다는 말로서 정조관념이 희박한 여자를 두고 하는 말

사주(四柱)에 없는 관(冠)을 쓰면 이마가 벗어진다

제 분수에 넘치는 일을 하게 되면 도리어 괴롭다는 말

사촌이 땅을 사면 배가 아프다

　　사람은 남이 잘 되는 것을 공연히 시기한다는 말

사흘 굶어 담 아니 넘을 놈 없다

　　아무리 착한 사람이라도 몹시 궁핍하게 되면 옳지 못한 짓도 저지르게 된다는 뜻

사흘 굶은 개는 몽둥이를 맞아도 좋다고 한다

　　굶주렸을 때에 제게 주어지는 것이 있으면 무엇이나 다 좋게 받아들인다는 말

산 개가 죽은 정승보다 낫다

　　아무리 귀했던 몸이라도 죽으면 아무도 신경쓰지 않는 세상인심을 말하는 것⇒성어편 활구자 승어사정승(活拘子 勝於 死政丞) 참조

산 밑 집에 방앗공이가 논다

　　나무가 많은 지역에 방앗공이가 없다는 뜻이니, 어떤 물건이 마땅히 있어야 할 곳에 오히려 없다는 말/山底杆貴(旬五志), (松南雜識)

산 밖에 난 범이요 물 밖에 난 고기

　　꼼짝도 할 수 없는 지경에 빠져서 다 죽게 될 위기에 처하게 되었다는 뜻

산 사람의 목구멍에 거미줄 치랴

　　사람은 아무리 가난해도 굶어 죽지는 않는다는 말//산 입에 거미줄 치랴.

산이 깊어야 범이 있다

　　자기에게 덕망이 있고 생각이 깊어야 사람들이 따른다는 뜻

산이 커야 골이 깊지

　　몸집이 크고 든든하여야 그가 가지는 생각도 크고 도량도 넓다는 말

산중(山中) 놈은 도끼질, 야지(野地) 놈은 괭이질

　　산속에 사는 나무꾼은 도끼질에 능숙하고, 들에 사는 농사꾼은 괭이질에 능숙하듯이 사람은 처한 환경에 따라 제가 하는 일

에는 다 익숙하게 마련이라는 뜻

산 진 거북이요 돌 진 가재라

그 배경이 든든하여 큰 세력을 믿고 버티는 자를 가리키는 말

산 호랑이 눈썹도 그리울 게 없다

풍족하고 없는 것이 없어 조금도 부족을 모른다는 말

살강 밑에서 숟가락 얻었다

아주 쉬운 일을 하고 자랑한다는 뜻도 있고, 남이 빠뜨린 물건을 주워서 횡재했다고 생각하나 물건 임자는 따로 있으니 공연히 좋아한다는 뜻

삼각산(三角山) 바람이 오르락내리락

출입이 잦으며, 또 조심성 없이 드나들 때 하는 말 / 三角山 風流 或上或下(東言考略)

삼간(三間) 초가(草家) 다 타도 빈대 죽어서 좋다

비록 제가 손해를 보더라도 그것으로 인하여 보기 싫은 꼴 안 보는 것이 속시원하다는 말

삼 밭의 쑥대

쑥이 삼밭에서 자라면 삼을 닮아 곧게 자란다는 말인데, 사람도 좋은 환경, 훌륭한 사람과 같이 지내면 그 영향을 받아 좋게 된다는 뜻 // 마중지봉(麻中之蓬)

상놈의 발 덕, 양반의 글 덕

양반은 학식(學識)으로 살아가고 상놈은 발로 걷고 노동을 하여 살아간다는 뜻

상전의 빨래를 해도 발뒤축이 희다

남의 일을 해 주면 제게도 어떤 소득이 생긴다는 뜻. 또는 남에게 일을 시키면 보수가 있어야 하는데 수고만 하게 하고 보답이 없을 때 항변하는 말

새도 가지를 가려 앉는다

직업이나 친구는 잘 가려서 택해야 한다는 뜻

새도 앉는 데마다 깃이 듣는다

이사를 자주 다니면 살림이 하나라도 준다는 말 / 鳥之所止有羽其委(耳談續纂) // 새는 앉는 곳마다 깃이 떨어진다.

새우 미끼로 잉어를 낚는다

적은 자본이나 약간의 수고를 들여서 큰 이득이나 보수를 얻는다는 말

새침데기 골로 빠진다

내성적이고 새침한 사람이 한번 실수하여 어떤 일에 집착하게 되면 외향적(外向的)인 사람보다도 더 외곬으로 빠져든다는 말

색시 그루는 다홍치마 적에 앉혀야 한다

자기 아내의 버릇을 바로 잡으려면 새색시 적에 길을 들여야 한다는 말 ⇨성어편 홍상교처(紅裳敎妻) 참조

생이 벼락 맞던 이야기를 한다

쓸데없는 잔소리를 하거나 까맣게 잊어버린 옛일을 새삼스럽게 들추어 이야기한다는 뜻

서낭에 난 물건이냐

무꾸리를 한 다음 귀신이 붙은 옷이나 ; 물을 서낭당 나무에 걸어 놓으면 이것을 걷어다 팔았는데, 값이 매우 쌌다고 한다. 그래서 물건 값이 너무 쌀 때 쓰는 말

서당개 삼년에 풍월(風月)한다

어리석은 사람도 늘 보고 들은 일은 할 수 있게 된다는 말

서른세 해 만에 꿈 이야기한다

오래 묻어 두었던 일을 새삼스레 얘기한다는 뜻

서울 놈은 비만 오면 풍년이란다

서울 사람이 농삿일에 대하여 전혀 알지 못하는 것을 비웃는 말로서, 문외한(門外漢)이 한 면만을 보고서 아는 체 잘못 단정을 내린다는 뜻

서울 가서 김서방 집 찾기

잘 알지도 못하고 무턱대고 찾아다닌다는 말 // 남대문 안 입납.

서울이 낭이라니까 과천(果川)서부터 긴다

서울 인심이 야박하여 마치 위험한 낭떠러지와 같다는 말을 듣고, 미리 두려워 어쩔 줄을 모른다는 말

서투른 도둑이 첫날 밤에 들킨다

어쩌다 한번 나쁜 짓을 하게 되면 공교롭게도 들킨다는 말

석수장이 눈 깜작이부터 배운다

쉽고 낮은 일부터 배우게 된다는 말

선 무당이 사람 잡는다

능숙하지 못한 사람이 아는 체하고 일을 하다가 아주 망쳐 놓았다는 뜻 / 生巫殺人 (東言考略)

설마가 사람 죽인다

설마 그럴리야 없겠지 하고 믿고 있는 일에 낭패를 본다는 말

설상가상(雪上加霜)

눈 위에 서리가 더 왔다는 말이니 불행한 일이 겹쳐서 일어난다는 뜻

성나 바위 차기

애매한 데 화풀이를 하면 도리어 제가 해롭고, 일을 거슬러 억지를 부린다고 해서 제대로 되는 것은 아니라는 말

세 닢 주고 집 사고, 천 냥 주고 이웃 산다

세상살이를 하는 데에는 이웃이 중요하다는 말

세 사람만 우겨대면 없는 호랑이도 만들어 낼 수 있다

여러 사람이 모여 떠들고 소문을 내면 없는 말도 생긴다는 뜻

세 살 먹은 아이도 제 손엣 것 안 내놓는다

사람은 누구나 제 것을 남주기 싫어한다는 말

세 살 적 버릇이 여든까지 간다

어렸을 때 한번 굳어진 버릇은 늙어도 고치기 어렵다는 말 / 三歲之習 至于八十 (耳談續纂)

소가 크면 왕노릇 하나

몸이 크고 힘만 세다고 해서 지도자가 될 수는 없다는 말

소경이 개천을 나무란다

제 잘못은 탓하지 않고 남을 원망한다는 말 / 川何辜爲盲故(洌上方言)

소경 잠 자나 마나

일을 하나 마나 마찬가지일 때 쓰는 말

소경 죽이고 살인 빚 갚는다

하찮은 일을 저지르고 큰 책임을 지게 된다는 뜻 / 殺盲償殺債(旬五志), (松南雜識)

소금 먹은 놈이 물 켠다

죄지은 놈은 벌을 받게 되고 빚진 사람은 빚을 갚게 된다는 뜻

소더러 한 말은 안 나도 처더러 한 말은 난다

아무리 믿는 사이에 은밀히 한 말도 언젠가는 드러나고야 마는 법이며, 또 여자의 입은 무척 가볍다는 뜻

소도 언덕이 있어야 비빈다

사람도 의지할 곳이 있어야 그것을 발판으로 삼아 성공할 수 있다는 말

소리개도 오래면 꿩을 잡는다

한 가지 일을 오랫동안 계속하여 경력을 쌓으면 재주없는 사람도 결국에는 정통하게 된다는 말

소매 긴 김에 춤춘다

별로 할 생각이 없던 일을 할 수 있는 여건이 생겨서 하게 될 때 쓰는 말 // 떡 본 김에 제사 지낸다. 활을 당기어 콧물을 씻는다.

소문난 잔치 먹을 것 없다

소문난 것이 흔히 소문에 비해 보잘것 없다는 말

소 잃고 외양간 고친다

이미 일을 당한 뒤에 대비해도 소용이 없다는 말 ⇨ 성어편 사후약방문(死後藥方文) 참조

속곳 벗고 함지박에 들었다

일이 다급해져 아무래도 낭패를 보게 되었다는 말

속으로 기역자 긋는다

　결정을 지어 마음먹는다는 뜻

손이 들이굽지 내굽나

　가까운 사람에게 마음이 가게 마련이라는 뜻 // 팔이 들이굽지 내굽나

손톱 밑에 가시 드는 줄은 알아도 염통 밑에 쉬 쓰는 줄은 모른다

　사소한 일이나 조그마한 이익에는 셈이 밝지만 당장 눈에 보이지 않는 큰 손해는 잘 모른다는 뜻

솔 심어 정자라

　앞날의 성공이 까마득하다는 뜻 ⇨ 성어편 재송망정(栽松望亭) 참조

송곳도 끝부터 들어간다

　일을 제대로 하려면 그 순서를 따라야 하고 여러 사람이 모인 데서 음식을 나눌 때는 나이 어린 사람부터 준다는 말

송장 때리고 살인났다

　억울하게 큰 벌을 받게 되었다는 말

송충이가 갈잎을 먹으면 죽는다

　분수에 넘치는 일을 하거나 자신의 일은 하지 않고 딴 뜻을 품으면 낭패를 보고 결국 실패한다는 뜻

쇠 귀에 경(經) 읽기

　아무리 가르치고 일러주어도 알아듣지 못하는 것을 말함 / 마이동풍(馬耳東風), 牛耳誦經 何能諦聽 (耳談續纂), (東言考略)

쇠똥에 미끄러져 개똥에 코 박은 셈

　연거푸 실수하여 어이가 없거나, 매우 억울한 일을 당하여 못 견딜 노릇이라는 뜻

쇠 먹은 똥은 삭지도 않는다

　뇌물을 쓰면 반드시 효과가 있다는 말

쇠 뿔도 단김에 빼라

　무슨 일이든 시작하면 당장에 해치우라는 뜻

쇠 힘은 쇠 힘이요, 새 힘은 새 힘이라

　각각의 특수성이 있는 것이니, 힘의 대소(大小)만으로 가치를
평가해서는 안된다는 말

수박 겉핥기

　내용이나 참뜻은 모르면서 건성으로만 일을 하는 것을 말함⇨
성어편 서과피지(西瓜皮舐) 참조

수양산(首陽山) 그늘이 강동(江東) 팔십 리를 간다

　수양산 그늘이 진 곳에 강동의 아름다운 땅이 이루어졌다 함
이니, 어떤 사람이 잘되어 기세가 좋으면 그의 친척이나 친구가
모두 그 덕을 본다는 뜻

수염이 댓자라도 먹어야 양반

　사람이란 먹는 것이 가장 중요하다는 뜻⇨성어편 삼척염 식령
감(三尺髥 食令監) 참조

숙향전(淑香傳)이 고담(古談)이라

　숙향전이 옛이야기에 불과하다 함이니, 여자의 운명이 평탄하
지 못하여 끝내 고생만 하다가 좋은 때를 만나지 못한다는 말
(〈숙향전〉은 조선 후기의 한글 소설로서, 작자·연대가 미상이다.
송나라 때의 김전이라는 사람의 딸 숙향이 아버지를 잃고 고생하
가 후에 아버지도 만나고 초나라의 왕과 결혼하여 정렬부인이 되었
다는 이야기이다)

숭어가 뛰니까 망둥이도 뛴다

　제 처지는 생각지도 않고 저보다 나은 사람을 덮어놓고 모방
하려 애쓴다는 뜻⇨성어편 비파자무 가자역무(琵琶者舞 伽者亦
舞) 참조

시거든 떫지나 말고 검거든 얽지나 말지

　사람이 못났으면 착실하기라도 하고 재주가 뛰어나지 못하면
소박하기라도 했으면 좋으련만, 이모저모 쓸모가 없는 사람을

일컬을 때 쓰는 말

시앗 싸움엔 돌부처도 돌아앉는다

　아무리 점잖고 무던한 여인라도 시앗을 보면 시기도 하고 미워도 한다는 뜻⇨성어편 처첩지전 석불반면(妻妾之戰 石佛反面) 참조

시어머니 죽고 처음이다

　오랜만에 속시원하고 만족스럽다는 말∥영감 죽고 처음.

시어머니 죽으라고 축수했더니 보리방아 물 부어 놓고 생각난다

　미워하고 싫어하던 사람이나 물건이라도 막상 없어지고 나면 아쉽고 생각날 때가 있다는 말

시장이 반찬이다

　배가 고플 때는 무슨 음식이건 맛이 있어서 잘 먹는다는 말

식은 죽 먹기

　아주 쉬운 일이라는 뜻

식혜 먹은 고양이 속

　제가 저지른 일이 탄로될까 두려워 노심초사하는 상태를 말함

신선놀음에 도끼자루 썩는 줄 모른다

　좋은 일에 정신이 팔려 시간 가는 줄 모른다는 뜻

실없는 말이 송사(訟事) 건다

　실없이 한 말 때문에 큰 변이 생긴다는 뜻

실 엉킨 것은 풀어도 노 엉킨 것은 못 푼다

　작은 일은 해결하기 쉬워도 큰 일은 손쉽게 해결하기 힘들다는 말 /絲棼成解 繩亂弗解(耳談續纂)

신작로 닦아 놓으니까 문둥이 먼저 지나간다

　애써 한 일을 당치 않은 자가 그르쳐 보람없이 되었다는 말

신정(新情)이 구정(舊情)만 못하다

　새로 사귄 사이보다는 오래 사귀어 온 정이 더 두텁다는 말

신주 개 물어갔다

　소중한 물건을 남에게 빼앗겼다는 말

실성한 영감 죽은 딸네집 간다
정신없이 아무데나 잘못 가서 거기가 어딘가 하고 둘러본다는 뜻

실한 과객 편에 중우 부친다
미덥지 못한 사람에게 긴요한 일을 부탁하는 어리석음을 말한다.

십년 공부 나무아미타불
오랫동안 노력한 보람도 없이 허사로 돌아갔을 때 쓰는 말 // 십년 공부 도로아미타불.

십년이면 강산(江山)도 변한다
십년이란 세월이 흐르면 세상에 변하지 않는 것이 없다는 말

십인십색(十人十色)
열 사람이면 열 사람의 성격이나 사람됨이 제각기 다르다는 말

싸움은 말리고 흥정은 붙이랬다
좋지 않은 일은 못하게 말리고 좋은 일은 하도록 권장하라는 뜻 // 싸움은 말리고 불은 끄랬다.

싸라기 밥을 먹었나
반말 하는 사람을 핀잔 줄 때 하는 말

싼 것이 비지떡
값싼 물건은 낭연히 품질이 좋지 않다는 말

쌍지팡이 짚고 나선다
기를 쓰고 못하게 말린다는 말

썩돌에 불 난다
썩돌은 푸석푸석한 돌을 말하는데, 거의 불가능하게 여겼던 일을 해냈다는 뜻이기도 하고, 어리석은 사람이 성을 낼 때 쓰는 말이기도 하다.

썩어도 준치
값어치가 있는 물건이 썩고 헐어도 본디 제 값어치를 지니고

있다는 말

썩은 공물(貢物)이요 성한 간색(看色)이라

　실물보다 견본(見本)이 더 좋을 때 쓰는 말

씨 도둑은 못한다

　지녀온 내력은 없애지 못한다는 뜻과 아버지와 아들은 닮은 데가 많다는 말

씨 보고 춤춘다

　오동나무의 씨만 보고도 그 씨를 심어 난 오동나무로 가야금을 만들 생각을 하여 벌써부터 춤을 춘다는 뜻으로, 성미가 급하여 너무 일찍 서두른다는 뜻 // 중매 보고 기저귀 장만한다.

씨아와 사위는 먹고도 안 먹는다

　목화씨를 앗는 씨아가 목화를 먹어도 당연한 것처럼 사위는 아무리 먹어도 아깝지 않다는 말로서, 흔히 사위를 극진하게 대접한다는 뜻

◎

아내가 귀여우면 처가집 말뚝 보고 절을 한다
  아내를 사랑하는 사람이 처가를 지나치게 존중함을 일컬음
아내 나쁜 것은 백 년 원수, 된장 신 것은 일 년 원수
  아내를 잘못 맞으면 일평생을 망치게 된다는 뜻
아니 땐 굴뚝에 연기 날까
  어떤 일이거나 그 결과에는 반드시 원인이 있다는 말 /不燃之
埃烟不生(旬五志), (松南雜識)
아닌 밤중에 홍두깨
  별안간 불쑥 내놓는다는 뜻
아들 못난 건 제 집 망치고 딸 못난 건 양사돈이 망한다
  아들 못나면 그 집에만 화가 돌아오나, 딸이 못나면 친정은 물
론 시집까지도 폐를 끼치게 된다는 뜻
아랫돌 빼어 윗돌 괴기
  임시변통으로 이리저리 돌려서 겨우 유지해 감을 비유하는 말
// 하석상대(下石上臺)
아비만한 자식 없다
  자식이 아무리 잘났다 해도 그 아버지만은 못하다는 뜻
아이 보는 데는 찬물도 못 먹는다
  아이들은 어른들이 하는 대로 따라 하므로 아이들 보는 데에
서 언행(言行)을 조심해야 한다는 뜻
아이 싸움이 어른 싸움된다
  어린아이들의 싸움이 나중에는 부모들의 시비로 변한다는 말

아저씨 아저씨 하고 길짐만 지운다

　겉으로 존경하는 체 달래면서 사람을 부려 먹는다는 뜻

아주머니 떡도 싸야 사 먹는다

　어떤 경우라도 이해 관계는 따져본다는 뜻

악으로 모은 살림 악으로 망한다

　나쁜 짓을 하여 모은 재산은 오래 가지 못하고 오히려 해를 끼치게 된다는 뜻

안 되는 놈은 뒤로 자빠져도 코가 깨진다

　일이 잘 안될 때에는 뜻하지 않은 실패와 재난이 겹친다는 말 /窮人之事 翻亦破鼻(耳談續纂)

안성마춤

　경기도 안성(安城)은 옛날부터 유기(鍮器)의 명산지로서 주문에 따라 그릇을 꼭 맞추어 만든 데서 나온 말로, 무엇이 꼭 들어맞을 때 하는 말 // 제자루 방망이라.

앉아서 주고 서서 받는다

　돈을 꾸어주기는 쉽고 돌려받기는 어렵다는 뜻

암탉이 울면 집안이 망한다

　집안에서 여자가 남자보다 활달하여 안팎 일을 간섭하면 집안 일이 잘 안된다는 말⇨성어편 음불항양(陰不炕陽) 참조

약방(藥房)에 감초(甘草)

　무슨 일에든지 빠지지 않고 참견하는 사람 // 건재 약국에 백복령(白茯苓). 탕약에 감초.

약빠른 고양이 밤눈 어둡다

　매우 영리하고 약삭빠른 사람이라도 어두운 점이 있고 실수를 한다는 말

양가문(兩家門)한 집에는 까마귀도 앉지 말랬다

　첩을 거느려서 두 살림하는 집과 가까이 사귀면 말 많고 이로울 것이 없다는 말

양반은 물에 빠져도 개헤엄은 안 한다

아무리 위급한 때에라도 점잖은 사람은 체면 깎이는 일은 하지 않는다는 뜻 // 양반은 얼어 죽어도 겻불은 안 쬔다.

양지(陽地)가 음지(陰地) 되고 음지가 양지 된다

세상 일은 변화가 많다는 말⇨성어편 음지전양지(陰地轉陽地) 참조

어느 구름에서 비가 올지

일이란 결과가 드러나 보아야 알지 미리 짐작할 수 없다는 말

어물전 망신은 꼴뚜기가 시킨다

동료들의 망신을 못난 사람이 시킬 때 쓰는 말 // 과일전 망신은 모과가 시킨다.

어느 장단에 춤추랴

참견하는 사람이 많아서 어느 말을 따라야 할지 모른다는 말

어미 팔아 동무 산다

부모도 소중하지만 친구사귀기도 무척 중요하다는 말

억지 춘향이

사리에 맞지 않아 안될 일을 억지로 한다는 뜻

언 발에 오줌 누기

잠시 효과는 있을지 모르나 마침내는 더 나쁘게 될 일을 가리키는 말⇨성어편 동족방뇨(凍足放溺) 참조

'에' 해서 다르고 '애' 해서 다르다

비록 사소한 차이라도 그 말씨 여하로 상대편에게 주는 느낌은 크게 다르다는 뜻

여든에 능참봉을 하니 한달에 거동이 스물아홉 번이라

오래 고대하고 바라던 일이 이루어지기는 했으나 수고롭기만 하고 실속은 아무것도 없다는 말

여름 비는 잠 비, 겨울 비는 떡 비

여름에 비가 오면 낮잠을 자게 되고, 겨울에 비가 오면 떡을 해먹게 된다는 뜻

여인은 돌리면 버리고 가구는 빌리면 버린다

여자가 밖으로 너무 나다니면 망쳐버리기 쉽다는 뜻

여자는 사흘만 안 때리면 여우가 된다

여자는 때때로 훈계하지 않으면 간사한 짓을 하기 쉽다는 말

여자의 말을 잘 들어도 패가하고 안 들어도 망신한다

남자는 여자의 말이라도 올바른 말은 들어야 하고 간악한 말은 아무리 혹한 계집의 말이라도 물리쳐야 한다는 말

열고 보나 닫고 보나

이렇게 하나 저렇게 하나 마찬가지라는 말

열두 가지 재주 가진 놈이 저녁거리가 없다

어정쩡한 여러 가지 재능을 가진 사람이 한 가지 재능을 가진 사람보다 성공하기 어렵다는 말 / 十二技之匠人 多供去無處(東言考略)

열 번 찍어 안 넘어가는 나무 없다

여러 번 계속해서 애쓰면 일이 성사가 된다는 뜻 / 十斫木 無不顚(旬五志)

열 사람이 지켜도 한 도둑을 못 막는다

여러 사람이 한 사람의 나쁜 짓을 막기가 어렵다는 말

열 소경에 한 막대

매우 요긴하게 쓰이는 소중한 물건을 말함 / 十瞽一杖(東言考略)

열 손가락에 어느 손가락 깨물어 아프지 않을까

자식이 아무리 많아도 부모의 자애로운 마음에는 어느 자식이 더 소중하고 덜 소중하게 느껴지지 않고 다 같다는 뜻

염불에는 맘이 없고 잿밥에만 맘이 있다

제가 해야 할 일에는 정성을 들이지 않고 제 욕심을 채우기 위한 다른 일에만 마음을 쓴다는 뜻

영감 밥은 누워 먹고 아들 밥은 앉아 먹고 딸 밥은 서서 먹는다

남편의 재산으로 먹고 사는 것이 가장 마음 편하며, 아들의 부양을 받고 살아가는 것도 그런 대로 견딜 만하나, 딸네 집에서 붙

어 사는 것은 차마 못할 일이라는 뜻

오뉴월 감기는 개도 안 앓는다

　여름에 감기 앓는 사람을 비웃는 말

오뉴월 불도 쬐다 나면 섭섭하다

　별 필요를 느끼지 않던 것도 없어지면 아쉽다는 말

오래 앉으면 새도 살을 맞는다

　이로운 곳이라고 너무 오래 있으면 화(禍)를 당한다는 뜻 // 고삐가 길면 밟힌다. 재미나는 골에 범 난다.

오르지 못할 나무는 쳐다보지도 말라

　자기 힘으로 될 수 없는 일이면 처음부터 손대지 말라는 말

오지랖이 넓다

　자신과 관계없는 일에 나서서 간섭하는 사람을 두고 하는 말 // 치마가 열두 폭인가. 남의 잔치에 배 놓아라 감 놓아라.

옥(玉)에도 티가 있다

　아무리 좋은 물건이나 훌륭한 사람에게도 한 가지 결점은 있다는 말

옷은 새 옷이 좋고 사람은 옛사람이 좋다

　물건은 새 것일수록 좋고 사람은 오래 사귈수록 정의가 두터워 좋다는 말

외손자는 업고 친손자는 걸리면서 업은 놈 발 시리다 빨리 가자한다

　친손자보다 외손자를 더 귀여워하는 것이 인정이라는 뜻

우물 안의 개구리

　견식(見識)이 좁아 세상 형편을 잘 모르는 사람을 말함 / 정저지와(井底之蛙). 바늘 구멍으로 하늘 보기.

우물을 파도 한 우물을 파라

　무슨 일이나 한 가지 일을 끝까지 밀고 나가야 성공할 수 있다는 말 / 鑿井鑿一井(東言考略)

울고 싶자 매 때린다

　무슨 일을 하고 싶은데 마땅한 구실이 없어 못하다가 때마침 좋은 핑계거리가 생겼다는 말

울며 겨자 먹기

　싫은 일이지만 부득이한 사정으로 안 할 수 없는 경우를 말함

원님 덕에 나팔 분다

　남의 덕에 좋은 대접을 받는다는 뜻

원수는 외나무 다리에서 만난다

　남과 원한을 맺으면 피치 못할 경우에 만나는 일이 있다는 말

은행나무도 마주 서야 연다

　은행나무는 암나무와 숫나무가 따로 있으므로 마주 서 있어야 열매가 열리는 것처럼 사람도 마주 바라보고 있어야 인연이 더 깊어진다는 말

이가 없으면 잇몸으로 살지

　아쉽기는 하지만 없으면 없는 대로 또 다른 방법이 있다는 말 /齒亡唇亦支(東言考略)

일색(一色) 소박은 있어도 박색(薄色) 소박은 없다

　얼굴이 아름다운 여자는 살림살이보다 얼굴 치장에 더 마음을 써서 행실이 경박하므로 박색보다 소박당하는 일이 더 많다는 뜻

자는 범 고침 주기

  공연히 건드려서 일을 더 크게 하여 위험을 산다는 말 ⇨ 성어편 숙호충비(宿虎衝鼻) 참조

자다가 봉창 두드린다

  아무 관계도 없는 딴 소리를 불쑥 내놓을 때

자라 보고 놀란 가슴, 솥뚜껑 보고 놀란다

  무엇에 한번 몹시 놀란 사람은 그와 유사한 물건만 보아도 몹시 겁을 먹는다는 뜻 // 국에 덴 놈 냉수를 불고 먹는다. 더위 먹은 소 달만 보아도 숨을 허덕인다.

자식은 내 자식이 커 보이고 벼는 남의 벼가 커 보인다

  자식은 제 자식이 좋게 보이지만 재물은 남이 가진 것이 탐난다는 말

자식을 길러 봐야 부모 은공을 안다

  부모의 입장이 되이 뵈야 비로소 부모님의 사랑을 헤아릴 수 있다는 말

작게 먹고 가는 똥 누지

  이득을 너무 지나치게 탐내지 말고 자신의 처지에 알맞게 천천히 취하는 것이 낫다는 말

작은 고추가 더 맵다

  몸집이 작은 사람이 큰 사람보다 더 단단하고 영악스럽다는 말 // 작아도 고추알. 잔 고기 가시가 세다.

잔솔밭에서 바늘 찾기

312

애써 해 봐야 헛일이라는 뜻

장닭이 울어야 날이 새지

집안에서 일을 처리하는 데는 남편의 주장대로 되어야 해결이 된다는 말

장비(張飛)야 내 배 다칠라

교만하고 잘난 체하는 것을 비꼬아서 하는 말

재수없는 포수는 곰을 잡아도 웅담(熊膽)이 없다

운수가 나쁜 사람은 무슨 짓을 하더라도 잘 안된다는 말⇨성어편 계란유골(鷄卵有骨) 참조

재주는 곰이 넘고 돈은 되놈이 번다

애써 일한 사람 따로 있고 그 일에 대한 보수는 전혀 다른 사람이 챙긴다는 뜻

저녁 굶은 시어미 상(相) 같다

못마땅하여 얼굴을 잔뜩 찌푸리고 있는 모양을 말함

저런 걸 낳지 말고 호박이나 낳았더라면 국이나 끓여 먹지

사람이 미련하여 도무지 마땅치 않을 때 욕하는 말

저렇게나 급하면 할미 속으로 왜 아니 나와

매우 성미가 급한 사람을 보고 하는 말

저승 길과 변소 길은 대신 못 간다

죽음과 용변(用便)은 남이 대신해 줄 수 없다는 말

저승 길이 대문 밖이다

죽음이란 멀리 있는 듯싶으나 실은 바로 가까이에 있는 것이니, 언제 죽을지 모른다는 말

저 팽이가 돌면 이 팽이도 돈다

저쪽 사정이 변하면 이쪽 사정도 달라진다는 말⇨성어편 송도 외장수 참조

적적할 때는 내 볼기짝 친다

하는 일 없이 무료할 때는 쓸데없는 아무 짓이라도 한다는 말

절에 가면 중 되고 싶고 마을에 가면 속인 되고 싶다

　주견(主見)이 없어 남이 이 일을 하면 이것이 좋게 보이고 저 일을 하면 저것이 좋게 보여 무작정 따라 하려 한다는 말

절에 가 젓국 찾는다

　당치 않는 곳에 가서 그 물건을 찾는다는 말로서, 마땅히 있을 곳에 가야 그 물건이 있다는 뜻

절에 간 색시

　남이 시키는 대로만 따라 하는 사람을 말함

점잖은 강아지 부뚜막에 오른다

　겉으로 점잖은 체하는 사람이 엉뚱한 짓은 남보다 먼저 한다 는 뜻

제 논에 물 대기

　자기에게만 유리하도록 일을 한다는 말 // 아전인수(我田引水)

제를 제라고 하니 생원님 보고 벗하잔다

　되지 못한 자를 조금 대접해 주니 버릇없이 굴 때 이르는 말

제 버릇 개 줄까

　타고난 결점은 여간한 노력으로 고치기 어렵다는 뜻

제 칼도 남의 칼 집에 들면 찾기 어렵다

　비록 자기 물건이라도 남의 손에 들어가고 나면 제 마음대로 할 수 없다는 말

족제비는 꼬리 보고 잡는다

　족제비는 꼬리가 가장 긴요하게 쓰이는 것이라 꼬리가 없으면 잡을 필요가 없다는 말로, 무슨 일이든 그 목적이 있고 노리는 바가 있다는 말

족제비도 낯짝이 있다

　염치없는 사람을 나무라는 말

족제비 잡으니까 꼬리 달라네

　애써 일을 했는데 그 긴요한 부분을 빼앗으려 하는 염치없는 행동을 두고 하는 말

× 빠진 강아지 모래밭 싸대듯 한다

어찌할 바를 모르고 쩔쩔매고 싸다니는 것을 두고 하는 말

종의 자식을 귀해 하니까 생원님 나룻에 꼬꼬마를 단다

비천한 사람을 너무 가까이하면 버릇이 없어져 체면을 손상당하기 쉽다는 말

주머니 돈이 쌈지 돈

한 가족끼리의 재산은 누구의 것이라는 구별없이 같은 재산이라는 말 // 절 양식이 중 양식.

주인 많은 나그네 밥 굶는다

해준다는 사람이 너무 많으면 서로 해주거니 하고 믿다가 결국 일이 안된다는 뜻

주제에 수캐라고 다리 들고 오줌 눈다

못난 자가 제 구실을 하겠다고 떠들어댄다는 뜻

죽는 년이 밑 감추랴

갑자기 당한 위급한 일에 예의나 염치를 가릴 수 없다는 말

죽 떠먹은 자리라

감쪽같이 흔적도 없다는 말 // 대동강 배 지나간 자리

죽 쑤어 개 좋은 일 하였다

애써 해 놓은 일이 남만 이롭게 했다는 말

죽어 보아야 저승을 알지

무슨 일이나 경험해 보아야 그 진상을 알 수 있다는 말

죽은 사람 원도 풀어 주는데 산 사람 소원이야

이미 죽고 없는 사람의 원도 푸닥거리를 해서 풀어 주는데 하물며 살아 있는 사람의 소원이야 못 들어 주겠느냐는 말

죽은 자식 나이 세기

이왕 그릇된 일을 생각하고 회상해도 아무 소용이 없다는 말

죽을 병에도 살 약이 있다

아무리 어려운 곤경에 빠지더라도 살아날 방법이 있다는 말로 낙담하지 말라는 뜻 // 하늘이 무너져도 솟아날 구멍이 있다.

죽이 끓는지 밥이 끓는지

무엇이 어떻게 되는지 도무지 모른다는 뜻

줄듯 줄듯 하면서 안 준다

　말로만 준다 준다 하고 도무지 실행은 하지 않는다는 뜻

줄수록 양양

　사람의 욕심은 끝이 없어 주면 줄수록 더 요구한다는 말

중매는 잘 하면 술이 석 잔이요 못하면 뺨이 석 대라

　중매하기가 무척 어렵다는 뜻

중은 중이라도 절 모르는 중이라

　반드시 알아야 할 처지에 있으면서 모르고 있다는 말

중이 고기 맛을 알면 법당에 파리가 안 남는다

　어떤 일에 한번 빠지면 그만 정신없이 미쳐 날뛴다는 말

중이 미우면 가사(袈裟)까지 밉다

　사람이 밉다 보면 그에게 딸린 것들이 모두 밉게만 보인다는
뜻

지렁이도 밟으면 꿈틀 한다

　아무리 순하고 약한 사람이라도 억압하면 항거를 한다는 뜻

집과 계집은 가꾸기 탓

　집은 간수하기에 달렸고, 아내는 가르치기에 따라 달라진다는
말

쭈그렁 밤송이 삼년 간다

　아주 약해 보이는 사람이 오래 살아 목숨을 이어간다는 말 //
곤 대추 삼년 간다.

ㅊ

차(車)치고 포(包)친다
　무슨 일이나 당당하게 잘 해결해 내어 수완이 좋다는 뜻

찬 물도 위 아래가 있다
　무슨 일에나 상·하의 순서가 있다는 말

찬 물에 × 줄듯
　무엇이 조금씩 오그라드는 것을 말함

참새가 방앗간을 그저 지나랴
　욕심 많은 사람이 이익을 보고 그냥 지나칠 리 없다는 말

참을 인(忍)자 셋이면 살인도 면한다
　아무리 분한 일이 있어도 참다보면 위기를 모면할 수 있다는 말

처삼촌(妻三寸) 묘에 벌초하듯
　무슨 일을 할 때 정성을 들이지 않고 건성으로 조잡하게 한다는 말

첩 정은 삼년, 본처 정은 백년
　첩에게 빠진 사람이라도 오래 지나지 않아 본처에게로 돌아온다는 뜻

첫딸은 세간 밑천
　첫딸은 가사(家事)에 큰 도움을 주게 된다는 뜻

청(廳)을 빌려 방에 들어간다
　처음에는 조심스럽게 조금씩 하던 일도 차차 재미를 붙여 더 심한 짓을 한다는 말⇨성어편 차청차규(借廳借閨) 참조

치장 차리다가 신주 개 물려 보낸다

　너무 늑장을 부리다가 좋은 기회를 다 놓치고 만다는 뜻

칼 물고 뜀뛰기

　최후의 목숨을 걸고 성패를 모험적으로 한다는 뜻 // 눈 감고 언덕 뛰기.

코가 쉰댓 자나 빠졌다

　근심걱정이 많아 맥이 쭉 빠졌다는 뜻

코 아래 진상(進上)이 제일이라

　남의 환심을 사려면 잘 먹이는 것이 가장 좋다는 말

콩 심은 데 콩 나고 팥 심은 데 팥 난다

　모든 일은 그 원인에 따라 결과가 생긴다는 말 // 가시나무에 가시 난다. 팥 심은 데 콩 나랴.

콩으로 메주를 쑨다 해도 곧이 안 듣는다

　어떤 사람에 대한 불신감이 대단하여 그의 말은 절대로 믿지 않겠다는 뜻

콩이야 팥이야 한다

　별 차이 없는 것을 가지고 다르다고 따지거나 시비한다는 말

콩죽은 내가 먹었는데 왜 네가 배를 앓느냐

　일은 내가 저질렀는데 그 걱정은 왜 네가 하느냐 라는 말

콩 칠팔(七八) 새 삼륙(三六)한다

　두서를 잡을 수 없고 혼동이 되었을 때 쓰는 말

키 크면 속 없고 키 작으면 자발 없다 .

　흔히 키 큰 사람은 실속 없고 싱겁다 하고, 키 작은 사람은 참을성이 없고 행동이 가벼움을 일컬음

ⓔ

태산을 넘으면 평지를 본다

　어려운 고비를 넘기면 평탄한 길을 만난다는 뜻 // 고생 끝에 낙이 있다. 고진감래(苦盡甘來)

털도 아니 난 것이 날기부터 하려 한다

　실력도 갖추지 못한 자가 제 분수에 맞지 않는 엄청난 일을 하려 한다는 말

토끼를 다 잡으면 사냥개를 삶는다

　필요할 때는 소중히 여기다가도 이용 가치가 없어지면 천대하고 관계를 끊는다는 말

티끌 모아 태산

　아무리 적은 것이라도 모여서 쌓이면 많아진다는 말

ㅍ

파방(罷榜)에 수수엿 장수
　일이 끝나 더 볼 것이 없다는 뜻

팔은 안으로 굽는다
　사람은 누구나 자기와 가까운 사람에게 정이 더 쏠린다는 말
//팔이 들이굽지 내굽나

평양감사도 저 싫으면 그만이다
　아무리 좋은 일이라도 제가 하기 싫다면 억지로 시킬 수 없다
는 뜻

포도청(捕盜廳) 문고리도 뽑겠다
　겁이 없고 담이 큰 사람을 두고 하는 말

풍년 거지 더 섧다
　남들은 다 잘 살아가는데 저만 어렵게 지내는 처지가 더 슬프
다는 말

핑계 없는 무덤 없다
　잘못을 저지르고도 여러 가지 핑계를 댈 때 하는 말로서, 무슨
일이든지 핑계거리는 있다는 뜻

핑계 핑계 도라지 캐러 간다
　적당한 핑계를 달아서 놀러간다는 뜻

ᄒ

하나는 열을 꾸려도 열은 하나를 못 꾸린다
 한 부모는 여러 자식을 거느리고 살아가도 자식 여럿은 한 부모를 모시기가 어렵다는 뜻

하나를 보면 열을 안다
 일부를 보고 전체를 안다는 말

하나만 알고 둘은 모른다
 도무지 융통성이 없고 미련한 사람을 일컬음

하늘 높은 줄은 알아도 땅 넓은 줄은 모른다
 키가 작고 옆으로만 뚱뚱하게 생긴 사람을 보고 하는 말

하늘 보고 주먹질 한다
 아무 소용없는 짓을 한다는 뜻

하늘 보고 침 뱉기
 자기 스스로에게 욕이 되게 한다는 뜻

하늘 울 때마다 벼락 칠까
 예외가 있을 수 있다는 말

하늘을 보아야 별을 따지
 어떤 일이든지 성과를 보려면 노력과 정성이 들어야 하고 그 원인이 있어야 한다는 말 // 잠을 자야 꿈을 꾸지. 산에 가야 범을 잡지. 죽어 보아야 저승을 알지. 서방님을 보아야 아이를 낳지. 서울 가야 급제하지.

하늘의 별 따기
 매우 하기 어려워서 이룰 가망이 없다는 말

하늘이 돈짝만하다

　술에 취하거나 정신이 어찔거려서 모든 것을 가소롭게 여길 때 하는 말

하늘이 무너져도 솟아날 구멍이 있다

　아무리 큰 재난을 당하더라도 그것을 벗어날 길이 있다는 말

하룻강아지 범 무서운 줄 모른다

　철 모르고 함부로 덤비는 것을 말함 /一日之狗不知畏虎(耳談 續纂)

하룻밤을 자도 만리장성을 쌓는다

　비록 잠시 동안이나마 깊은 정의(情誼)를 맺는다는 말 /一夜 築萬里城(松南雜識)

한 노래 긴 밤 새울까

　한 가지 일만 가지고 세월을 헛되이 보내지 말고 그만둘 때가 되면 그만두고 딴 일을 하라는 뜻

한 다리가 천리(千里)

　조금이라도 더 가까운 사람에게 정이 쏠린다는 말

한 술 밥에 배 부르랴

　무슨 일이고 처음에 큰 성과를 기대할 수는 없고, 힘을 조금 들이고는 큰 효과를 바랄 수 없다는 말

함박 시키면 바가지 시키고 바가지 시키면 쪽박 시킨다

　윗사람이 아랫사람에게 무슨 일을 시키면 그는 또 자기 아랫사람에게 그 일을 시킨다는 말

헌 짚신도 짝이 있다

　아무리 못나고 가난한 사람도 다 배필이 있다는 말

혀 아래 도끼 들었다

　말을 잘못하면 큰 재앙을 받게 된다는 뜻

호랑이도 제 말 하면 온다

　마침 이야기에 오르고 있는 사람이 그 자리에 나타날 때 하는 말⇨성어편 담호호지(談虎虎至) 참조

호박시 까서 한 입에 넣었다

　애써서 조금씩 모은 재물을 누구에게 몽땅 털렸다는 뜻

활과 과녁이 서로 맞는다

　하려는 일과 닥친 기회가 꼭 들어맞았다는 말 / 弓的相適(旬五志)

후장 떡이 클지 누가 아나

　미래의 일을 추측하기 어렵다는 뜻

흥정은 붙이고 싸움을 말리랬다

　좋은 일은 권하고 나쁜 일은 말려야 한다는 뜻

흰 술은 사람의 얼굴을 붉게 하고 황금은 사람의 마음을 검게 한다

　사람의 좋지 않은 마음은 항상 돈 때문에 생긴다는 말

```
┌ ─ ─ ─ ┐
  판   권
  소   유
└ ─ ─ ─ ┘
```

◉ 韓國 故事成語

1984년 6월 5일 초판발행

2012년 10월 25일 중판발행

엮은이   한국고전신서편찬회
발행자   지   윤   환
발행처   홍 신 문 화 사

서울 동대문구 용두2동 730-4(4층)
대표 전화 : 953-0476
FAX : 953-0605
등록 1972. 12. 5 제6-0620호

ISBN 89-7055-030-5 03710

■ 호칭법

칭호별	내가 다른 사람에게	다른 사람이 나에게 말함
할아버지	조부(祖父) 왕부(王父) 노조부(老祖父)	조부장(祖父丈) 왕부장(王父丈) 왕대인(王對人) 왕존장(王尊丈)
할머니	조모(祖母) 왕모(王母) 노조모(老祖母)	왕대부인(王大夫人) 존조모(尊祖母) 존왕대부인(尊王大夫人)
아버지	가친(家親) 엄친(嚴親) 가엄(家嚴) 가대인(家大人) 고자(考子) 부군(父君) 가부(家父) 가군(家君)	춘부장(春府丈) 춘장(春丈) 대정(大廷) 대인(大人) 춘당(春堂)
어머니	모친(母親) 자친(慈親) 자정(慈庭)	자당(慈堂) 훤당(萱堂) 대부인(大夫人)
남편	남편(男便) 가부(家父) 부군(夫君) 바깥 양반, 주인	현군(賢君) 현군자(賢君子) 영군자(令君子)
아내	가인(家人) 실인(室人) 내자(內子) 형처(荊妻) 내인(內人) 세군(細君)	영부인(令夫人) 현합(賢閤) 존합(尊閤) 합부인(閤夫人)
아들	가아(家兒), 미아(迷兒), 기돈(家豚), 미돈(迷豚), 아들놈, 우리애	영식(令息) 영윤(令胤) 현윤(賢胤) 윤군(胤君)
딸	여아(女兒) 여식(女息) 가교(家嬌) 딸년, 우리애	영애(令愛) 영교(令嬌) 따님
손자	가손(家孫) 미손(迷孫) 손아(孫兒) 손녀(孫女)	영손(令孫) 영포(令抱) 현손(賢孫)
큰아버지	사백부(舍伯父)	백부장(伯父丈) 백완장(伯阮丈)
큰어머니	사백모(舍伯母)	존백모(尊伯母) 존백모부인(尊伯母夫人)
작은아버지	사숙(舍叔) 중부(仲父) 계부(季父)	숙부장(叔父丈) 중부장(仲父丈) 계부장(季父丈)
작은어머니	사숙모(舍叔母)	존숙모(尊叔母) 존숙모부인(尊叔母夫人)
장인(丈人)	비빙장(鄙聘丈)	존빙장(尊聘丈)
장모(丈母)	비빙모(鄙聘母)	존빙모부인(尊鄙聘夫人)
사위	여서(女婿) 가서(家婿) 서아(婿兒) 교객(嬌客) 여정(女情)	애서(愛婿) 영서랑(令婿郎) 옥윤서랑(玉潤婿郎) 현윤(賢潤)
형	가형(家兄) 사중(舍仲) 사백(舍伯) 가백(家伯) 사형(舍兄)	백씨(伯氏) 백씨장(伯氏丈) 중씨장(仲氏丈) 영백씨(令伯氏)
형수	형수(兄嫂)	영형수씨(令兄嫂氏) 존중수씨(尊仲嫂氏) 존백수씨(尊伯嫂氏)
아우	사제(舍弟), 가제(家弟), 아제(阿弟), 비제(鄙弟), 중제(仲弟), 계수(季嫂)	영제씨(令弟氏) 영중씨(令仲氏) 영계씨(令季氏)
제수	제수(弟嫂) 계수(季嫂)	영제수씨(令弟嫂氏) 영계수씨(令季嫂氏)
누나	자씨(姉氏), 누님	영자씨(令姉氏)
누이동생	사매(舍妹) 아매(阿妹) 누이동생	영매씨(令妹氏)

■ 참고
(1) 장인과 사위의 사이는 『옹서(翁婿)』간이라 한다.
(2) 자형(姉兄)이나 매제(妹弟)가 처남(妻男)에게는 처생(妻甥)이라 하고, 자기를 말할 때에는 『인형(姻兄)』, 또는 『인제(姻弟)』라 한다.
(3) 처남이 자형(姉兄)이나 매제(妹弟)에게 자기를 말할 때에는 『부제(婦弟)』라 한다.

계 촌 법(系寸法)

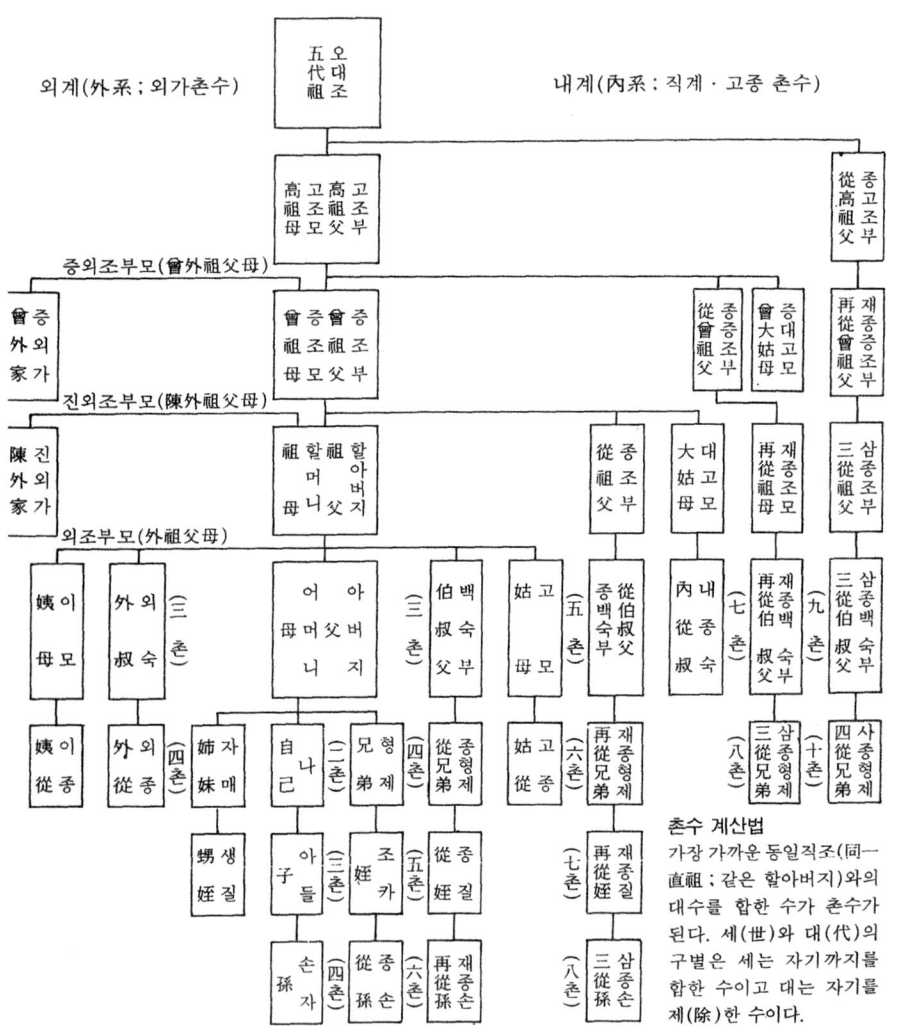

외계(外系 ; 외가촌수)　　　　　　　　　내계(內系 ; 직계 · 고종 촌수)

촌수 계산법

가장 가까운 동일직조(同一直祖 ; 같은 할아버지)와의 대수를 합한 수가 촌수가 된다. 세(世)와 대(代)의 구별은 세는 자기까지를 합한 수이고 대는 자기를 제(除)한 수이다.